NIKKEI BUNKO
日経文庫

リーダーシップ入門

金井壽宏

NB

日本経済新聞出版

まえがき

リーダーシップはだれにも関わりのある問題だ。ひとりこつこつと専門を究めるような生き方をしてきたひとでも、後進の養成に着手した瞬間、どこかでひとをリードすることを学ばないといけなくなる。ひとりで生きているのでない限り、ひとはあらゆる場面でリードしているか、リードされているかだ。フォロワーである間に、リーダーの発想や行動からリーダーシップを学んでいる面もある。

その気になれば、日常のあらゆる場面に、リーダーシップは満ちあふれている。にもかかわらず、このことを手軽に学べる本というと稀だった。学ぶというのは意識的に身に付けるという意味においてだ。リーダーシップ論はつい偉人伝のようになってしまうから縁遠くなってしまいがちだった。確かにいきなり偉人から学ぶのは難しい。

子どもが五人公園にいて、だれかが「〇〇ごっこをしよう」と言ったら、ほかの四人がその案に乗った。家庭でお父さんが、ゴールデンウィークは奈良とＵＳＪ（ユニバーサル・スタジオ・ジャパン）に行こうと言ったら、奥さんも息子も娘も「それで行こう」とついてきた。近所の祭りのときには、いつも八百屋の親父が大はりきりで、皆が彼の言うとおりに動いたとしよう。

「リーダーシップの経験がおありですか」と問われるとひるむひとでも、このようなささやかな経験も含めて考えると、素直に「あります」と答えられるはずだ。

もちろん、ボーイスカウトのリーダーをしたとか、茶道部の部長だったとか、サッカーの主将だった、高校の文化祭や大学祭で文化委員長や実行委員長だったと、聞くからにいかにもリーダーシップ経験といえるものもある。しかし、限定的に捉えすぎないほうがいい。なにか方向性を提示して、それについてくるひとがいたら、ごっこでも、旅行でも、祭りにもリーダーシップというものがある。

変革型のリーダーシップのエッセンスは、つまるところ、大きな絵を描いて、大勢を巻き込むことだ。ビジョンづくりとネットワークづくりと表現する研究者も多い。会社のなかでも、課長の描く絵、部長の描く絵、事業部長の描く絵、事業本部長の描く絵、社長の描く絵、描く絵のスケールやその実現のために巻き込まれる人びとのスケールを見ると、上には上がある。

だからわたしは、リーダーシップはだれもの問題である一方、いったん入門すると際限ない問題だとも思っている。上には上がいるからだ。名経営者の描く大きな絵にも壮大なものがあるが、これが公民権運動のときのM・L・キング、インド独立のときのマハトマ・ガンジー、宗教改革のときのマルティン・ルターに至ると、国、さらには世界を変えるような大きな絵を描き、文字どおり何千万人、何億人をも巻き込む偉業となる。だから、リーダーシップ論がついつい偉人論になったことを責めるわけにもいかない。

ポイントは、偉人もまた生まれつきそうだったのでなく、いろいろ経験を経て、スケールの大きなリーダーシップを取るようになったという側面にある。

だから、せっかく入門するのなら、それぞれの経験に応じて、さらに磨きをかけて、リーダーシップを深めてほしい。高めてほしい。上には上をめざすというような発想が、上昇志向のように感じられるなら、それは誤解だ。本書では、成人になってからのひとの発達の問題としてリーダーシップ開発を考えていることを、まえがきで述べておきたい。よりスケールの大きいリーダーシップを取れるということは、会社などの組織で仕事をしながら、人間力をさらに深化させる方向に自分を発達させることなのだ。

そういう思いで書かれたのが本書だ。経営学で組織行動論を専門にしている人間が書いた本なので、メーンには、会社でプロジェクト・リーダーとなり、管理職や基幹職として、さらに経営幹部として、リーダーシップを発揮していくひとたちを念頭においている。読者の皆さんは、役所、病院、財団、NPO（民間非営利団体）、大学などご自分の所属を思い浮かべて、自分に引き寄せてお読みいただきたい。

本書の最大の特徴は、理論の紹介以上に、実践に役立つ持論を読者の皆さんにもってもらうように留意したことだ。そのために、自分の経験を内省したり、自分が観察したことを振り返ったりしながら、素材をできるだけ身近なところに求めつつ、単なるリーダーシップ入門ではなく、実践への入門をめざした。ひとさまのリーダーシップ理論を鑑賞するより、自分の持論を実践する。これが本書を貫く合言葉だ。

本書は、リーダーシップを自分の問題として考えたい、実践につなげたいと思っておられる方々と、まだそこまでいかないが空理空論としてではなく、現実に意味のある形でリーダーシップをまず学びたいと考えておられる方々のために書かれたものだが、リーダーシップ育成をとてつもなく熱い思いでライフワークとする、野田智義氏に本書を捧げることをお許しいただきたい。読者の皆さんのリーダーシップの開花に、また、野田さんの活動の深化にささやかでも本書が役立ちますように。

二〇〇五年三月

金井 壽宏

リーダーシップ入門——【目次】

図表

I　いかなる意味での「入門」なのか

(1) 実践と理論が出会う場

この本で、リーダーシップを探し求める、ささやかだが、意味深い旅に出よう。ささやかというのは、コンパクトな新書版だからだ。意味深さは、理論と現実、原理・原則と経験とを結びつけるときに生まれる。

本書は『リーダーシップ入門』というふつうのタイトルの書籍だが、意味するところは、自分もリーダーシップを実践するつもりになってみる、あるいは（すでにリーダーシップを取ってきたひとなら）あらためて自分のリーダーシップのあり方を内省し自分なりの持論の構築をめざすという意味での入門だ。門を開けて入っていくのは、単に机上の空論のような理論だけの世界でなく、実践と結びつけた世界だ。その意味では、スピリットにおいては、リーダーシップ実践の扉を開き、自分もリーダーシップを取ることへの入門編なのだ。どうか、リーダーシップというものを自分からかけ離れた事象、偉人のみがなしうることなどとはじめから思わないでほしい。

家庭でも、職場でも、会社全体でも、政治の場面でも、スポーツでも、音楽でも、リーダーシップの問題はそこかしこに存在する。日本の経済から長らく元気が失せたままで、なかなかそこから脱出できなかったのも、経済界のリーダーシップの問題である（もちろん、政治の側の正しいリーダーシップと連動する必要はあるが）。しかし、ゴールデンウィークのためにプラン（ビジョンと言うと大げさなら、旅行計画という名のプラン）を編み上げたが、家族のだれもがついてこなかったとすれば、それもまた、とても身近なリーダーシップの問題だ。今度の日曜は六甲山に登ろうと自治会で言ったら、近所の子どもたちが十人ついてきたということでもいい。絶えずよりスケールの大きなリーダーシップをめざすのは誇らしいことだが、日常にも萌芽的なリーダーシップ経験ならわんさとあるはずだ。

一方で、リーダーシップは大げさに考えなければだれもの問題だ。他方で、いったん入門すれば、絶えず「上には上のひとがいる」と気づかされるスケールの大きな問題だ。偉大なひとの問題、それをめざすひとの問題のようにも思える。いつでも入門できるがいったん入門すると奥は深い。それでも、まずは自分の身近な経験・観察を重視しよう。

リーダーシップは、これまで社会心理学、社会学、政治学など複数の領域で取り上げられてきたが、わたし自身は、経営学の分野でこの問題を研究してきた（もっとも、理論的バックボーンは、心理学や社会学にまでかかわっていくことになるが）。経営管理論や組織行動論のなかの数あるトピックのなかで、リーダーシップ（指導力）は、ワーク・モティベーション（仕事意欲、もしくは仕事への動機づけ）、キャリア（長い目で見た仕事生活）、ネットワーキング（ひととひととのつながり）と並んで、生涯にわたって関心をもち続けたいと思う重要なテーマだ。これらを通じて、創造とも連帯とも両立する新しい経営組織のあり方とそのなかで働くひとの生き方を探求していきたい。

この四つのなかで、最も能動的で、最も統合的なテーマが、リーダーシップだ。だから、ほかのどのテーマに深く沈潜しても原点回帰（ゲット・バック）という叫びとともに戻ってくるところはいつも、リーダーシップという世界だ。汲めども尽きない深みと果てしない実践上の課題が、このテーマには宿っている。だから書き終えつつ、書き足りないところがあると思ってしまうテーマだ。近づけてもたどりつけない虹のように。

最初にカタカナ表記についても一言――「指導力」という言葉では、どうしても学校の先生を思い浮かべてしまい、しかも、答えがわかっていることを生徒や部下に教えるようで、「ともに未知の地を歩む」というニュアンスがなくてリーダーシップの訳語としては違和感がある。「指導」という言葉を伴うので、「指導者」のほうが指導される側より知識でも立場（権限）でも、上位に立つ語感がある。肩書や権限だけでひとがついてくるのなら、それは、ほんとうのリーダーシップではない。だから、そういう響きのある「指導力」や「指導者」という言葉には置き換えられない。

リーダーのほうが部下を支えて、部下に奉仕する、だから部下たちはリーダーについてくる気になる。そこから真のリーダーシップが生まれるのだという考え（サーバント・リーダーシップ論）さえある。旗を振り大声で指導するというよりは、もっと目立たない（が芯の強い）静かなリーダーシップ像もある。だから、書名を『リーダーシップ入門』と名付けたのと同様に、本文中でも、もっぱらカタカナのまま「リーダーシップ」という言葉を使わせてもらうことにする。

(2) エクササイズで考えを整理

冒頭でも述べたとおり、本書は、入門とは銘打っているが、鑑賞すべき知識としてのリーダーシップ論の入り口周辺をなぞるだけというような入門書ではない。リーダーシップを実際に身に付けたいと思うひとに役立つこと、リーダーシップという実践の世界への門をくぐってもらうことをめざしている。そのための工夫として、自分の経験を内省してもらったり、すごいリーダーだと自分が思うひとについて考えてもらったりする。そのためのエクササイズを、本文のなかで目立つように囲みにして、随所に散りばめた。全体を読み終えてから、エクササイズをするという読み方もあるが、できれば、エクササイズと名のついた囲みに出会うたびに、ノートにメモをとりながら読み進んでもらうのがよい。そうすれば、読み終わったときには、そのノートが読者の皆さんが自分のリーダーシップにまつわる持論を生み出す出発点となるであろう。例えば、下のコラムを見てもらいたい。

その気になれば、もっとたくさんの問いかけがあるはずだ。この問いはほんの

COFFEE BREAK

― リーダーシップという言葉のもつイメージ ―

リーダーシップについて、実に様々な問いかけがこれまでもなされてきた。皆さんはどのような問いをまっさきに思い浮かべるだろうか。たとえば、

・リーダーシップは、生まれつきのものか学ぶことができるのか。
・リーダーシップは、偉大なひとだけのものなのか、だれもの問題なのか。
・効果をあげるリーダーシップには、唯一最善のスタイルがあるのか。
・どのようなリーダーシップ・スタイルが有効なのかは、状況に応じて変わってくるのか。
・リーダーシップは、上に立つ人物がひとりで背負い込まないといけないものなのか。
・リーダーシップを身に付けたいと思うひとにとって、研究者が構築するリーダーシップの理論にはどのような意味があるのか。
・リーダーシップを身に付けたいと思うひとにとって、すぐれたリーダーシップの実践家が語るリーダーシップの持論にはどのような意味があるのか。
・フォロワーをもっぱら従属的にすることなく、フォロワーの自律性や能動性に訴えるリーダーシップは可能なのか。

例示で、すべてではない。しかし、これらの問いに、この本では取り組んでいる。

リーダーシップは、ビジネス・スクールのMBAプログラムにおいても、実践的な人気トピックだ。「組織のなかの人間行動」（ビジネス・スクールでは、組織行動論＝organizational behavior、略してOB）と呼ばれる必須科目のなかで、一回か二回、リーダーシップを取り上げるセッションが必ず組み込まれている。また、ハーバード・ビジネス・スクールの「パワーと影響力」という科目のように、リーダーシップそのものに焦点を合わせた選択科目が、リーダーシップを深めたいひとのために設けられていることも多い。

リーダーシップは、間違いなくOBのなかで最もよく研究されてきたテーマである。しかし、意外に思われるかもしれないが、同時に、まだまだわかっていないことが最も多い領域だとも言われている（米国におけるOBのテキストでは、the most studied, but least understood area in OB と評されることが多い）。どのテキストにも載っている有名なリーダーシップの理論でさえ、リーダーの行動だけではリーダーシップの成果（たとえば、集団の業績や部下の満足）のばらつきの二、三割程度しか説明できていない。理論の説明力が低いのだ（ターゲットとなる成果変数の動きやばらつきの何パーセントが理論によって説明できるかを、その理論の説明力と呼ぶ）。

しかし、これは敗北宣言ではない。それだけに奥の深いテーマなのだ。また、説明できない

七、八割の部分は、リーダーシップの実践家が自分なりの持論と状況判断力によって、テーラーメード（自分だけに合う、あつらえ服のように）でつくり出すべき部分だともいえる。だから、本書では、随所で、内省と診断のエクササイズを用意した。すべて、テーラーメードの持論を形成していただくためだ。つまり、まだまだわかっていない部分については、読者が知識創造していく一助となるようにしている。

逆に言えば、説明力が八割も九割もあるようなリーダーシップ理論がもしあったとして、皆さんは、それを信じるだろうか。そういうものがあれば、その理論どおりに行動すれば、だれもが、どこでもだれに対してでも、いいリーダーシップを取れることになる。その理論さえマスターすれば、だれもが、ガンジーのように、あるいは（暗黒面の例では）ヒットラーのようになれるのだろうか。

それは現実的ではない。現実には、一人ひとりのリーダーたるべき人物の持ち味、置かれた状況の機微、さらには時代やタイミングというものがある。理論は、リーダーシップを取ろうとするひとの持論に翻案され、それがそのひとの経験に根づくときに、はじめて大きなパワーをもたらす。

(3) リーダーシップの定義

定義にまつわる議論が好きだというひとにはあまりお目にかからないものだ。定義はたいがい無味乾燥だ。しかし、取り上げる対象がリーダーシップなら、テーマを明らかにするうえでも、その対象に関するなんらかの定義が(Ⅱ章でより詳しく取り上げるが)冒頭でも必要だろう。ここでは「絵を描いてめざす方向を示し、その方向に潜在的なフォロワーが喜んでついてきて絵を実現し始める」ときには、そこにリーダーシップという社会現象が生まれつつある、とごく簡潔に捉えることにしよう。

傑出したリーダーシップをだれかに感じるときには、「わくわくするような絵が描かれ、その実現に向かって、人びとが巻き込まれている」状態を目にする――たとえば、富士山頂にレーダーを設置しようという大きな絵の実現のために、才能と熱意ある人びとが何十人も、何百人も力を合わせていくというように。NHKの「プロジェクトX」を思い出してみてほしい。

さて、「まえがき」の表現から「大きな」という言葉と「大勢の」という言葉をはずせば、先ほどのゴールデンウィークにどこにいくか（どこにもいかないか）という例のように、リーダーシップは、だれもの身近な問題となる。最近では、Everyone a Leader(だれもがリーダーたりうる)という言葉もよく聞く(同名の書籍もあり、そのシミュレーションゲームも開発されているY――Bergmann, Horst, Kathleen Hurson, and Darlene Russ-Eft (1999). *Every-*

one *A Leager: A Grassroots Model for the New Workplace*. New York: John Wiley & Sons, Inc.]。

リーダーシップの発揮に際して、生まれつきの要素がまったくないわけではないので、だれもがリーダーたりうるという考えを真に受けすぎてもいけないが、「絵を描き、ひとを巻き込む」という基本形はなんらかの形で日常生活でも存在する。富士山頂にレーダーを設置するのにも、六甲山に子どもを連れていくのにも、「絵を描いてめざす方向を示し、その方向に潜在的なフォロワーが喜んでついてきて絵を実現し始める」という意味では、どちらの場合にもリーダーシップを認めることができる。偉業と日常という違いはあっても、「ついてくるフォロワーがいた」というポイントは同じだ。

さっそくⅡ章で、自分の経験の振り返りから、だれもの問題としてのリーダーシップの身近さに気づいてもらうことにしている。

リーダーシップは、一方で、われわれが最もすばらしいと思うひとに若干の畏怖とともに感じるような「ややおおげさな」社会現象であると同時に、身近では自分自身も思わず周りのひとに「それなりに」発揮できているはずの「ささやかな」社会現象でもある。本書の随所で、一方で、リーダーシップはミラクルに近い偉業を指すが、他方で、リーダーシップはだれもの問題だと主張する所以だ。

経営トップ・レベルになると、「大きな絵を描く」という部分が、よい経営戦略や事業戦略をつくるということとかなり重なってくる。経営戦略論は、経営学の全体を眺望するテーマだが、トップにとっての「大きな絵」が戦略にかかわるビジョンだとすれば、リーダーシップ論は、トップ・レベルになると経営戦略論と不可避的につながっていく。しかも、「大勢を巻き込む」というのがも

ひとの生き方（キャリアやさらには人生そのもの）を通じて、経営の全体を意味づけるという意味で統合的だ（名経営者が書いたもの——たとえば、『小倉昌男　経営学』（日経ＢＰ、1999年）を読むときに、元気づけられながら、そういうことを感じるだろう）。

・創造的な活動や変革はひとりで起こせるものではない。必ずひととひとのつながりがいる。それを階層状の組織や権限を使って実施することもあろうが、ネットワークを生み出し、それを活用するのは、変革型リーダーシップの真骨頂だ。実際に、リーダーシップ行動の中身を吟味すると、ネットワークづくりが見いだされることが多い〔このことは、ハーバード大学のJ.P.コッター（John P.Kotter）、R.M.カンター（Rosabeth M.Kanter）をはじめ多くの研究者が、わたし自身も含め指摘してきたところである〕。
・ある時点におけるフォロワーとリーダー自身のやる気も、もっと長い目で見た両者のキャリア発達も、リーダーとフォロワーたちとさらにより多くの他のひとたちとのつながりも、つまりネットワークの構築も、変革をめざすリーダーシップの重要な側面にかかわってくる。ひとりでは起業もイノベーションも変革もできない。
・要するに、リーダーシップを探るなかに、モティベーションの問題も、キャリア発達の問題も、ネットワーキングによる創造性発揮も全部、含まれてくるわけだ。換言すれば、モティベーション論、キャリア論、ネットワーキング論に、能動性を正面切ってとり戻し、それを経営の全体につなげる視点がリーダーシップなのだ。

うひとつの要件だから、ただ理詰めの戦略案でなく、人びとをわくわくさせるようなビジョンを提示したいと思う戦略家は、組織行動論（もしくは、経営組織論）、とりわけその中でもリーダーシップ論にもぜひよく通じていてほしい。でないと、判断は正しいが、だれもついてこないということになってしまう――参謀にとどまるなら、正しい判断をリーダー格に告げるまでで仕事を終え

COFFEE　BREAK

リーダーシップ研究の魅力

わたしが興味をもつテーマ、リーダーシップ、モティベーション、キャリア、ネットワーキングのなかで、リーダーシップが最も能動的で統合的なテーマだと書いた。それは、いったいどういう意味においてなのか。

・リーダーシップの能動的な働きかけによって、フォロワー（ついてくるひと）のモティベーションのレベルが左右されるし、また、リーダーシップを発揮する人物自身は、しばしばモティベーションが高い手本、生きた見本だ。ひとは、たとえば、報酬システムによっても動くが、すべての管理システムそのものは、能動的な主体ではない。ひとがつくり出すものだ。だれが創るかといえば、それらのシステムを包括的に生み出すのもまた（この場合）トップのリーダーシップだ。

・そのようなリーダーシップは、書籍や座学だけで身に付くのではなく、長い仕事上の経験、つまりキャリアを通じて身につけていくものだ。自分の歩む道の専門を深めるのもすばらしい生き方だが、そのひとが、後進の育成という言葉を口にするようになるころには、若手を引っ張るリーダーシップの役割が（ひとつの道を究めるというタイプの生き方のひとの場合でさえ）徐々に姿を現してくる。つぎの世代に継承するものがあり、そのために取られるリーダーシップは、世代間をつなぐ能動性であり、また、世代間で物語られる経営者のリーダーシップのストーリーは、その

てもいいだろうが。

ちょうど経営戦略論そのものが統合的なトピックであるのと同様に、リーダーシップも経営組織の多種多様な研究トピックや実践上の課題を統合するようなテーマとなっている。だから、経営戦略論の大家がこのテーマに深い思い入れをもつ——たとえば、日経文庫の経営学入門シリーズでは、慶應義塾大学の奥村昭博教授が、経営戦略の話をしながら、本田宗一郎氏のリーダーシップを自然と語る場面があったりする。経営管理や組織行動の学徒であるわたしにとっては、リーダーシップは思い入れの深いテーマだ。

* * *

どんなに短い本でも、書き始めるときには、書き手にとって執筆は旅のように思える。とくに、リーダーシップについては、その研究と教育・研修に携わってきた二十五年というそれなりに長い年数ゆえに、書きたいことがいっぱいある。膨大な文献を読み、多数の調査研究をし、たくさんの議論を実践家とも重ねてきた。リーダーシップの研修に関しては、もろにひたりきってきたというレベルに近い。そして今なお学ぶところがびっくりするほど多い。

だから、一方で、七百ページを超すような長い学問的な著作を著したいという気持ちと、他方で、自分にとって大事なテーマにしぼりこんで、多くのひとにとっても実践的に興味のあることなら、アカデミックな大著でなく、本当にコンパクトな新書にすることに挑戦したいという気持ちの両方がある。皆さんが手にしている本書は後者をめざした。

本書で扱うリーダーシップ論は、ビジネスの世界に限定して成り立つものではなく、かなりの程度普遍的な面を照射している。にもかかわらずわたしが経営学者として研究でも研修でも主として接してきたのは、企業における経営者や管理職の方々だ。だから、『リーダーシップ入門』としているが、「経営におけるリーダーシップ」を扱っている。でも、ほかの分野でも、たとえば、高校のサッカー部のキャプテンや大学祭の実行委員長やＮＰＯ（民間非営利団体）のリーダーがこれを手にしても、参考になるところがあるなら、とてもうれしいことだ。

管理職になった父親が自分のリーダーシップのために読んだあと、サッカーチームのリーダーになった子どもにこの本を手渡したら――世代間連鎖をつくり、世代継承性（generativity）に貢献することは、リーダーシップ実践の本質的側面のひとつだ――、親子でリーダーシップをめぐる対話が始まった、というような話になると望外の喜びだ。

ほんとうに新しいリーダーシップのあり方を探ったり、地位・肩書による影響力が混じらない純粋なリーダーシップ現象を捉えたりするうえで、ときにはいったん経営の世界を離れて、そこからまたブーメランのように戻ってくるのがいいと思っている。経営に役立つリーダーシップを探すのに、経営の世界以外に目を向けることも大切だ。

(4) 本書の特徴

読み進む前に、道標として本書の特徴を述べておこう。

本書の特徴は、すでに述べたことの要約になるが、つぎの点に求められる。

●実践に役立つ入門書をめざしている。

●理論のための理論でなく、経験とのつながりの濃厚な理論を重視している。

●学者の理論とあわせて、実践家が抱く持論のパワーにも注目している。

●リーダーシップ論は、同時にリーダーシップ開発論を伴うべきだという立場をとる。

●偉大な事業を成し遂げていくリーダーシップまで展望することは重視するが、リーダーシップは日常のなかにも存在することを見逃さないようにしている。

●いったん入門すると、リーダーシップの奥深さを感じ、さらに精通する気になるように、上には上があることを示したい。

●その意味では、日常のなかのリーダーシップ経験にも注目し、だれもの問題としてリーダーシップを扱おうとしつつも、入門後は上級もめざす。

●理論と実践との結びつき、原理・原則と経験とのつながりをしっかり考えてもらうために工夫(たとえば、多数のエクササイズを準備)している。

これらの意図がどの程度、実現されているか、読者の皆さんの感想や批判を仰ぎつつ、さらに改訂していきたいと思っている。

最後に、本書の読者層として想定しているのはつぎのような方々だ。

なんといっても第一は、当然のことながら、自らのリーダーシップを高めたいと思っているひとたちだ。この国に不足しているのは、ビジネスの世界に限らずほかの領域を見渡しても、リーダーシップの取れるひとだ。それは、座学と読書で身に付くものではない。リーダーシップを実際に取る経験が、リーダーシップを獲得する最良の学校だ。しかし、その現場という学校においては、リーダーシップを捉える言語化、理論化が十分ではない。持論を言語化したり、理論を実践に役立てたりする読本として、本書を役立ててほしい。

第二の読者層は、自分のリーダーシップだけでなく、若い世代の間にリーダーシップをしっかり取れるひとを育成したいと思っておられる方々だ。現代は、大半の活動が組織を通じておこなわれるようになっている。仕組みを使ってひとに動いてもらうというマネジメントも非常に大切なことだが、今ある仕組みを破壊してでも新しい世界を築くという大変革が様々な分野で必要になってきている。

リーダーシップのトレーナー、次期経営幹部の育成を重視する人事スタッフ、リーダーシップを取る若手のメンター役を果たしている経営トップの方に、ご自分なりの、あるいは自社独自のリーダーシップ育成法を開発する素材にしていただきたい。

また、本書をきっかけにリーダーシップ開発のための新しいエクササイズなども新たに工夫して編み出してほしい。

第三に、すでにうまくリーダーシップが取れている経営者の方々にとっては、自分のリーダーシップ持論をクリスタルのように透明に語る契機として本書が活用できるはずだ。もちろん、自らが入門するためでないが、すでに経営者になっている方々には身の周りでリーダーシップに入門するひとへの最高の刺激源になっていただきたい。また、自分の持論を若手に伝承することを通じて、リーダーシップの達人の境地にまで達するようにさらに自分を磨いていただくために本書を活用してほしい。

すぐれたリーダーとは、とりもなおさず「リーダーを育成するリーダー（leader-developing leader）」だから、第二の読者層にすでに経営トップを入れたとおり、リーダー候補を真のリーダーに成長させるために、この本を自分に引き寄せて同時に次世代への伝承という目的も意識して読んでいただきたい。

第四は、経営学、なかでも組織行動（OB）や産業・組織（I／O）心理学を学ぶなかで、リーダーシップについて（いきなり実践とはいかなくても）理解を深めたいと思っている学生に、コンパクトな副読本として使用可能だろう。その場合も、第一にあげたとおり、鑑賞するように読むのでなく、実践に役立てるように読んでいただければ幸いだ。リーダーシップ論には詳しいがリーダーシップが取れないひとでは困る。そうならないように工夫して書いたつもりだが、知的好奇心から読まれるひとも、リーダーシップとはすぐれて実践的・能動的なものであることを、けっして忘れずに。

最後に、MBAプログラムで実務経験のある大学院生には、理論を実践に役立てるための副読本としてOBのコースで側においていただきたい。

(5) 本書の構成

本書は、つぎのような構成になっている。イントロダクションであるこのI章のあと、II章では、リーダーシップを実践的に学ぶための地ならしとして、「学び方」を取り上げる。入門書からうまく学べるかどうかは、ひとえに書いた側の責任だと思って、できる限りわかりやすく書こうとしたつもりではある。でも、読む側が、鑑賞するように、眺めるように読むだけでは、なにも身に付かない。リーダーシップを自分も発揮する、すでに発揮しているひとはもっと磨きをかけるつもりで、実践的に読むための心得をこの章で論じる。

III章では、ふつうは退屈になりがちな定義の問題について、あえて取り組みたい。これまで実務家の皆さんとの対話のなかから、これなら肌感覚にも合うだろうと判断された定義を紹介しながら、リーダーシップを見る目を磨きたい。後ろを振り向いたら喜んでついてきてくれるフォロワーがいるかどうか、という問いがなぜリーダーシップの基本として大事なのか、読者の皆さんといっしょに考えていきたい。同時に、なぜ、フォロワーの側にも受動的についていくだけでなくある種の批判精神、能動性がいるのか、についても理解を深めたい。

これらの問いが、リーダーシップを定義する際にふたつの相互に関連した基準を提供する。また、リーダーシップという表現を用いるが、リーダーという言葉で示されるものとどのように違うのか、リーダーにも種類があるのではないかというトピックを扱う。

Ⅳ章では、リーダーシップを現実にうまく発揮しているひとたち自身がどのような持論をもっているかを検討する。セオリーと一口に言っても、研究者が構築する公式理論とは両立するだろうが、それとは別個に、実践家が抱く持論というものがある。ここでは、素人なりにもつ素朴理論、達人というレベルの実践家が場合によっては書籍の形で文書化しているようなより体系的な持論に注目する。ジャック・ウェルチ氏や松下幸之助氏など四名ばかりの経営者の持論を実例に取り上げる。

目的は、読者の皆さんに彼らの持論の中身を覚えてもらうためでなく、皆さん方自身に持論をもつようになってもらうためだ。そのための見本がこの実例で、彼らから学ぶべきことは、リーダーシップに関する持論をきちんと言語化している経営者がいるという点だ。この章は、本書の中核部分であり、量的にも大きなウェイトを占めている。

V章では、研究から生まれたリーダーシップ理論を扱う。多種多様な諸理論を紹介するよりも、これまでの膨大な研究蓄積のなかで繰り返し確認されてきた基本的な二つの軸に注目する。課題という軸と人間という軸が、リーダーシップ行動の古典的な基本二軸だが、その意味合いを深く捉え、この視点もまた、皆さんが自分なりのリーダーシップ持論を形成していくのに参考にしてもらいたい。

終章では、リーダーシップ実践の入門において、どうして手本、見本になる行動を観察し、同時に原理・原則にあたるものを言語化しておくことが必要なのかを、改めて説明している。

最後に、あとがきに文献解題を付けた。入門したら簡単に卒業してしまうのでなく、深める、極める（究める）ということを続けてほしい。リーダーシップは一方でだれもの問題という意味では入門が容易だが、上には上があるという意味では際限なく奥が深い。

だから、この入門書で言い足りなかったこと、皆さんの側からは読み足らなかったところを埋め合わせるために、ただ文献の名前だけを挙げるのでなく、最低限ではあるが解説を付した。どうしてその文献を取り上げているのか、その理由も一言ずつ解説した。ここの文献解題を参考に、深めたいと思うトピックごとに、ぜひほかの本からも重層的にリーダーシップを学んでほしい。もちろん、その際には、ここでおこなったのと同じように、鑑賞するようにでなく、実践に役立てるように読み進もう。

この本は、日経文庫の前著『経営組織』（一九九九年）のようなテキストではないので、索引はつけていない。しかし、目次に詳しく小見出しも示し、エクササイズと図表の目次もつけているので、それらを手がかりに、一度、通読した後も、何度も関連のある経験、観察をするたびにぜひ開いてほしい。また、紙と鉛筆をもってエクササイズをしながら読むのが理想だが、電車のなかではそうもできないし、せっかちなひとならどんどん先を読みたくなるだろう。そういう場合も、あとからエクササイズに取り組んでほしい。そのノートと本書を、何度も開いて、もう開かなくなるころには、自分のリーダーシップの持論がしっかりもてていて、すばらしいリーダーになっているなら、最高の読み方だ。鑑賞するようにでなく、実践に使うために読むという姿勢を貫いてほしい。

それでは、まず、つぎのⅡ章で、リーダーシップの学び方を学んでいくことにしよう。

Ⅱ　リーダーシップの学び方を学ぶ

(1) 実践的に学ぶということ

リーダーシップのような実践的なトピックは、鑑賞するように学んではいけない。自分がすでにリーダーシップを取れるようになり始めていたら、それはいかなる意味でそうなのか。これからさらによりすぐれたリーダーシップを発揮するためには、どうすればよいのか。そういう問いを実践とつなげて自問しないといけない。リーダーシップとは、自分の存在のありようや生き方のありようとつなげつつ、自分の属する（自分がリードすべき）集団における課題に直結した実践的な問いとともに探求されるのが、最も望ましい。

もちろん、実践や経験を重視するからといって、けっして普遍的な原理・原則の探求をあきらめてはいけない。原理・原則を言語化する、持論をきちんと言葉にする、そのための材料として、理論や経営者の生の声を参考にさせてもらう。明白にされた原理・原則を言葉として学ぶだけで終えてはならない。その言葉を知る以前よりも確実にその原理・原則に沿った行動がとれるようになることをめざそう。また、リーダーシップを発揮するだけでなく、リーダーシップに関する自分の持論を語ることによって、より若い世代にリーダーシップを教育することができるようになることをめざそう。

本書は、そのためのコンパニオン（お供の書）をめざしている。だから、通常のリーダーシップの本のように、無味乾燥な定義にいきなりこだわってみたり、いきなり測定の問題にやたら深入りしたりすることはしない。まず、なによりも大事なのは、学ぶ姿勢だ。すでに学び方を知っているつもりのひとにも、実践的に学ぶというのがどういうことか、少し考え直してみてほしい。まずは、「学び方の学び」から、本書の幕を開けてみよう。

実践的なリーダーシップ論をめざすロンドン・ビジネス・スクールのJ・A・コンガー（Jay A. Conger）は、リーダーシップの身に付け方に着目した研究を推進している。その書籍のひとつは、ストレートに『リードすることも学ぶ――マネジャーをリーダーに変える術』（*Learning to Lead: The Art of Transforming Managers into Leaders*, Sau Francisco, CA: Jossey-Bass, 1992）という書名だ。リードすることを学習するのが肝心というわけだ。われわれは、さらに踏み込んで、「学習法の学習」について考える。その素材として、ふたりの碩学の意見に耳を傾けてみよう。

(2) ミンツバーグがめざしてきた教育とは

シアトルで開催された二〇〇三年のアメリカ経営学会（ＡＯＭ）での多種多様なプログラムのなかに、ほんとうに役立つ理論とはなにか、という問題意識をかねてよりもっていた参加者の注意を引いたセッションがふたつあった。ひとつは、経営幹部に対する意味のある教育をめぐるＩＮＳＥＡＤ（欧州経営大学院、カナダのマッギル大学併任）のＨ・ミンツバーグ（Henry Mintzberg）教授のセッションで、もうひとつは、長年、教育学と経営学に従事してきたハーバード大学のＣ・アージリス（Chris Argyris）教授のセッションだった。

ミンツバーグのセッションは、エクシター大学のＪ・ゴスリング（Jonathan Gosling）とサフォーク大学のＣ・ゴピナース（C. Gopinath）とともに企画・実施された経営者の実践的な教育方法を探るための会合で、「経営教育の再生（Rejuvenating Management Education）」と題されていた。ワークショップ形式で、参加者の経験に即したやりとりを重視する集まりだった。その場に、多種多様な国でリーダーシップ研修を含む多種多様な経営幹部の研修に携わっている当事者たちが、二十名ほど参加していた。

ミンツバーグ自身も、ＩＭＰＭ（International Masters Program in Practicing Management、実践中の経営に学ぶ国際ＭＢＡプログラム）という名の下に、グローバルな経営幹部の育成に熱心だ（一橋大学の伊丹敬之教授を中心に日本の経営学者の数名が立ち上げから協力してきた)。そこでは、五カ国のホスト校のもと、世界中から四十名弱の受講生が、職場をまるごと離れることはなく、二週間ほどのセッションの間だけ勤務先を離れた場で五回集《つど》って、自分たちがすでにおこなっているはずの経営の実践を支えるマインドセットを内省し、さらに磨くことがめざされている。

ほんの数年フルタイムで仕事を経験した後に、二十代半ばぐらいでそれまでの貯金を手に仕事の場を完全に離れて、今度は極端にも勉強オンリーの生活を一年から二年、ＭＢＡで過ごす。これが通常の米国式のＭＢＡだが、これが若くして経営者をめざすひと向けのリーダーシップ開発の唯一のやり方ではない。仕事を離れずに実践に従事しながら学ぶことは、むしろ実践に密着した学習には絶対プラスのはずであるという考えもある。実践とのつながり、経験の内省と議論を重視するやり方だ。理論はむしろ付け足しで、内省と議論を深めるための刺激剤にすぎないとみなすＩＭＰＭの設計思想がそこにはある。受講生の経験自体を素材とし、経営学をばらばらにせず全体統合的な観点から理論と経験をつなげる。

議論のなかから経験を理論とを結びつける産婆役こそ、講師陣の役割というわけだ——。そのため、指導はもとより、大スピーチのような講義を垂れることも忌避されている。理論はもちろん大事だし、ミンツバーグも理論家だが、実践中の経営（practicing management）がまっ先にくる。理論のための理論でなく、経験を意味づけ、明日のより力強い実践につながる内省を助けるのが、理論の役割だ。

そのため、ＩＭＰＭでは「インストラクター（教えるひと、講師）」という言葉は括弧付きでしか使わない。経験を引き出し、それを研究から洞察された原理と引き合わせ、皆で議論する場こそが教室で、その場は、本書での立場に引き寄せた用語を使わせてもらうならば、原理・原則と経験とが、議論を通じてつながっていく場である。そのプロセスで、経験が新たに意味づけられることもあれば、議論から新たな（役立つ）理論化の原料となるような発見もある。これまでアカデミックな研究では看過されていた未知の原則が、クラスの討議からみつかることもある。

マーケティング、生産管理、Ｒ＆Ｄマネジメント、財務、会計、組織行動、人材マネジメントなどと、専門職能ごとに（あたかも別々のタコツボの住人であるかのように）教育がばらばらに扱われ、また、経験と必ずしも結びつけられていなかったことは、フルタイムで現場を離れて他社ケースを中心になされてきたＭＢＡ教育の不幸であった。なによりもミンツバーグが避けたいと思ったのは、このことだった。実際の経営者が、深く関与する自社について数カ月から場合によっては数年かけて決めることを、ケース討議のＭＢＡ院生は経験とやや遊離したまま、数十分（準備を入れても数時間）で分析に基づいて決めてしまう。それでいいのか、というのがミンツバーグの主張だ。元々、米国式という意味では一見主流のビジネス教育にいつも楯突いてきたミンツバーグらしい発想だ。

確かに財務などは、資金部か経理部門に勤務経験がなければ、経験と結びつけて議論することは難しい。しかし、問いの立て方を、職能別に区切るのをやめて、経営の全貌が見えるようにすれば話は違ってくる。ゼネラル・マネジャー（事業部長クラス）になるころには、経営の全貌のなかに、そうでなければばらばらのままの職能別知識を、捉え直さなければならない。そのためには、かつて職能分野の管理職（たとえば、経理部長や人事部長）だったひとも、経営のなかでの経理、経営のなかでの人事をめざさなければならない。

(3) 実践家のためのマインドセットからの学習

そこで、ミンツバーグたちがカリキュラム上でたどり着いた概念が、マインドセット（経営幹部としての心構え、考え方の基盤）という包括的な括《くく》りだ（より詳しく知りたいひとは、つぎを参照。Jonathan Gosling and Henry Mintzberg (2003). The five minds of a manager. *Harvard Business Review*, Vol. 81, No. 11, pp. 54-63）。ＩＭＰＭでは、マーケティング、財務、生産管理、人事などと職能別に科目を分けずに、つぎのようにモデュール（基本的学習単位）が提示されてきた。

・内省的マインドセット――自己を管理する（managing self)
・分析的マインドセット――組織を管理する（managing organization)
・アクション（触媒的）マインドセット――変化を管理する（managing change)
・共創的（コラボレーティブ）マインドセット――関係・人びとを管理する（managing relationships/people)
・ワールドリー（いろんな経験に開かれた）マインドセット――脈絡を管理する（managing contexts)

マインドセットは、考え方、気の持ちよう、発想と行動の基盤で、それぞれのマインドセットが、部分としての部分（断片化されたモデュール）でなく、部分のようで全体を見据えられるような括り方になっている。たとえば、分析という括りは、マーケティングにも、財務にも、生産管理にも、人事管理にも存在する。共創も同じだ。そして、モデュールごとに場所を変えて世界をめぐる（たとえば、内省は英国のランカスター大学、分析はカナダのマッギル大学、ワールドリーはインドのバンガロール大学、共創は日本の一橋・神戸大学、アクションはフランスのＩＮＳＥＡＤ、という具合に）。

スローガンは、「職能別でばらばらの煙突（functional chimneys）を抜け出そう」という言葉だ。著者は、ＩＭＰＭの講師陣のひとりとして最初の三期生まで、共創的マインドセットをテーマとする流れのなかで「キャリア発達とリーダーシップ開発」というセッションを、担当してきた。そのときに、経験をベースに受講生自身に語ってもらうときに、議論がいかにパワフルで生き生きしているか（逆に、しばしば講師が文字どおり講義調になって「インストラクター」的に振る舞ってしまうとどのように場がしおれるか、あるいは経験豊かな受講生にやっつけられてしまうか）を見てきた。

ＩＭＰＭは、リーダーシップ開発だけのプログラムではない。しかし、ミンツバーグの試みは、リーダーシップの適切な学び方としては、現実の経験と理論的な学理の間に橋渡しが不可欠だと示唆してくれる（わたしの勤務する神戸大学の建学の理念も、手前味噌で恐縮だが、「学理と実際との調和」および「学理の応用」であり、神戸大学のＭＢＡもそれをめざしている〔詳しくは、神戸大学大学院経営学研究科自己評価・外部評価報告書2002-2003『オープン・アカデミズムの新時代』三ページ(http://www.b.kobe-u.ac.jp/info/hyoka/hyoka2003chap1.pdf)を参照〕）。

Ｉ章で述べたとおり、リーダーシップは、能動的で統合的なテーマだ。だから、経験との融合がいっそう大事だと、ミンツバーグたちのセッションに参加しながら、あらためて痛感した。

(4) アージリスが大切にする学習とは

アージリスは、ひとの成熟や学習、それを可能にする組織のあり方について、絶えずアクション・サイエンス（実践的行為につながる科学）の立場から発言を続けてきた。ハーバード・ビジネス・スクールに移る前には、ハーバード教育大学院に所属し、他のひとの学びを促進する役割を担う教師やコンサルタント自身が、必ずしも学習や教育の達人ではなくなってしまっている有様を描いてきた。

これもまた二〇〇三年アメリカ経営学会の大会開催中のことだが、生涯そのものが学習蓄積の手本と思われるアージリス本人が自分自身の学び方について話す場があった。アージリスの八十歳の誕生日に、組織学習を専門に扱う学術雑誌から、その分野での並はずれた学術的貢献により学会賞が授与された。以下は、それを祝しての講演と対談〔聞き手は、このセッションを企画したマンチェスター大学のE・P・アントナコポゥロ（Elena P. Antonacopoulou）〕の場でのアージリスの発言に基づいている。

アージリスは、特別講演のなかで、アクションと結びつけて学習することの大切さを繰り返し強調した。アクションに結びつかない学習は無力だし、学習の仕方そのものがうまくなったつもりでも、アクションそのものが硬直していれば学習に意味はない。

教育者として他者の学習を促進することが仕事であるはずの教師や、クライアントの気づきを促す役柄のはずのコンサルタントが、防衛的ルーチンとも呼ばれる硬直的なパターンにしばしば陥る。そんなときには、学習の仕方そのものを学習し直さないといけないとも警告してきた。アージリスと彼の盟友だったＭＩＴの故Ｄ・ショーン（Donald Schön）教授の名を世に広く知らしめた二重ループ学習（double-loop learning）の概念だ。共同し始めた当初、アージリスとショーンは、週に二、三日は、長時間話し込んで、その対話のなかから、ほかならぬ二重ループ学習や持論、組織学習などの概念を生み出していったそうだ。

これまで学習してきたことが、今後もはや通用しなくなっているのに、これまでのやり方のままさらに自分を磨こうとするのは、閉じた学習だ。それは、学習のあり方そのものの正しさを問うフィードバック・ループのない一重ループ学習とも呼ばれる。その落とし穴から逃れるすべを学習しないまま、まちがっていても、過去うまくいったやり方を防衛し守る立場を、意図せずとってしまう。もはや通用しなくなっているのに過去の成功パターンで教育し続ける硬い教師、クライアントのニーズを聞かずいつも同じアドバイスを押し付ける石頭のコンサルタント。防衛的ルーチンはそこかしこにある。

アメリカ経営学会でのこのセッションでのアージリスの発表は、先に述べたとおり、講演と対談からなっていた。大勢の人びとを前にした対談ともっと深いパーソナルな対話とでは意味が異なるが、アージリスは、対話のなかから、アクションにつながる理論を見つけることが大切だと深く信じている。書物では対話はできないが、本書にたくさんのエクササイズを入れたのは自分との対話、周りの人との対話を大切にしてほしいとも信じているからだ。防衛的ルーチンに陥っているひとは、自分がアクションをとっているときに信じている理論《セオリー》（実践のなかで使用されている理論という意味で持論）についてだれからか適切な指摘を受けないと、そのルーチンから抜け出せない。それどころか、持論の元になっている仮定がどのようなものであるのかについて、自覚的に気づいていないことが多い。

以下本書では、実践家の持論と研究者の理論を総称するときにセオリーと表記する

リーダシップに限らず、スポーツのプレー、楽器の演奏など何事においても、なかなか上達せず堂々巡りを続けるひとは、そのような自分のあり方の暗黙の原理や仮定に気づかないとだめだ。やみくもに実践家であり続け、（内省よりは）行為のひとであることを気取っていると、活発なようでもその行為の連鎖は、同じことの繰り返しで足踏み状態に陥ってしまう。そのような悪循環に入ったまま行為を続けるよりは、意識的に立ち止まって自分が使用しているセオリー（＝実践家の持論）をチェックする必要がある。

学者の理論を学ぶだけでなく、それを基に自分がついつい実際に寄りかかっている（実際に信じている本音の）理論（自分の持論）を探る手間が、それに要する時間と労力に値する（後述するように、リーダーシップの研修のなかでも、そのことに時間をかけるのが肝要だという

のが、この実践的入門書におけるわれわれの立場だ)。

(5) 使用中の理論としての持論

このような理論を、アージリスは、行為中に実際に使用している理論《セオリー》(theory-in-action; theory-in-practice; theory-in-use)とも、内省しないと気づかれない理論《セオリー》(theory-in-reflection)とも呼んだ。本書では、このように「実践から生まれ、実践を導いている理論」を「持論」と呼び、研究者が調査研究や実験・観察から生み出す「理論」と必要に応じて区別して用いるようにしている。

ながらくアージリスの盟友であったショーンは、自分のアクションのコツを対話、内省、実演を通じて、原理・原則として言語化できるようなひとのことを、内省的実践家(reflective practitioner)と呼んだ。このアイデアをリーダーシップの分野にあてはめると、実践の場でうまくリーダーシップを取れるひとが、自分のリーダーシップの持論を言語化して、語ることが理想だ。そのことがそのひとに仕える若手のリーダーシップを涵養していくばかりでなく、持論があるおかげで、そのひと本人にとっても自分のリーダーシップ行動に筋道が通っていく。

アージリスは、教師やコンサルタントなどの専門職、ショーンは、音楽家、精神療法家、建築家などの創造的な仕事につくひとに注目してきた。アージリスとショーンは経営幹部にまで至るひとのリーダーシップの育成に主眼を置いたわけではないが、二人の考え方はそこにもよくあてはまる。実際のところ、管理職や経営者にも、社員に対して教師としての役割があり、変革やイノベーションをめざすなら、経営幹部の仕事にも、当然、創造性が要求される。

アージリスの主張を真に受け止めるなら、リーダーシップを身に付けたいと思うひとは、なによりもまず対話のなかから、自分なりのリーダーシップの持論（自分が実際に信じているし使っている理論《セオリー》）を探し出す必要がある。それが現状のままでは、まだほんとうにしっくりくる持論になっていなかったとしても、まずそれを探る必要がある。

対談のなかでのやりとりにおいて、著者にとって最も印象深かったのは、「クリス、あなたは、いつもとても情熱的だが、自分の熱意や積極性が相手にとってマイナスに作用することがありますか」という（日本人の感覚では大先生にはやや失礼とも思えた）対談者の問いに対する、アージリスの答え方だった。失礼だという顔つきもせずに、しばらく考えてから、すぐに「そういうことがありうると思うよ」といって、ある種の場面では、熱意だけでは空回りすることがあると気づいたときの話をしてくれた。

確かに、教師として学生や院生と接するときに、教師のほうが熱心で元気でありすぎると、かえって学生がひるんだり、自分のしたい質問をするまえにやりとりが一方的に終わってしまったりすることがありうると彼はいう。アージリスは大聴衆の前でこの問いをめぐって内省しながら、対話中に自ら二重ループ学習していることをさらりとその場で示したのであった。「学生には熱意をもって接するのがいい」というのが、アージリスが信じてもいたし実際に使用していた理論《セオリー》であったとしよう。しかし、現実には、学生の側の主体性、創造性を阻害していたかもしれない。そういう自分の姿に気づかされたわけだ。それに気づかず、学生の学習が進まないのは、先生である自分の熱意が足りないからだともっとはりきりすぎると、学生はますます萎縮してしまう（「こんなに熱意をもって指導しているのに……」と嘆き、先生だけテンションを高め、一方的に接するなら、それは一重ループ学習であり、それを続けると防衛的ルーチンの堂々巡りに陥ってしまう）。

自分の持論が自覚されないと、自分の考えと現実とのすりあわせが十分になされない。そのため、持論がもたらすアクション、そのアクションがもたらす結果との関係も見えてこない。だから、アクションと学習は同時進行的であるべきだという考えにもつながっていく。

アージリスにも深い影響を与えた心理学者、K・レビン（Kurt Lewin）は、ひとから成り立つシステムを理解する最良の方法は、それを変えてみようとすることだという趣旨の教訓をわれわれに残した。

この教訓に従えば、職場で有効なリーダーシップを知ろうと思ったら、アクション・リサーチ（実際に調査対象としている組織に介入する行為を起こすことにより、実践的な知識を生み出す調査法）として、職場を変え、自分を変えようとするのがいちばんだ。

甲子園大学人間文化学部の白樫三四郎教授による深い理解によれば、レビンの提唱したアクション・リサーチでは、action（実践）—research（研究）—training（訓練）の三側面が互いに関連し合う。action-research-trainingから成る三角形を描くとすれば、三頂点のつながりこそがアクション・リサーチだ。後に、アージリス自身は、アクション・サイエンスという方法を提唱するようになったが、そこでもキーワードは、実践につながった学習だ。実践しながら学ぶというときの実践とは、この場合、組織変革や介入、自己変革を指す。

このようなアージリスの考えは、リーダーシップの世界に実践的に入門したいと思うひとに、どのような意味合いをもつのだろうか。

「リーダーシップのコツはなにか」と聞かれたら、（それまでのリーダーシップ経験が概してうまくいった場合でも、うまくいかなかった場合でも）答えようとすることが大切だ。言語化が、行為の内省における鍵を握る。情熱という、通常はリーダーシップにプラスにかかわると思われるものについてのアージリスの洞察と気づきは、質問されたことがきっかけだった。

だれかに質問されなくても、リーダーシップについて学習したいと思うのなら、まずなによりも、自分なりのリーダーシップ持論を探ることが大事だ。語る相手が当面はいなくても、内省の結果をまずは自分のために言語化することだ（独り言のまま終わると忘れるから、できたらメモ程度でいいから書き記すことを勧めたい――以下のエクササイズでも同様だ）。自信がついてきたら自分の持論を語ることが大事だ。教えることによって学び、「リーダーを育成するリーダー」になるために。

学習の仕方について、教育学と経営学の分野で生涯にわたって学習を続けてきたアージリスのわれわれに対する最も大きな教訓は、わたしなりに敷衍《ふえん》するとつぎのようになる。

もしも、ほんとうにリーダーシップを身に付けたいのなら、また、すでに身に付けているけれどそれをさらに改善したいのなら（さらに、これまでうまくいっていたやり方ではうまくいかない状況に直面しているなら）、まず、自分のリーダーシップの持論（my own leadership theory-in-use.「自論の持論」「自説の持論」ということもある）を探ってほしい、言語化して自覚してみてほしい、言語化したらそのとおり実践を深めてほしい、ということだ。「リーダーシップとは曰く言い難いものだ」などといって暗黙の世界のなかに放置してしまってはいけない。なんとか自分の言葉で、自分なりのリーダーシップのコツを言語化することだ。

(6) 読者の皆さん自身が経験から語るリーダーシップのコツ、それを表現する言葉

ミンツバーグもアージリスも、リーダーシップだけを直接の対象として前述の主張をしたわけではないが、この両者からなにを学ぶべきか。ひとつには、経験とつなげること。ふたつに

は内省を大切にすること。三つ目は、言語化することだ。

これらの教訓に従って、本書では、皆さんに立ち止まって考えてほしいところには、エクササイズのコラムを入れることにした（著者もそうだが、せっかちなのでそんな間があれば、先を読みたいと思うひとはそうしてもらってもいいが、その場合も、あとから気になったエクササイズだけでもいいから、ペンとメモ用紙をもって取り組んでみてほしい）。それでは、まず、エクササイズ1をお届けしよう。本書全体を通じて＊印が一行に三つ並んでいるところは、すぐ横のページか、その次のページにエクササイズが提示されている目印になっている。

＊　＊　＊

リーダーシップを理論として本で学ぶだけでなく、それを実際に身に付けたいと思ったら、次の四つのことが大事だ。

・自分がリーダーシップを直接に経験すること
・すごいリーダーだと思えるひとといっしょに仕事をして、そのひとの言動を観察すること
・それらの経験と観察からの教訓を言語化し、自分なりの持論を構築すること
・学者の理論やすぐれた実践家の持論は鑑賞するように読むのではなく、自分の持論を創出し肉づけするために活用すること

最初にミンツバーグとアージリスの姿勢を紹介したのは、実践的に学ぶ姿勢を示すためだ。

ったひとの観察に基づき、そのひととのやりとりも思い出してください。自分のリーダーシップ経験、他のひとにリーダーシップを感じたときの観察から、あなたなりに考えるリーダーシップのコツというものを、いくつかのキーワードに言語化してみてください（これまでにリーダーシップ論の勉強をして、専門用語を知っているひとも、あらためて、経験と観察に基づき、自分の言葉で書き出してみてください）。

（1）まず、リーダーシップの勘所を示すキーワードを、できるだけ多くリストアップしてみてください。
（2）そこから、自分にとってとくに重要だと思えるキーワードを、3つ、4つにしぼりこんでください。
（3）それらがとくに重要だと思われるわけも、考えてみてください。
（4）このコツを示すキーワードを具現する具体的な行動を思い浮かべて、メモしてください。
（5）これまでの自分の直接的な経験と観察からは出てこない言葉で、映像や書籍で見るようなカリスマから追加的に思い浮かぶようなキーワードには、どのようなものがありますか。
（6）先の（4）と（5）でリストした項目をながめながら、それぞれの項目が生得的なものか、経験から身に付きそうなものか、自分の考えをメモしてみてください。

この本は、自分のリーダーシップ持論を探し出すという意味での入門書なので、随所に散りばめられたエクササイズを通じて、読み終えたときには、自分のリーダーシップ持論が萌芽的にでも姿を現していることになるでしょうから、先に終わりまで読み進んで全体像をつかんでからでもけっこうですから、紙と鉛筆を手に、エクササイズの結果を一冊のノートに記録していってください。

本書を、つい鑑賞するように読み始めているひとには、ここらでさっそくにも自分の実践を念頭に読み進むように読み方を変えていってほしい。この本を読んでいるまさにこのときに、すばらしいリーダーシップを取れるひとに仕えてみることや、自

エクササイズ1　リーダーシップ経験とコツのキーワード

　リーダーシップにまつわる経験をひとつ具体的に思い起こしてください。また、これまでの全ての経験を通じて、自分なりにリーダーシップのコツを表すキーワードを考えてください。

Ⅰ　これまで自分がリーダーシップを発揮したと思われる経験について、他人から見ればどんなにささやかに見えるものでもいいから、本書を先に読み進む前にまず振り返っておいてください。つぎの点に簡単に答える形でメモしておいてください。

（１）いつごろ、何歳ごろのことですか。
（２）この経験をとくに思い出すわけはなんでしょうか。
（３）なにがきっかけでそれを経験することになったのですか。
（４）自分としてはどのような発想で、どのような行動をそのときに取りましたか。
（５）それは、あなたの生まれつきのものとかかわりますか。それとも、この経験も含め、自分のくぐってきた諸経験から身に付いたものだと思いますか。
（６）自分なりの発想で行動した結果、ついてきたひと（フォロワー）には、どのような影響があったと思いますか。
（７）この経験は、あなた自身に対しては、どのような影響を与えたと思いますか。

Ⅱ　この経験以外に、どのようなリーダーシップ経験をしてきましたか。あるいは、自分がフォロワーの立場で、だれかにお仕えしていたときに、だれのどのようなリーダーシップ行動を見てきましたか。とくに、「すごいリーダー」だと思

らがリーダーシップを発揮してみる経験に恵まれるとなお理想的だ。経験（と観察）こそがリーダーシップの学校である。

　しかし、もし経験で身に付くからといってほったらかしにしておくだけなら、「リーダーシップは曰く言い難い」といっ

て放置するのと同じだ。それなら、リーダーシップの書籍も研修もいらない〔水泳の学習でよくいわれる、つべこべ言う前に、海のなかに放り込めという方式に近くなる――このようなやり方を文字どおり、sink-or-swim method、（泳がないと沈むので、沈むほど深い海に放り込めば、泳がざるをえないだろうという方法）と言う〕。しかし、それも困る。書籍をもって、実践に役立つ自分の持論を探すつもりでフィールドに出よう。

(7) TPOVとは

鑑賞する立場を超えて、自分のありようを問う形で接すれば、書籍も自己変革と成長・発達にとって有効な糧となる。わたしは、リーダーシップをうまく取れるようになるのは、成人になってからの発達の有力な筋道のひとつだと思っている。本を読んだり研修を受けたりすることによって、自分の発想や行動を内省して振り返り、一回限りの経験としてではなく、そこに潜む原理・原則という観点からその行動を意味づけることが必要だ。特に、成長・発達の節目では。

リーダーシップ論の研究者（で教育者）のなかでは、ミシガン大学のN・M・ティシー（Noel M. Tichy）教授が、TPOVという略語でこの点を強調してきた（最近ではリーダーもフォロワーも双方が学習する（教育し合う）サイクルに注目するようになっている）。Teachable Point of

View＝TPOVとは、「リーダーシップについて、自分の経験や観察を通じて、ひとにそれを教えようと思えば、教えられる（teachable）自分なりの考え、見解」のことをいう。

TPOV（TPVと略すこともある）は、われわれの用語法では、リーダーシップの持論の萌芽となるものにほかならない。リーダーシップの達人の語る持論という境地までいっていなくても、教えろと言われれば何か一言や二言ぐらいリーダーシップについて語ることができるだろう。それがTPOVだ。

教えることができるという事実こそが、そのことについて役立つ知識が身に付き始めている証拠だというひともいる。確かにそのとおりだと思う。

さらに言えば、アージリスが指摘したとおり、他のひとに教える元となる自分の学習がまちがった原理・原則に基づいていたら、原理・原則そのものをさらに改訂していかなければならない。そのためにも、まず自分がホンネ・レベルで信じて使っているTPOVや持論を探ることが大切なのだ。また、対話を通じてこそ内省的実践家が生まれるので、エクササイズ1は、できればひとりだけでなく、身近な仲間とともに話し合いながらやってみるのがなによりもお勧めだ。

内省的実践家とは、自分がうまくできつつあることについて、どうすればうまくできるかを語れるひと、実践しながら内省し、内省して見出したことを実践に生かせるひとだ。そのプロセスで、ひとに質問されること、実演すること、対話・議論することが大事になってくる。

(8) 本章の読み方――鑑賞するように読まない

この章で言いたかったことを別の表現で要約すると、リーダーシップのように統合的で積極的なものを身に付けるのに、受け身ではだめだということだ。わたしがよく使う表現は、これまでも使ってきたが「鑑賞するように読まないで」という言葉だ。神戸大学のMBAプログラムでは働きながら学ぶことを重視し、このような立場のことを、OJTならぬ「BJT（By the Job Training）」（加護野忠男氏の造語）と呼び、その言葉で、「実践と学習の同時追求」の大切さを強調している。

学習のない実践はがむしゃらで、実践のない学習はしばしば空しい。「鑑賞するように学ぶより、自分ならどうプレーするか」という観点から学ぶことの大切さは、ほんとうは、大人ならだれもがこれまでになんらかの形で経験しているはずだ。リーダーシップ以外の領域でも。たとえば、もし、あなたがサッカー・プレーヤーなら、サッカーのゲームの見方も、他のプレーヤーが語る言葉の聞き方も、サッカー雑誌やサッカー・ゲームに関する本の読み方も、変わるだろう。自らはプレーせず、ただ鑑賞するだけのひととは、違う接し方がある。

同様に、あなたがドラムを演奏するなら、CDを聞いて「このドラマー、いいねー」というのとは違う聞き方、自分のプレーにつなげる学び方が生まれる。そのためには、自分も経験することと、よいプレーを聞くこと、そして彼らが語る持論に触れることが役立つ。そして、それを自分の経験や自分なりに探しつつある持論とすり合わせることが大事だ。

実践家の持論や学問的に生まれた理論も、実践につなげるセオリーとして核に置く点がＢＪＴの立場の特徴で、ついつい「海へほうりこむ」だけになるＯＪＴとは異なる点だ。

経験からの教訓をキーワードにして、そこから皆さんなりの持論がまだうまくここで記述できなくてもいっこうにかまわない。それを生み出し、（すでにもっているひとはよりすぐれた持論に）改訂する本格的作業が本書全体を読み終えてから始まればいい。本書は、そのような作業のきっかけとなれば、自覚的に自分のリーダーシップを磨く世界への実践的な入門の書となってくれるだろう。

このエクササイズ１でメモしたことは、将来のために保存しておいて、将来、またより大きなリーダーシップを取るべき節目をくぐったときに、読み返してみてほしい。持論を意識する以前と以後の違いが、一年後、数年後、十年後に出てくれれば、しめたものだ。

ここですぐに、持論の内容についていくつかの実例が知りたくなるだろうが、それは、Ⅳ章までお預けにして、つぎはリーダーシップの定義に進もう。これ以後も、鑑賞するように読むのでなく、現実的な実践と結び付けるのに有効な形で、リーダーシップをどう捉えるかを考えながら、ページをめくろう。

Ⅲ　リーダーシップの定義とリーダーシップを見る視点

定義にまつわる議論は、しばしば無味乾燥である。とはいえ、これから一冊の書籍で探求しようという現象に対して、定義をしないままずっと議論を進めるのは、得策ではない。厳密な定義にこだわるよりも、どのようにリーダーシップを捉えれば、肌感覚に合う、現実との接合感覚の高いリーダーシップ論が展開できるのか。

ここではそのような観点からリーダーシップの捉え方の根っこにある基礎的なアイデアを明示し、クーゼス＝ポスナーの基準とハイフェッツの基準というふたつのリーダーシップ成立の要件を探りながら、実践的な定義を探求していこう。そのような定義ならいろんな研究者によるリーダーシップ理論の評価、自分のリーダーシップ持論の構築に際して一助になるであろう。

(1) われわれが注目する二側面

これまでの多数の定義の共通項をまず述べ、その問題点をふまえたうえで、リーダーシップの多様な捉え方のなかでも、「リーダーの言動とフォロワー認識の間にこそ、リーダーシップが存在すること」を基礎的な認識として重視していくことにする。その際、一方で「振り向けばついてくるフォロワーが存在すること」（クーゼス＝ポスナーの基準）、他方で「フォロワーはフォロワーなりに自律していること」（ハイフェッツの基準）の二側面に注目していく。

問われるのはリーダーシップ論の知識でなく、リーダーシップの実践である。だから、当然のことながら、試験のために暗記するような定義にこだわる必要はない。日本の有力企業で部長クラスの管理職にまで英語力におけるTOEICのような試験を課する会社が出てきたが、幸いリーダーシップ力検定試験などというようなものは存在しない（もし、そのようなものがあれば、リーダーシップの定義や理論はよく知っているが、リーダーシップの取れない部長が日本中に溢れてしまうだろう）。

定義のために定義することを目的とするよりも、ここでは、読者の皆さんも経験するリーダーシップの現実の姿を意味ある形で捉えるための下準備を、前の章に引き続き、おこなっていく。Ⅱ章が、鑑賞するためでなく、身に付けるためにリーダーシップ論を学ぶうえの心構えを扱ったのに対して、Ⅲ章では、そのリーダーシップという現象をどのように捉えるのが、そのような実践的な目的にかなっているのかについて、より理詰めに探っていくことにしよう。

最も定評のあるリーダーシップ論のテキストのなかでG・ユクル（Gary Yukl）は、ほかの学者による八通りの定義を引用したあと、多様なリーダーシップの定義の共通点をつぎのように述べている。

「リーダーシップの大半の定義は、つぎの仮定に立っている。リーダーシップとは、集団もしくは組織における諸活動や諸関係を導き、形づくり、促進するように、あるひとによって、他の人びとに対して意図的に影響力が行使される過程からなっているという仮定がそれだ」〔Yukl, Gary (1998). *Leadership in Organizations.* 4th ed. Upper Saddle River, NJ: Prentice Hall, p.3〕。

リーダーシップが「影響力の一形態」であることに異論をはさむひとはいないだろう。しかし、われわれがほしい定義は、それを聞くと日常生活のなかでもぴんとくる定義だ。また、あるひとがリーダーシップを発揮しているかどうかを見極める試金石となる定義だ。

学者のおこなう定義は、しばしば無味乾燥なだけでなく、回りくどく、わかりにくいことが多い（それは、半面では、英語の文献に基づく場合には、翻訳っぽい文章のせいもあるだろう）。ここでは、われわれがだれにリーダーシップを感じ、どうしてそのように感じるのか。また、ある場面でそこに居合わせた大勢のひとがリーダーシップが生じているとみなしたりするときに、いったいなにが生じているのか。そのような問いを念頭に、肌感覚に合う現実的な定義を探していきたい。

(2) 定義の共通項に見るいくつかの問い

ユクルの指摘のなかから、すぐにいくつかの問いが思い浮かぶ。

(1)リーダーとリーダーシップはどう違うのか

(2)意図的に影響力を振るうのは、いったいだれか。それはひとりか。

(3)影響力が生まれる過程とは、基本的にはどのような心理的かつ社会的過程なのか。

まず、第一の問いについて。リーダーというのは、具体的な人物として、指差すことも、触ることもできる。歴史的な人物、たとえば、エリザベス女王でも織田信長でも、ある時代にそのようなひとが実在していたことを(史料そのものがまちがっていると想定しない限り)疑うひとはいないだろう。

リーダーとは、そのように実際に存在する(した)人物を示す言葉だ。それに対して、リーダーシップという社会的現象は、人びとの相互作用のなかに生まれ、潜在的にリーダーシップを発揮しそうな(あるいはしている)人物に対して、フォロワーたちがどのように感じるかというところから発生する。だから、リーダーシップは、リーダーそのひとのなかに存在するというよりは、リーダーとフォロワーの間に漂うなにものかなのだ。

フォロワーたちの大半が、リーダーの言動にふれながら、自分たちのチームがうまくいっているのは、どうもこのリーダーのおかげだと思うようになったら、そのリーダーたる人物に、フォロワーたちと相互接触する場におけるリーダーシップが帰属されることになる。

だから、リーダーシップとは、リーダーのなかに存在するというよりも、リーダーとフォロワーの間にあるともいえるし、さらに言えば、リーダーの言動を見てフォロワーの大半がどうそれを意味づけるかという過程（プロセス）のなかに存在することになる。このような見方は、ワシントン大学のT・R・ミッチェル（Terrence R. Mitchell）や、さらにさかのぼればB・J・コールダー（Bobby J. Calder、論文発表当時はノースウェスタン大学）によって、リーダーシップの帰属理論（attribution theory of leadership）として構築されてきた。

このような影響力が生まれる過程は、ダイナミックなものであり、最初から所与として、リーダーにリーダーシップが（静態的に）付着しているわけではない。リーダーシップとは、リーダーとフォロワーのやりとりのなかから、インタークティブかつダイナミックに帰属されていく過程なのだ。

だれかが「わたしには、地位も肩書もあり、だからリーダーだ」と騒いでみても、そのひとに自動的にリーダーシップが帰属されるわけではない。皆がどう思うか、どう感じるか次第だ。これは、さりげない視点だけれども、日常の生活のなかでリーダーシップとはなにかを考えるうえで、実践的にも有力なひとつの視点だ。この視点を大事にするためには、その気になれば触れる「リーダー」たる人物と社会現象としての「リーダーシップ」という過程を区別することが肝要だ。

このことが第二と第三の問いにかかわってくる。第二の問いとは、意図的に影響力を振るうのは、いったいだれか（また、それはひとりか）という問いだ。この問いについては、この相互作用的な観点からはリーダーシップを成立させているのは、リーダーひとりではないことがわかる。逆向きにフォロワーがリーダーの存在を認めているという面があり、そちらのほうがより重要だともいえそうだ（この立場を最も明確に示している研究者としては岡山大学の淵上克義氏が筆頭にあげられ、滋賀大学の小野善生氏も、この立場からフォロワーの語りを重視した研究を重ねている）。

また、入れ子状の組織では、上（経営トップ）から見るとフォロワー（たとえば、課長）も、下（課員）から見るとリーダーの役割が期待される職位についている。課長がトップに対して意図的に行使する「上向きの影響力」（upward influence）というものもある。

さらに、複数のリーダーが意図的に協力し合ってリーダーシップを発揮するケース（たとえば、ホンダにおける本田宗一郎氏と藤沢武夫氏）がある。そこには、ふたりかそれ以上のひとに共有されたリーダーシップ（co-leaders, shared leadership）が認められる。最近では、メンバーのみんなにも期待されるリーダーシップ、ワンポイント・リリーフのようにだれにも登板機会のある集団も模索されるようになっている（たとえば、指揮者のいないオルフェウス交響楽団)。

問題となっている課題やテーマごとに、異なるひとがリーダーシップを発揮するような集団では、リーダーシップは特定の個人が行使する占有物ではなくなる。このような立場は、オルフェウス・プロセス(H・セイファー(Harvery Seifer)とP・エコノミー(Peter Economy))、ユビキタス・リーダーシップ(慶応義塾大学の花田光世教授による)、また、問題ごとにリーダーシップの担い手と目されるひとが替わっていくという意味でフローティング・リーダーシップ(金井)とも呼ばれている。

リーダーがフォロワーに影響力を行使するためには、フォロワーがそのリーダーに信頼を寄せていないといけない。リーダーシップは、リーダーによるフォーマルな権限の行使とは関連するがそれとは別個のものだ。影響力が生まれる過程は、地位や肩書そのものとはちがって相互作用的で動態的だ。リーダーの言動がリーダーシップを生み出す大元という意味では、リーダーそのひとが「第一の原因」であるが、その言動に信頼を感じてリーダーシップを帰属させるのは、ほかならぬフォロワーたちであるとすれば、フォロワーが「第二の原因」として、大きな鍵を握っている。

この点を、信頼性、信頼という言葉を鍵に、さらに探ってみよう。

(3) 信頼性、信頼の蓄積というキーワード

リーダーシップという社会現象では、リーダーが影響力を行使しているという仮定が自明の前提となっている。また、この捉え方は、けっしてまるごとまちがっているとはいえない。しかし、影響力が成り立つためには、フォロワーたちから見て、このひとなら「喜んでついていってもいい」と思われることが不可欠である。

影響力とは一方的ではなく、（政治の世界ではなくても、または、実際に正式な投票がおこなわれなくても）フォロワーたちからの、いわば信任票によって成り立っているのである。このような考え方に近い説がふたつある。

ひとつは、トム・ピーターズ・グループでリーダーシップの研究と研修をおこなってきたJ・クーゼス（James Kouzes）とB・ポスナー（Barry Posner）の一連の書籍が提示する視点だ。

彼らは、フォロワーが「喜んでついていく（willingly follow）」という点に、リーダーシップ現象の本質を捉えた。どのような人物になら、大半のひとがついていく気になるのか、という問いに対して、ずばり一言で「信頼できるひと」と答えた。

これだと同語反復のようでだまされたような捉え方だという反論も聞こえてきそうだが、皆さんがこれまで「あのひとにはついていく気がしたし、実際についていった」というすごいリ

ーダーのことを想起してみてほしい。信頼性（credibility）なしに、リーダーシップはないという捉え方は、リーダーシップの定義に直結した基本中の基本の命題として、認めざるをえないのではないだろうか。トム・ピーターズでさえ、リーダーシップのような複雑な現象のキーワードをたったひとつにしぼるというのは難題だと主張しつつも、「信頼性がそれだ」という視点には納得せざるをえないとクーゼスらを援護している。

もうひとつには、より古典的な実験室実験に基づく研究だが、信頼のダイナミックな蓄積に注目する実験社会心理学者のE・P・ホランダー（Edwin P. Hollander）によるアプローチがある。彼は、リーダーシップが生じる過程を、潜在的リーダー（将来リーダーになるかもしれないひと）とメンバーの間のダイナミックな相互期待の形成過程のなかに捉えようとした。

だれかがある集団に招き入れられたばかりのとき、そのひとは新人だから、当然、いきなりリーダーシップを取ることなど期待されていないのがふつうだ（再建のために、ベテラン再建屋の経営者が社外から招かれたときは例外だが）。まずは、今までのやり方でそれなりの成果をあげることが、組織に加入して間もないころには、期待される。この段階では、素直にこれまでのやり方に従って、しっかり集団の業績達成に貢献を重ねていくことが信頼を築く。

たとえば、中学・高校のときにもすでにアメリカン・フットボールの名門校でプレーを経験してきたひとが大学でもアメフト部に入ったとしよう。どんなにすぐれたプレーヤーでかつて主将の経験があったとしても、まずは入ったチームのやり方を尊重してそれに従いつつも、チームに貢献することが先輩や同輩の信頼を得る道だ。ここでは、服従（コンプライアンス）と有能さ（コンピテンス）の両方が踏み石となる。

しかし、すばらしい活躍をして高学年になり、とうとうそのひとが新しい主将になるときには、これまでとは違うやり方が、逆に後輩と同輩から期待されることになる。これを、ホランダーは、信頼の蓄積によって期待されるようになった特異行動（iodiosyncratic behavior）と呼ぶ。聞きなれない訳語になってしまうが、特異行動とは、組織や集団における創造的で革新的な行動のことをさす。

この信頼蓄積(credit accumulation)理論は、別名「特異性（を許容する）信頼（idiosyncrasy credit）」理論という名でも知られている。言葉は硬いが、信頼はいわば積立貯金のようなものという考え方はわかりやすい。このひとについていってもまちがいないという信頼の（いわば）貯金が十分に貯まっていったら、今度は、さらに貯金を続けるのではなく、それを引き出して、大胆な買物をすること、つまりアクション、イノベーションに出ることが期待されるようになる。

リーダーによる信頼の蓄積が、このようなリーダーの変革に対するフォロワーの承認を促すだけでなく、リーダーによる変革をフォロワーの間に待望させるようになる。このようなダイナミック・プロセスを見れば、リーダーシップとは、リーダーたる人物がひとり占有する持ち物ではなく、みんなで創り出す社会的現象なのである。

社会学者のH・S・ベッカー(Howard S. Becker)に、*Doing Things Together* (Evanston, IL: Northwestern University Press, 1986) という書名の名著がある。リーダーシップもまた、リーダーひとりでなく、みんなで創り出しているものなのだ。みなでやっているつもりというのは幻想のこともあるが、まずみんなが信じているようになっていることがポイントだ（吉本隆明までさかのぼらなくても、それは、幻想だという視点もある——社会的構築主義の立場からも、リーダーシップそのものは存在しないということになるが、ここではこの議論には立ち入らない)。

(4) この定義を身近にするためのささやかな頭の体操

具体的な人物の名を見ながら、われわれの持論になじむ定義の話を続けよう。そこで、、エクササイズ2にあげたひとたちの間の共通点を考えてみていただきたい。

*　　*　　*

著者がはじめてこれから述べるエクササイズのリストにふれたのは、ある本を訳したときだ（J・ボイエット＝ジミー・ボイエット『経営革命大全』日本経済新聞社、一九九九年)。リス

エクササイズ2　このひとたちの共通点

イエス・キリスト、ジュリアス・シーザー、聖徳太子、源頼朝、ジャンヌ・ダルク、（宗教革命の）マルティン・ルター、ナポレオン、エイブラハム・リンカーン、ナイチンゲール、吉田松陰、清水次郎長、西郷隆盛、アドルフ・ヒットラー、レーニン、マハトマ・ガンジー、ドゴール、（公民権運動の）マーティン・ルーサー・キング、アルバート・アインシュタイン、ジョン・レノン、松下幸之助、マザー・テレサ、ジャック・ウェルチ、小沢征爾、福原義春、小倉昌男、（ラストに経営学者から）野中郁次郎

これらの人びとに共通な点はなにでしょうか。

トの登場人物の中身はその本にあげられているのと同じではないが、エクササイズ2の中に、リーダーシップを取ったとおぼしき人びとがリストアップされている。

宗教家、歴史上の人物、英雄、武将、革命家、指揮者、経営者、そして経営学者。領域は、多様だ。共通な点を探し出すのは一見むつかしそうだ。だから、わたしは「リーダーシップを発揮したと思われているひとたち」というのが答えかとはじめてこのエクササイズを見たときに思った。でも、そう答えると、どうして、リーダーシップを発揮したと思えるのか、その判断の理由が自分の仮の答えに対して気になる。

ボイエットらの答えは、「これらのひとたちには、ついてくるひとたちがいたこと」というものだ。最初はこの回答には肩すかしをくらったように思った。

しかし、考えれば考えるほど、これはなかなかわかりやすい定義だ。いろいろムリのある、またやたら難しくなりがちな社会心理学的なリーダーシップの定義よりわかりやすい。

「社会的影響力の一形態として、目的に向かってフォロワーの自発的に動機づけられた行動に影響を与えるプロセスが見受けられますか」という問いよりも、「後ろを振り向いたら、喜んでついてきているフォロワーたちがいますか」という問いの方がわかりやすい。

この後者の問いは、リーダーシップがその場に発生しているかどうかを、目に見える形で試せる問いだ。ボイエットらの考えは、喜んでついてくる人びとが出現するだけの「信頼性」というジム・クーゼスの強調点とよく両立する。「後ろを振り向いたら……」という先の言葉をリーダーシップの定義というのには抵抗のあるひとでも、これこそ、リーダーシップがその場に生じているかどうかを探る試金石となるわかりやすい問いだとは納得してくれるのではないだろうか。

後ろを見ると、「喜んでついてくるひとたちがいること」を、リーダーシップのあるなしを見るためのクーゼス＝ポスナーの基準と呼ぶことにしよう。資生堂名誉会長の福原義春氏が著したリーダーシップに関する著書のタイトル、『部下がついてくるひと』（日経ビジネス人文庫、二〇〇一年）は、クーゼス＝ポスナーの基準から見たリーダーシップの本質を素直に照らしている。

「ついてくるひとがいること」という、この第一の基準から、リーダーの側の倫理観、フォロワーの能動性、リーダーシップの姿の多様性という興味ある三つの論点がリーダーシップを捉える視点として浮かび上がってくる。この三点を順次検討していこう。

(5) リーダーの倫理観という問題

正解が一個あるわけではないが、先を読む前につぎのエクササイズ3に答えてみてほしい。

＊　＊　＊

さて、皆さんの考えは、(a)(b)のどちらに近いだろうか。どちらにも一理ある。一方が正解というわけでもない。フォロワーの立場で仕事をしているひとには、あえて(a)の立場で、自らリーダーシップを取ることが期待されているポジションにいるひとには、ぜひ(b)の立場で、それぞれに己を律してほしいとわたし自身は思っている。さて、このエクササイズ3の問いかけは、どのような論点を含意しているのだろうか。

まず第一は、リーダーたる人物の倫理感や志にかかわることだ。どんなに正しい判断をしていても、また、描いた本人にとってはどんなにビジョンが魅力的であっても、その判断やそのビジョンに従ってついてくるひとたちがいなければ、そのひとにはリーダーシップはないことになる。賢くて冷静で合理的に正しいことを言ってはいるが、熱いもの、ひとを思う気持ち、信頼感がなく、どうしてもついていく気にはならないと大半のフォロワーが思えば、その場にはリーダーシップは認められない。そのひとが参謀タイプならそれでもいいが、大将がそれで

エクササイズ3　読者への問いかけ――フォロワーが喜んでついてきたけれど、リーダーの描いた絵が間違っていたり、倫理的に問題があったりした場合

(a) 間違った判断やビジョンに対してでも、フォロワーがついていけば、そこにはリーダーシップは存在する。この考えによれば、リーダーシップには、そういう怖い面があると、フォロワーは気をつけるべきだ。ビジネスの場面に限らず、ひどいリーダーについていってえらい目に遭うこともあるので、フォロワーの側の自覚が大事だ。

(b) 高い倫理観の存在をリーダーシップの条件に加えると、フォロワーが大勢ついていっても、めざす方向そのものが間違っていたり、倫理的に問題があったりすれば、そこにはリーダーシップは認められないことになる。この考えによれば、リーダーシップを発揮しようと思うリーダーには、高潔さ、倫理感を求めるべきだ。将来リーダーシップを発揮する側の自覚が大事だ。

　どちらの考えがあなたの見方に近いですか。答えそのものより、なぜそういう見方をとるのかという理由のほうがより大事です。その理由をメモしてください。

は困る。

　逆に、時代・歴史の検証を経れば、今から見ると、ひどい絵、間違った方向を示していても、その当時、大勢のひとがついていったのなら、そのひとにはそのとき、そのフォロワーたちによってリーダーシップが帰属されていることになる。

　フォロワー集団が過度にリーダーに依存し溶融してしまうことを危惧する社会学者のC・リンドホルム（Charles Lindholm）や、精神分析を経営学に応用しているM・ケッツ・ド・ブリース（Manfred F. R. Kets de Vries）の両名は、カリスマ的といわれるひとにありがちな、リーダーシップの暗黒面に警鐘を鳴らしている(つまり、(a)の立場に立っている)。目が覚めると「あやしい」ひとについていってしまうのは、政治や新興宗教の世界だけではない。ビジネスや教育の世界でも見られる。

高い倫理性をリーダーシップの基本条件のひとつに加えれば、間違った絵を示したひとにはついていくフォロワーがいても）リーダーシップは認めないという(b)の立場（たとえば、ヤマト運輸で宅急便の事業を起こした小倉昌男氏の立場）もある。でも、実際には、間違ったビジョンにひとがついていってしまうこともある。それを素直に認めて、そのような危うさに警鐘を鳴らすほうがかえって健全だというのが(a)の立場だ。

(b)の立場では、なによりもリーダーの側に高潔さが要求されるが、(a)の立場では、フォロワーの側がしっかりすることが要求される。へんなリーダーについていってしまったら、そのときには、フォロワーにも責任がある。その点に注意を促すためには、(a)の視点がすぐれている。

フォロワーの立場にいるひとには、(a)を勧めたいとわたしが思う理由は、フォロワーシップにも能動的な自覚が必要で、曲がっているものは曲がっていると言えるだけの力が大切だと強調したいからだ。定義からして、リーダーシップは、フォロワーがつくり出している面があるのだから、なおさらフォロワーが受動的で状況に融け込んでしまったり、陶酔してしまっていてはだめだ。上司、さらには社長に対してでも、間違っていることは間違っていると勇気をもって諫言できるフォロワーになりたいものだ（そういうひとは、リーダーになったときにも、部下に対してだけでなく、上にも影響力を行使できるようになるだろう）。

たとえば、ヒットラーの時代のナチスの人びと。そのとき、そのひとたちの間では、その絵が正しく思えてしまったので、ついていくひとが出てきた。先の試金石では、ヒットラーと彼に喜んで従う人びとの間にリーダーシップ過程が生じていることになる。

リーダーシップには、そのような怖い側面もある（逆に言うと、フォロワーの側の見識もときに大きく問われる）。民話になるが、ハーメルンの笛吹きの場合もそうだ。行き先は水のなかで溺れ死ぬことであっても、心地よい笛の音色・メロディーのあとをついていってしまう。怖いけれど、このような笛吹きにあたるような人物、しばしば集団自殺にまで信者を誘う新興宗教の旗振り役にもリーダーシップが帰属してしまうこともありうるという立場だ。だから、リーダーシップにはよく気を付けよう（Beware of the dark side of leadership）という姿勢も必要となる。

倫理性を条件に暴君にはリーダーシップを認めないという説とは異なり、カリスマをはじめ、強烈なリーダーシップを発揮するひとには、魅力と同時に、このような暗黒面があることを強調する学者の代表格が、リンドホルムやケッツ・ド・ブリースだ。

(6) フォロワーの能動性という問題

エクササイズ3がもたらす第二の論点は、(すでに少しふれているが) フォロワーの側の能動性、フォロワーの側の意識の高さの問題だ。リンドホルムの研究では、カリスマ型のリーダーにうっとりとなって、集団として溶融状態になる危険、個人がそのカリスマの威光に依存的になってしまう点が危惧されている。

別の見方をすると、リーダーは能動的だが、フォロワーは受動的だという暗黙の仮定がそこには潜んでいるようだ。この点で最も深い洞察を示しているのは、ハーバード大学のケネディ政治行政大学院でリーダーシップ論を担当するR・ハイフェッツ (Ronald A. Heifetz) だ。

わが国ではまだまだ過小評価の異色のリーダーシップ学者、ハイフェッツの説に耳を傾けよう。以下の引用のなかにおいて、フォロワーの役割を受動的 (passive) に捉える見解にⓅ、もっと積極的で能動的な (active) 役割を認める見解にⒶと付記した (このⒶは、エクササイズ3の問いかけのⓐ説に符合している)。

(P)「リーダーシップとは、コミュニティがリーダーのビジョンに従うように影響力を及ぼすこと (influencing the community to follow the leader's vision)」とⒶ「コミュニティが自分たちの問題に取り組むよう影響力を及ぼすこと (influencing the community to face its problems)」というふたつの考え方の違いを想像してもらいたい。

前者(P)では、影響力がリーダーシップの物差しになる。リーダーは人びとに自分のビジョンを受け入れさせ、皆は彼に頼りながら問題に立ち向かう。失敗すれば、責任はリーダーに帰せられる。後者(A)では、問題をめぐる進展がリーダーシップの物差しとなる。リーダーは人びとを動かして問題に立ち向かわせ、そのリーダーからの挑戦と助力を得て、コミュニティは前進していく。失敗した場合の責任は、リーダーとコミュニティの両方に帰せられる（『リーダーシップとは何か！』産能大学出版部、一九九六、20ページ、原著、1994, p.14、(P)と(A)の記号は引用者による）。

先に、大半の社会心理学的な定義では、「リーダーの側の影響力の行使」が最も重要な前提となっていることを確認した。ユクルは、「だれが影響力を行使するのか」という問題提起をした。通常のリーダーシップ論は、ハイフェッツが教鞭をとる行政学や政治学の領域でも、(P)の見解が中心だった。

スポーツの世界でも、劣位の成績が続くと監督が更迭され（しかし、優勝したときには、もちろん監督が胴上げされる）、音楽の世界でも、「いいオーケストラとわるいオーケストラがあるのではない。いい指揮者とわるい指揮者がいるだけだ」という巨匠フルトベングラーの言葉を真に受けると、(P)に近い見解は根深く浸透していることがわかるだろう。影響力を行使するのはリーダーで、フォロワーはそれに「喜んでついていく」だけのひとということになる。だ

図表3-1 リーダーシップがそこに存在するかを見極めるための問い

クーゼス＝ポスナーの基準

「喜んでついてくるフォロワーがいるか」

ハイフェッツの基準

「そのフォロワーは、受動的でなく、能動的・自覚的に、喜んでついていくことを選んでいるか」

から、(帰属理論的に言えば) うまくいったときは、リーダーのおかげだといい、だめなときはリーダーがわるいと、原因が帰属される。後者がリーダーを標的にしたスケープゴーティング、犠牲者探しということになる。

しかし、それでは、すべてが経営者、監督、指揮者次第で決まるということになり、オルフェウス・プロセスでは注目される一般社員、選手、楽団員の能動性が看過される。リーダーシップを語るときのフォロワーの役割がずいぶんと受動的になりすぎてしまうのが(P)の見方の弱点だ。今の時代、どんなに志の高いリーダーでも、現実、現場のすべての動きを把握できているわけではない。大きな方向づけは示すが、それに沿った形で現実に直面するフォロワーたちが果たす、能動的な役割に光をあてるという意味で、(A)の見方に一理あることをここでは強調しておきたい。(A)では一般社員、選手、楽団員のコミュニティの力にも注目する。

「後ろを振り向くとついてくるひとがいるか」という問いだけにこだわり、リーダーシップの存在を探る唯一の試金石だと持ち上げると、

図表3-2 ハイフェッツの示唆するリーダーシップ定義のふたつのモード

受動的なフォロワーを想定してしまう従来の支配的な定義	
モード（P）のリーダー ビジョンやミッションにフォロワーをついてこさせる	モード（P）のフォロワー そのビジョンに、やや無批判的に受動的についていってしまう
能動的なフォロワーに注目するハイフェッツ自身の定義	
モード（A）のリーダー フォロワーがそれを自分のビジョンだと思うようにお膳だてする	モード（A）のフォロワー 自分なりの考えで選び取り、能動的にビジョンの実現の輪に加わる

(A)で強調したフォロワーの能動性が薄れてしまう。リーダーシップがリーダーとフォロワーの間にある現象なら、また、それがリーダーよりはフォロワーの意識のなかに共通に認識されるものだとするならば、「フォロワーの意識はしっかりしているか」という問いも、リーダーシップの健全性のために大切である。

その問いは、「そのリーダーについていくフォロワーもまた、付和雷同してではなくて、能動的・主体的にそのリーダーのビジョンの妥当性、倫理性を問いかけているか」という問いでもある。

本書では、図表3−1のとおり、先に示した「クーゼス＝ポスナーの基準」もしくは「リーダーの信頼性の基準」に加えて、以後「ハイフェッツの基準」、もしくは「フォロワーの能動性基準」という用語で、リーダーシップの善し悪しを議論するときにしばしば看過されがちな(A)の側面にも注意を喚起することにしたい。

リーダー像とフォロワー像をあわせて、このふたつのモードを図表3―2のように整理しておこう。陣頭指揮で引っ張るタイプが目立つので、モード(P)の定義によるリーダーシップ論が長らく支配的であった。だが、最近、新たに注目されているリーダーシップ論は、一見すると間接的で遠回りのようだが、ビジョンの実現に立ち向かうフォロワーのパワーの持続性やコミットメントの深さという点で、モード(A)が注目されつつある。

たとえば、部下に尽くすタイプのサーバント・リーダーシップや、フォロワーが議論し彼らが絵を描く(リーダーが描いた絵と両立する形で、それを描く)のをサポートするための場づくりに傾注するリーダーシップは、モード(A)だ。研究面でも実践的に役立つリーダーシップ調査をおこなうためには、リーダーだけでなく、フォロワーの語りもしっかり記録する方向が再び脚光を浴びつつある。

(7) リーダーシップの立ち現れる姿の多様性

第三に、このひとたちの共通点はなにか、というエクササイズ2のもうひとつの大きな教訓は、リーダーシップの立ち現れる姿の多様性である。リーダーシップの定義やリーダーシップの試金石となる問いは、共通点を探っていくときわめてシンプルだ。「ついてくるフォロワーがいるのか(クーゼス＝ポスナーの基準)」それに加えて、「フォロワーも、主体的に判断しているか（ハイフェッツの基準）」）という言葉に表される。時代、分野、国、性別等がある程度ばらつくように人物をリストアップしたつもりだが、それでも確かに根っこに（基本の原理・原則のレベルでは）共通点がある。でも、実際にもしこれらのひとたちに出会うことがあったら、具体的なひととなり、話し方、ひととの接し方は、きっと千差万別だろう。

M・L・キングのうなるような演説を聞けば、すごいリーダーはみな雄弁なのかと勘違いしそうになるが、儒教圏には「巧言令色鮮《すくな》し仁」という言葉もある。また、ガンジーは、「言葉が少ないおかげで、ほんとうに深い思考に基づいていることでなければ、口外しなかったことがよかった」と述懐している。素朴さゆえに、ひとがついていくということもある。西郷隆盛がきらびやかな演説をする場面は、ちょっと想像しにくい。でも、すごい存在感、信頼感があったことだろう。

ジャック・ウェルチの映像を思い浮かべると、やはり元気のかたまりのような人物だ。直接にウェルチに会ったひとの話を聞くと、ひとを元気づける（ウェルチ自身のリーダーシップの持論における言葉によれば、energize）リーダーの典型のようだ。

他方で、権限のある公職にはつかずに、非暴力による不服従を編み出したガンジーは、残っている映像からわかるとおり、闘志を内部に蓄えているようにもの静かだ（ガンジーは、キリストやトルストイから教訓をえて、キング牧師は、ガンジーから教訓をえている）。しかし、先頭を切って長距離を行進する姿は、インド国民に勇気や元気を与えた。ひとを元気づけるという同じ言葉で行動の元型を形容したとしても、その行動の表現型、つまり一人ひとりの個性や持味を反映したリーダーシップの表れ方は、リーダーごとに違っていて多様だ。

ビジョンを描き伝えるというのが、リーダーシップの原則のひとつで、また、自分でも納得のいく持論の一部になってきたとしても、その描き方、伝え方は、千差万別だ。馬にまたがって、文字どおり、「ついておいで（Follow me）」と直截的に叫ぶジャンヌ・ダルクのようなやり方もあれば、ジョン・レノンのように、メロディと歌詞と様々なイベントで自分がめざす世界の機微を伝えるやり方もある。西郷隆盛は、彼なりのやり方で、「おいどんは……」と訥々《とつとつ》と想いを述べたかもしれない。言いたいことは、持論の中に原理・原則を求めつつもそれらの立ち現れる姿としての表現型のバラエティをできるだけ感じとってほしいということだ。エクササイズ2のリストを見ながら、またさらに、読者の皆さんがすごいリーダーだと信じるひとたちをこのリストに足してみて、それぞれの人物のひととなりや行動のスタイルを、具体的かつビジュアルに思い浮かべてほしい。

「ついてくるフォロワーがいた」という人物をリストすると、ずいぶん多様な人物が並ぶというのは、（原理・原則レベルでは共通の行動でも）自分なりのスタイルでリーダーシップを表現できるという証左でもある。大きな絵を描き人びとを巻き込むには、コミュニケーション活動が不可欠だ。そのコミュニケーションひとつをとっても、その表現型は様々だ。演説で、縄のれんで、歌で、日常の行動（言行一致した姿）で、時間配分で（なにを大切にしているかは、なにに時間をかけているかでわかるから）、投資決定で（同様に、なににどれだけ投資しているか、どの投資は控えるか、さらにはやめるかで、リーダーの優先順位が伝わる）描く将来を示すことができる。リーダーたる人物は、自分なりのスタイルで語ることができる。

根っこには、普遍的で共通のもの（K・レヴィンによって、これは、元型もしくは発生型genotypeと呼ばれた）がありながら、それが実際に特定の個人に体現される姿（顕型もしくは現象型phenotypeと呼ぶ）はきわめて多様である。レヴィンは、リーダーシップのような社会的現象に対する本質的な理解のためには、元型を探るべきで、外面的な顕型に捕われすぎてはいけないと主張した。しかし、われわれは、顕型とは単に表面的現象を指すのではなく、元型の現実への表われ方の豊かさを示しているとも理解している。

基本原則さえしっかり押さえれば、多様な具体的経験や観察から見本、手本は豊富に存在する。そのなかから、自分に合ったものを学習すればいい。複数の手本があり、持論から原理・原則を絶えずチェックするなら、そのひとなりのリーダーシップの表現が可能になってくるので、単なる模倣にはならない。

自分なりのリーダーシップの表現型には、自分らしさ、個性があってしかるべきだ。

(8) 生まれ方（選ばれ方）から見た三種類のリーダー

どのような調査対象を解明してきたのかによって、リーダーシップという現象をとらえる視座がある程度ちがってくる。見知らぬひとたちからなるグループでリーダー役が生まれる相互作用過程を見るのか、同じ小集団でもそこで監督者や管理職をやっているひとの行動を見るのか、それとももっと大きな制度体のトップの振る舞いに注目するのか。

この背後には、複数のリーダーのタイプと、分析のレベルというふたつの問題がある。

先にリーダーという人物とリーダーシップという社会現象は違うと述べたが、前者についても、ペンシルベニア大学のR・C・ハウス（Robert C. House）は、つぎのような三種の区別が最低限でも必要だと指摘している（M.L.Baetzとの共著論文、House, R.J. and M.L.Baetz (1979). "Leadership: Some empirical generalizations and new reseach directions." In B.M. Staw ed., *Research in Organizational Behavior*, Vol.1, pp.341-423.）。

(1)自然発生的なリーダー（emergent leader）
(2)選挙で選ばれたリーダー（elected leader）
(3)任命されたリーダー（appointed leader）

初期のハーバード大学におけるリーダーシップ研究でよく用いられたのが第一のタイプ、「自然発生的リーダー」だ。はじめて出会う一団の人びとに課題を与えて、それに取り組むプロセスでどのようなリーダーが自然と生じてくるのか、に注目したいひとは、この「エマージェント・リーダー」という言葉をぜひ覚えておいてほしい。創発的リーダーとも訳されるが、自然に発生するリーダーのことを指す。

エマージェントには、「緊急の」という意味があるが、小火《ぼや》などが起こったときに、バケツ・リレーなどを仕切るひとが緊急の場面で自然に生まれる場合も、このエマージェント・リーダーにあたる。地震のときなど緊急時の避難行動・救助行動で、役職としてではなく、自然に（あるいは偶然に）そこに居合わせたひとのだれかがてきぱきと指示を出し、それに皆が従えば、そこにこのタイプのリーダーが活躍していることになる。

第二の「選挙で選ばれた（エレクテッド）リーダー」の典型例は、市長、知事や国会議員などだ。学生のクラブやサークルでも主将や部長を、卒業前の先輩や前任者が指名するのでなく、メンバーの投票で選んでいたら、このタイプに分類される。名南製作所のように、取締役を二年に一度、投票で選んでいる会社もある。委員会方式で活動するグループのなかで委員長が互選される場合も、この第二のタイプの一種だ。役員、したがって会長や社長も、（やや形式的ではあるが）株主総会で選ばれるという意味では信任段階を経ていないわけではない。

その意味では、トップ・レベルになると、ガバナンスが整備されている程度に応じて、リーダーに任命の要素（つぎに述べる第三のタイプを特徴づける要素）以外に、少しかもしれないが信任の要素も付加されていることになる。フォロワーやメンバーから、リーダーシップ発揮を期待される人物かどうかの信任が、投票によって明示的に問われている点に第二のタイプの特徴がある。先の名南製作所では、社長は取締役会で選任されるものの、株主（社員）が保有株数の多寡に関係なく、一人一票制で社長に対する信任投票をおこなっている。ホランダーの言う意味での信頼性を蓄えていないと、一国の大統領であれ、学校の学級委員であれ、新しく選ばれることも再選されることもない。広範な潜在的フォロワーによる審判が選挙に求められる点が、このエレクテッド・リーダーのポイントだ。

　実は、経営学で扱うリーダーシップは、表面的には第三の「任命や指名を受けた（アポインテッド）リーダー」であることが圧倒的に多い。社長も、部長や課長などの管理職も、係長などの現場の第一線監督者も、部門間横断的なプロジェクト・チームのリーダーも、任命によってマネジメントやリーダーシップが役割として期待される職務につくことになる。緊急時に自発的にリーダーとなったり、選挙のときに自ら立候補してリーダーに選ばれたりするのではなく、「なれ」といわれてなるわけだ。

　このタイプのリーダーは、肩書に基づくパワー、（予算など）資源の動員や配分の権限、さらには部下の評価権、ある程度まで人事権を握る。それがフォーマルになされている点が、任命されたリーダーの特徴だ。アメリカの学区における教育長は公選制で選ばれるのが主流なのでエレクテッド・リーダーだが、わが国の教育長は任命制なのでアポインテッド・リーダーだ。後者では、フォーマルな権限がある分、部下に対する意図的な影響力の行使はしやすいだろう。

しかし、リーダーシップとはなにかを真剣に考えるときには、ひとつ困った点がある。それは、フォロワーたちがそのひとについていったときに、それは、純粋にそのひとがその場にもたらしたリーダーシップゆえなのか、それともそのひとがもつ評価権や人事権への怖れゆえなのか、判然としないことだ。

ある自動車会社の常務が、その会社の販社の社長だった同僚に、「役員のときには、いつも年始の挨拶とかたくさん来たのに、役員を退いたら、だれも来なくなった。おかしいな」と語っていた。これは、ほんとうの意味でのリーダーシップはなかったが、肩書ゆえに在職中だけひとがついてきていた典型例だろう。

「後ろを振り向いたら、ついてくるフォロワーがいるかどうか」がリーダーシップの試金石だ（クーゼス＝ポスナーの基準）と述べたが、このことがいちばん純粋に言えるのは、(1)の自然発生的なリーダーだ。(3)の任命されたリーダーの場合には、ついてきている理由は、リーダーシップのせいだけでなく、ほかにも不純物が混じってくる。だから、地位がなくても、描くビジョンゆえに、みんなが（強制されてでなく）喜んでついてきているのかどうかを垣間見る機会がどこかでなければ、リーダーシップについて、あるなしの判断は保留となる。

ここでも、ハイフェッツの基準、つまりフォロワーの側の能動性は大事だ。(2)の選挙で選ばれたリーダーに対しては、フォロワーは、投票という形で限定されてはいるが、能動性を発揮する手だてがある（少なくとも、間違った絵を描くひとには「ついていきません」「支持しません」と不信任を示すことができる）。

さて、次のページのエクササイズ4を見ながら、あらためて三つのリーダーのタイプを比べてみてほしい。

＊　　＊　　＊

たとえば、釣り仲間のまとめ役（自然発生）、自治会長（選挙——役員から互選）、会社の部長（任命）の三通りの役割を思い浮かべた読者がいたとしよう。どれがやりやすかったか。たぶん、権限がある場合だろう。

職場では部長として部員がみんなついてきたのに、自治会では、なかなかみんなが言うことを聞いてくれなかったという経験がありはしないか。釣りという趣味のインフォーマルな集まりでは、自分が釣りの技量と人物ゆえに自然にリーダー役となった。おだてられてなったが、もちろん権限はないし、同輩や趣味の仲間に指図するのはかえってやりづらい、ということもあるだろう。しかし、釣りが好きだという気持ちは共有している。

資生堂の福原名誉会長は、資生堂のトップとしてリーダーシップを遺憾なく発揮してこられ

エクササイズ4　自分のなかにある三つのタイプのリーダー経験

それでは、この後を読み進む前に、また、読者ご自身のリーダーシップ経験を自分が担ったリーダーのタイプという点から振り返ってみてください。

Ⅰ　自分がフォロワーだった経験のうち、
（1）そのときのリーダーが自然発生的リーダーだった経験、
（2）そのときのリーダーが選挙で選ばれたリーダーだった経験、
（3）そのときのリーダーが任命されたリーダーだった経験、
を思い浮かべて、フォロワーの観点から、「そのひとについていく気になったかどうか」「どこがフォロワーとしてやりにくかったか」について、内省してメモしてみてください。

Ⅱ　自分がリーダーとして行動することが期待された経験のうち、
（1）自分が自然発生的にリーダーの役割を担うことになった経験、
（2）自分が選挙でリーダーに選ばれてその役割を担った経験、
（3）自分がだれかにリーダーに任命されてその役割を担った経験、
を思い浮かべて、リーダーの観点から、「フォロワーはきちんというとおりについてきたか」「リーダーとしてはどういう点がやりにくかったか」について、内省してメモしてみてください。

た。たいへん興味ある発言だが、日本・蘭協会の会長としてリーダーシップを発揮していくことは、資生堂の社長・会長よりも難しいところがあるとおっしゃられたことがある。

会社では名部長といわれたのに、自治会長としてはだめだったひとは、リーダーシップという点では反省したほうがいい。なんの権限も肩書も関係ないのに、「町内会の祭りといえば、みんなあの八百屋のおやじの言うことを自然と聞くんだよな」という状態であれば、より純然たる自然発生的リーダーという点では、この八百屋の店主にも入門したほうがいい。

事業経営責任者としての勘所については、社内の先輩の部長や役員から多いに学ぶべきだろうが、原点に戻って、純粋のリーダーシップという点で自分を振り返るうえでは、この八百屋さん（自然発生的リーダー）から部長（任命されたリーダー）が、「リーダーシップはいったいなんなのか」について内省しそれをアクションに移すうえで、学ぶべき点がいっぱいあると思う。

(9) 人事権（評価権）や予算を握っているから、ひとがついてくるのではなく……

「ひとがついてくる」のが権限（オーソリティ）によるものでなく、純粋にその人物のリーダーシップのおかげであるといえる程度に三つのタイプの間で違いがある。その程度・度合いは、任命されたリーダーよりは選挙で選ばれたリーダーのほうが、また、選挙で選ばれたリーダーよりは、自然発生的（創発的）リーダーのほうが高いのに、すぐ気づくだろう。

任命されたリーダーの場合、たとえば、会社や官庁の部長、課長の場合には、そのひとにはほんとうは人気がなくても、人事考課における評価で悪影響を受けたくないから、そのひとの言うことに従っているという面が混入しているはずだ。「ひとがついてくる」というときに、描かれた絵がわくわくするもので、人間として自分たちに配慮してくれているからついてきているのか、ただマイナスの評価を怖れてムリについていかされているのか。くぐっている最中には、たとえ修羅場のような経験でもリーダーの志や絵に対して意気に感じて能動的に仕事に従事しているならすばらしいことだが、ただ権限に服従して受動的に仕事させられているだけなら、苦役となる。

先に述べたとおり、選挙で選ばれた市長や知事は、住民が選んでいるので、フォロワーの信任を得ていることになる。任命されているときと違って、潜在的フォロワーの声を受けて登壇しているという側面がある分だけ、リーダーシップの純粋状態に近い。それでも、十分に純粋と言い切れないひとつの理由は、全員がそのひとに投票したわけではないという点にある。接戦で選挙に勝利したときには、有権者のかなりの比率の人びとが選ばれたリーダーを信じていないことになる。もし、三つどもえの選挙でぎりぎり当選した場合ならば、半数以上、三分の二近くがリーダーに好意的ではない状況が生まれる。リーダーシップの真価が問われるのは当選後なので、選ばれただけでリーダーシップがそのひとに自動的に帰属されているわけではない。当選後さらに信頼を築けるかどうか、お手並み拝見というわけだ。

任命されたリーダーにまつわるもうひとつの問題点は、いったん選ばれると権限とパワーのひととなってしまいがちな点に存する。選挙の間だけ、フォロワーの声を聞き、いい意味でパブリック・サーバント（サーバントであるのとリーダーであるのとは両立する）であった市長も、当選後はその声を聞かなくなることが大いにありうる。現場が遠のくこともありうる。

たとえば、ジョージ・W・ブッシュが、権力のひとになって以後、下した決定やとったアクションは、信頼を崩すものがいっぱいあり、米国の学会にいけば、いかにそのリーダーシップがコケにされているかにすぐに気づく。I章の学び方のところで取り上げたハーバード・ビジネス・スクールのアージリス教授は、「（ハーバード大学のMBAの）ブッシュによいリーダーシップを学習させることができるか」という問いに、「それはできない」と答えた。

もちろん、アージリスらしく、ブッシュに彼の抱くリーダーシップの持論を自覚させて、その持論のいくつかの仮定が間違いであることを気づかせることはできる、と補足した。それにあたる仮定とは、タフで強力であるのがリーダーらしいことだ、リーダーたるもの敵にすきを見せてはいけない等々の内容である。そのように思い込むがゆえに防衛的ルーチンに陥っていることをブッシュに教える、正確には、ブッシュが学ぶのを支援することはできる、と言い添えた。

大統領の陰謀みたいな話は政治の世界だけでなく、経営の世界でも起こりうる。だから、CEOに対する任命と信任の両面で、ガバナンス機構が問題とされているのだともいえる。

Ⅳ　実践家のリーダーシップ持論

いろいろなリーダーシップ学者の諸理論への入門ではなく、リーダーシップにまつわる経験と実践の世界を学者の理論と実践家の持論で意味づける（センス・メーキングする）という意味での入門を、本書ではめざしている。だから、リーダーシップの定義やリーダーシップを見る視点についても、読者の皆さんの経験や観察における現実との接点が最も重要だ。

定義におけるふたつの基準（クーゼス＝ポスナーの基準とハイフェッツの基準）と、リーダーシップを見る三つの視点（リーダーの倫理観、フォロワーの能動性、表現型の多様性）もまた、皆さんが実際に現実の世界のなかで、どのようなひとにリーダーシップを感じるか、自らはどのようなリーダーシップを発揮していきたいと思うか、という実践的課題とリンクされなければならない。

この章では、いよいよ実践的な理論とはどのようなものなのかについて、より具体的に議論を進める。実践に役立たない理論は行為において無力だが、理論や持論として言語化されない実践は、学びにおいて無力だ。語りにくいコツ、語っても伝わりにくいコツというものがあるが、語らなかったらもっと伝わりにくい。リーダーシップのコツを暗黙知のままに放置せず、自論の持論として語っていこう。

1 二通りの理論——実践家の理論と研究者の理論

ここからふたつの章は、リーダーシップのセオリーを扱う。すでにふれてきたとおり、セオリーには、リーダーシップの実践家が日常において利用しているし、信じているものと、(自らはリーダーシップをうまく取れる実践家とは限らないが) リーダーシップの研究者が研究調査を通じて構築してきたものとがある。前者を持論と呼んで、後者の公式理論と対比してきた。

たとえば、工学の世界では、理論は現実に応用されて当たり前なのに対して、社会科学では、理論という二文字を見るだけで、即座に「役立つわけない」という言葉が聞こえがちだった。そういう社会科学の流れを変えたいという声は常にあった。

わたし自身は、実践家が生み出したリーダーシップ持論を、研究者が公式化したリーダーシップ理論と同等、もしくはそれ以上に尊重すべきだと確信している。たとえば、スポーツの解説で監督やコーチの経験者が「セオリーどおりのプレーですね」というときには、そのセオリーは、その実践家が信じてゲームのときに自分も依拠していたはずの持論だ。ラグビーの平尾誠二さんがセオリーというとき、それは言葉が発された瞬間からプレーに役立つ何ものかなのだ。そういう実践家のセオリーを持論と呼んでいるわけだ。その内容には、そのひとに力があるだけに普遍的に通用する部分と、そのひとが強烈な個性をもつがゆえに特有・固有の部分もあるだろう。しかし、その監督やコーチ自身には、信じている実践に直結したセオリーがあるという点が大事だ。同様に、経営者たちが、自分の経営を語るときには、自ずとどこかで「ひとはなぜ自分についてくるか」ということにかかわるセオリー、つまりリーダーシップの持論にふれているはずだ。

これ以降、リーダーシップのセオリーを扱うに際して、順序としては、先に、実践家の持論を扱い、それから章をあらためて、研究から生まれた諸理論を紹介することにしたい。

(1) 実践家のセオリーにもさらに二通り——だれもが抱く素朴理論と達人がたどりつく持論

実践家の持論には、実は二通りある。リーダーシップは日常語なので、わざわざ習わなくても、われわれは、「あいつにはリーダーシップがある」というような感想をふだんから語っている。それは、素朴ながらだれもがリーダーシップの理論をもっているからだ。

理論というとおおげさかもしれないが、リーダーシップについての素人なりの考えをもっている。これをリーダーシップの素朴理論（naive theory of leadership conceived by a layperson）という。必ずしも自分が傑出したリーダーシップを取れていなくても、リーダーシップを取る機会にそれまで恵まれたことがなくても、このような素朴理論はもっているはずだ。

これは、だれもの問題としてのリーダーシップにかかわる。変革型リーダーシップ論で名高いN・M・ティシーは、講演や研修のときに「隣のひとと自分なりのリーダーシップ経験を語り合って、リーダーシップについて自分なりにひとに教えようと思ったら教えられることを語ってください」と言ったものだ。これは、彼がTPOV（Teachable Point of View）と呼ぶものので、だれもがもっているはずのリーダーシップの素朴理論に相当する。

他方、実際にすぐれたリーダーシップの実績を示してきた達人が語るリーダーシップの持論がある。実践の達人が言語化の達人とは限らない（ここでファンであってもなくても、長嶋茂雄さんを大勢の方が思い出すことだろう）。だから、達人が自分の持論を明確に意識している度合いやしっかり言語化できている度合いには、素人の素朴理論の場合と同様、個人差がある。

ふだんからよく内省している実践家なら、それを整理して頭に収め、自分の行動指針として利用しているだろう。また、そこまで整理されていなくても、「リーダーシップといえば、どのようなことに気をつけておられますか」と聞かれれば、質問を受けつつ、コツを語り始める実践家もいる。

これらのリーダーシップを自ら実践してきた人物の語る理論を、本書ではドナルド・ショーンに倣って、内省的実践家の持論（theory-in-practice used by a reflective practitioner）と呼んでいる。読者の皆さんにリーダーシップの素朴理論をもってほしいということは、ある意味で、だれもの問題としてリーダーシップの世界にまず入門してほしいということだ。いったん入門したら、素朴な理論から、よりあかぬけた体系的持論をめざして、実践面でも達人の境地に近づいてほしいということでもある。

素朴理論と持論は、リーダーシップの世界だけで使われる言葉ではない。同じ心理学のなかでも、パーソナリティ（性格）やモティベーション（やる気）についても使えるし、同じ経営学のなかでも、リーダーシップ以外でも、営業活動やものづくりにも、実践家の素朴理論と持論というのが存在するはずだ。また、ビジネス以外の世界、たとえば、スポーツや音楽の世界でもあてはまる（ここでは深入りしないが、暗黙のままになっているコツを言語化するのが素朴理論や持論だから、素人の語るＴＰＯＶとしてのリーダーシップ論、達人のリーダーシップ持論の問題は、組織における知識創造に密接にかかわっている）。

両者の違いは、つぎのように捉えればいい。素朴理論（naive theory）は、持論（theory-in-use）と似ているが、持論は、すぐれた内省的実践家自身が信じていて使用している理論、たとえば運動選手やコーチ・監督が抱く、より整理された体系だったゲームのセオリーを指す。

これに対して、素朴理論とは、たとえば、心理学にまつわる素朴理論を例にとると、わたしたちが日常生活のなかで、プロの心理学者ではなくても、ひとの性格ややる気やリーダーシップについて素人なりの素朴な心理学をそれとなく持っているし、使ってもいる。ひとの行動や結果などについて判断をする際に、日常知として、素朴心理学をだれもが活用している。心の問題について語る限り、だれもがそのひとなりの応用心理学者なのだ。

ここでは、まずだれもの問題として素朴理論にかかわるエクササイズから始めていこう。視点としてはリーダーの視点でなく、フォロワーの視点からそれを見ることにしよう。

(2) どのようなひとをすばらしいリーダーだとあなたは思うのか

クーゼスとポスナーは、リーダーシップを把握するためのキーワードを大胆にも一語で言い表すとしたら、信頼性がそれだと主張した。クーゼス＝ポスナーの基準によって、どのような特徴をもつリーダーなら「喜んでついていってもいい」と思えるほど信頼できるか、そのコンテンツ面を探るための簡単なエクササイズ5がよく知られている。これは、普遍的なリーダーシップ理論について学ぶ前に、具体的な人物を思い浮かべて、自分なりのリーダーシップの素朴理論を知るのに、いいウォームアップとなるだろう。

＊　＊　＊

エクサイズ5　すばらしいリーダー（admired leaders）の特徴——読者の皆さん自身のリーダーシップの素朴理論を知るために

つぎの20個の言葉のリストのなかから、リーダー、つまり、そのひとからの指示には喜んでついていきたいと思えるようなひとのなかに、最も強く求めたい属性で最もすばらしい属性を7つ選んでください。

野心的(ambitious)	心が広い(broad-minded)
大切に思ってくれる(caring)	有能な(competent)
協力的な(cooperative)	勇気がある(courageous)
頼りがいがある(dependable)	断固たる(determined)
公正な心をもった(fair-minded)	前向きの(forward-looking)
正直な(honest)	想像力のある(imaginative)
独立心のある(independent)	わくわくさせてくれる(inspiring)
知的(intelligent)	忠誠な(loyal)
成熟している（mature)	自己抑制ができた(self-controlled)
率直な(straightforward)	応援してくれる(支持的)(supportive)

(もともと英語の形容詞で示されたアルファベット順のリストなので、元の言葉に興味のある方のためだけでなく、訳し方によって語感が違うので、(　)内に原語も示しています)。

（出所）*Kouzes, James, M., and Barry Z. Posner (1991). Credibility: How Leaders Gain and Lose It, Why People Demand It.* San Francisco, CA: Jossey-Bass, p.12（岩下貢訳『信頼のリーダーシップ——こうすれば人が動く「6つの規範」』生産性出版、1995年、16ページ)。ただし、設問の部分は、著者が追加。

このエクササイズは、まず、個人でおこなったあと、さらに可能であるなら、ぜひ別の機会を設けてグループでもやってみてほしい。グループ内でどの形容詞があげられることが多かったかを確認し、頻度が高かった形容詞について、各自がその形容詞をあげる理由がどこにあるのか、他のメンバーからも聞いてみて、皆で議論するといっそう理解が深まる。

本を読みながら、まずは個人でこのエクササイズをおこなっている場合にも、つぎの点について、メモを作成しよう。
(1)すばらしいリーダー(ひとりでなく、複数でも可)としてだれを選び、そのようなリーダー(たち)の発想、行動、言葉、偉業について、具体的にはどのような場面を念頭においているか。
(2)七つの形容詞の一つひとつに、どうしてその形容詞を選んだのか。
(3)選ばれたそれぞれの形容詞について、どのリーダーのどのような発想、言動、成し遂げたことを念頭において選んだのか、ラフなメモでよいので、簡潔に直感的にぱっと頭に思い浮かんだままを、自分の言葉で書くようにしよう。
個人作業だけでなく、グループ討議もおこなえるときには、このメモをコピーして交換して、グループのなかで一人ひとりのリストとその理由を話し合ってみよう。

当然のことながら、賞賛に値するすばらしいリーダーとしてだれとだれを思い浮かべるかによって、ピックアップされる形容詞の分布は異なってくるので、正解などはどこにもない。しかし、ある国ごとに、あるいは産業や会社ごとに、あるいは、職能分野ごとに、より多くのひとに取り上げられる形容詞があるはずだ。相違点と共通点の双方ともに注目するのがよい。たとえば、研究所のひとと営業部門のひとが半々いれば、職能分野が研究開発と営業・マーケティングというように違っても共通してあがってくる形容詞、職能ごとにユニークに相違点を反映してあがってくる形容詞は、ともに議論に値する。

(3) 個人の素朴理論にいく前に、まず米国での集計レベルでみた「よいリーダー像」

国際比較をする際には、翻訳の問題がある。たとえば、ambitiousを「野心的」それとも「大志を抱いた」と訳すかで、日本語の語感がずいぶん変わってくる。そのため、アメリカでのデータのもつ微妙な意味合いまでわれわれが理解するのは難しい。文化比較的視点からリーダーシップを扱うときには、すばらしいリーダーが国の文化、組織文化、部門の文化、時代によって違ってくることもあるだろう。だから、日本にいるわたしたちが結果をどう解釈するのがいいのかは、本格的に考えるとなかなかの難問だ。ここでは、米国での調査結果を額面どおりにながめてみよう。そして、クーゼスたちが、信頼がキーワードだという理由を再度、確認しておこう。

図表4―1をご覧いただきたい。このサンプルには六大陸の人びとが含まれているが大部分が米国人なので全サンプルの集計は、米国の産業社会の文化に彩られた結果ということになる。ふつうのひと（素人）がどのようなタイプのひとをすばらしいリーダーだと思うか、つまり大

図表4-1 すばらしいリーダーの特性として頻度高くあげられた言葉

	1993年調査	1987年調査	2002年調査	日本サンプル
正直な（honest）	87%	83%	88%	67%
前向きの（forward-looking）	71%	62%	71%	83%
わくわくさせてくれる（inspiring）	68%	58%	65%	51%
有能な（competent）	58%	67%	66%	61%

（出所）Kouzes, James, M., and Barry Z. Posner (1991). *Credibility: How Leaders Gain and Lose It, Why People Demand It.* San Francisco, CA: Jossey-Bass, p.14（岩下貢訳『信頼のリーダーシップ――こうすれば人が動く「６つの規範」』生産性出版、1995年、18頁）。同書の2002年版（pp.25-26）に報告されているデータ（より新しい調査と国際比較における日本の数字）を追加し、2002年調査と表記したが、これらの調査の実施年は不明。

半のアメリカ人にとっての「すばらしいリーダー像」を示すデータだ。われわれは、クーゼスたちのエクササイズに参加した一人ひとりの考えや物語を聞いているわけではないので、ここでは、「個人の素朴理論」ではなく、「集計レベルの集合的な素朴理論（collective naive theory）」を垣間見ていることになる。

米国では、調査時点を問わず、たいへん興味深いことに、「正直な」（honest）が一位だ。これも、「正直」と訳されるのと、「誠実」と訳されるのでは、訳語の語感がだいぶ変わってくる。しかし、米国のような競争社会でも（あるいは、競争社会だからなおのこと）オネスティがすばらしいリーダーの特徴の筆頭にあがってくるのは興味深い――ビリー・ジョエルの名曲にまず一票というところだ。二番目が、「前向きの」（forward-looking）で、三位と四位は、調査時点によって順序が入れ替わることがあるが、「わくわくさせてくれる」(inspiring)と「有能な」(competent)という形容詞があがってくる。

これらの集計結果の物語ることはなにか。まず、上に立つひとは、オネストでないと話にならないということだ。エンロンやワールドコムの事件よりはるか以前の調査だが、馬力があっても、賢くて名門校のＭＢＡでも、不誠実なウソをつくリーダーをだれも賞賛しないし、そのようなひとにはだれもついていかない。もちろんＣＥＯともなれば、場面によっては、「演じる」ことが必要なこともあるだろう。たとえば、皆がつらくて自分もつらいときに、それでもできるだけ明るく振る舞うとか。そのような場合でも「ウソも方便」では済ませられない不誠実な演じ方では、ひとはついてこない。

つぎに、もし正直なひとであっても、苦境のなかで、「このままではだめだ」というだけでは、ひとの心は離れる。(米国のデータを見ながら、日本の例で恐縮だが)新田次郎氏の小説にもとづく『八甲田山』という映画(森谷司郎監督)では、雪のなかで彷徨した部隊のリーダであった神田大尉が、「天は、……天は、われわれを見放した。こうなったら、露営地に引き返し、先に死んでいったものといっしょに全員が死のうではないか」と漏らすと、それまで隊長の存在に希望をつないでいたフォロワーたちは、ばたばたと雪のなかに倒れていった。正直であるだけでなく、それに加えて、どのような場面でも、前向き、プラス思考のひとであることが大事だというわけだ。ＩＢＭを立て直したルー・ガースナーは、ＩＢＭの苦境を事実と認めながら、ビジョンなどとのん気なことを言っている場合ではないとまず述べた。それでも、彼が前向きだったから、人びとはついてきたのだ。

インスパイアリングというのは、訳しにくいが、「わくわくさせてくれる」「インスピレーションの源泉となる」という意味合いだ（「人を鼓舞する」という訳語でもよいが「霊感を与える」と訳せば、ちょっと怪しくなってしまう）。前向きさに加えて、わくわくするようなビジョンの提示が伴うと鬼に金棒だ（そうでないと空元気に終わってしまうこともあるだろう）。

確かに、よくできる人物であること、つまり「有能である」という言葉は上位四位までに食い込むほど、すばらしいリーダーには必要なことではあるが、それは、実力主義の米国でさえ、けっして一位ではなく、あくまでも三位か四位にやっと登場してくるという（頻度の高さで並べたときの）順序にも注意を促したい。九三年の調査では誠実、前向き、わくわく、というキーワードと並んで、ベスト４の末尾に、有能という言葉が、登場してくるのだ。有能なだけでは、ひとはついてこない。わたしたちは、しばしば有能でも信じられないひとを何度も見てきたはずだ。有能なだけでは足りない。

ここであらためて、前章から紹介してきたクーゼスとポスナーが、信頼性（credibility）に注目する理由がわかるだろう。要するに、これらのキーワードが群として語りかけることは、

「こういうひとこそが信頼できるひとなのだ」というメッセージだ。これらの形容詞で言及されるようなひとにフォロワーが喜んでついていくのは、そういうひとなら信頼できるからだ。willingly followという気にさせてくれるのが、リーダーに帰属される信頼にほかならない。仮に苦境においてさえ、「後ろを振り返ると喜んでついてきてくれるフォロワーがいること」というリーダーシップの存在を問う第一の基準（クーゼス＝ポスナーの基準）は、換言すればリーダーたる人物の言動の信頼性を照射しているのである。

(4) 素朴理論を支える個人レベルの物語

すばらしいリーダーを表すキーワードはなんですか、というクイズがあって、それに正解があるというような話で終わらせてはならない。このエクササイズはクイズではない。正解などない。「オネスト」と「前向きの」を七つのなかに選んでいたので、2ポイント得点したなどと喜ぶ類のクイズではない（それは、それなりに面白いだろうが）。

その意味では、集計されたレベルで上位にきた形容詞の字面にあまりこだわりすぎないほうがいい。字面以上に、その背後にある具体像が大事だ。ここで、あらためて、つぎの問いかけを大切にしてほしい。すばらしいリーダーとして、だれを念頭においたか、その際、直接知っているひとでも、歴史上の人物でも、どのような場面を思い浮かべたのか。

集計レベルの数字（定量的データ）も、表にして眺めるとそれなりに興味深い。実際に、われわれも、ある日本のメーカの開発部門の調査で、この形容詞のリストを使って集計したことがあるが、訳語の困難により意味のある比較や解釈は難しかった。

読者の皆さんには、なぜ、特定の形容詞を自分が取り上げたのか、という理由づけや意味づけのメモ（定性的データ）のほうが、皆さん一人ひとりの抱くリーダーシップ素朴理論を探るのには、はるかに大事だと強調しておきたい。定性的な理由づけこそが、自分としてはどのようなひとがリーダーならばそのひとに惹かれ、喜んでついていきそうになるのか、を探る貴重なデータ源となる。自分が選んだ七つの形容詞にまつわる具体的な出来事や物語は、すばらしいリーダーとして思い描いたひとの生の姿を探るうえで、しばしば集計したパーセントの数字では計り知れない深い洞察をもたらす。そして、数字よりも物語のほうがパワフルだという考えは、最近のリーダーシップ論の特徴のひとつとなりつつある。

われわれも、集計したデータが、集合的な姿を知るのに役立つことを否定するわけではない。それはそれで尊重したい。たとえば、あなたもまた先の表で一位だった「オネスト」という言葉を取り上げているかもしれない。そのとき、米国でも八割以上のひとがこの言葉を取り上げること、日本では二位だが七割近くのひとが選んでいることはおおいに参考になる。

しかし、それを取り上げたわけや理由づけ《リーズニング》を自問してほしい（グループで議論する機会があれば、他にオネストをあげたひと、あげなかったひととともに、話し合ってみてほしい）。議論から生まれる定性的（質的）な洞察が、自分の考えにフィードバックされることを思いきり尊重していきたいものだ。

だれがどのような場面でどのように、オネスティを反映した行動をだれに対してとったのか。それについてあなたはどう感じたのか、そのひとなら、喜んでついていっていいと思ったか。これらの問いにまつわる物語が数字より大切だ。七つの形容詞のリストに肉付けをして人物像を明らかにしていけば、その七つを選んだひとが暗黙にどのような言動にリーダーシップを感じるかについてリーダーシップ素朴理論が徐々に言語化されていくだろう。

全体として七つの形容詞が語る物語が浮かび上がってくることが大事だ。これが数字に彩りと生気を添える定性的なデータとなる（逆に鮮明な生の経験を物語るにはキーワードがいるので、形容詞の選択についての量的データが役立つ。つまり、定性的データを見る視点の整理には、数字もありがたい）。

このような定性的な内省と議論の機会は、一方で、自分なりのリーダーシップの捉え方の特徴を知り、自分なりのリーダーシップの素朴理論を探るのに助けとなるだけではない。さらに自分がすごいと思うリーダーから学ぶきっかけを探るよすがとなる。キーワードの形容詞を、その人物の具体的な言動、フォロワーとの具体的なやりとりに結び付けていくことができれば、リーダーシップ開発にも生かせる。

すばらしいリーダー、このひとならついていってもいいと思ったし、実際に修羅場のような場面でさえついていったという具体的な人物をありありと思い浮かべて、そのうえで形容詞を選んだのならば、その言葉の集まりは、すばらしいリーダーについて持論をつくるときに参考になる。

また、他者のなかに「すばらしいリーダー」像を探るだけでなく、自分のなかにもそれがあることを探るのを忘れないでほしい。自分自身がささやかでもリーダーシップを発揮した場面のなかに、（自画自賛かもしれないが）自分なりにうまくいったときの自分の発想法、行動から、七つの言葉のうちのいくつかを選んだのならば、ここからは自分を素材に、素朴理論が産声《うぶごえ》をあげることになる。そのような素朴理論は、パーソナルな理論でもある。

(5) グループ討議を生かす

個人というレベルが最もパーソナルかつローカルであるが、米国と日本のように国全体までいかなくても、会社ごとにローカルな素朴理論や、部門ごとにローカルな素朴理論を探るのにも、このエクササイズは役立つ。たとえば、まじめなメーカーと広告代理店では、すばらしいリーダーのノミネートのされ方が違うかもしれない。上位に選ばれる形容詞も違ってくるかもしれない。だれもが使えるという意味では普遍的な公式理論が重宝だが、その場に合っているという意味では局地的（ローカル）な素朴理論もおおいに探る値うちがある。

また、会社のなかで、どうも営業・マーケティング部門と研究開発部門とでコミュニケーションがうまくいかず、対立が多いようだったら、それぞれの部門で、すばらしいリーダーを表現する形容詞のリストをつくり、すり合わせるのも一案だ。ひょっとしたら違うタイプの望ましいリーダー像が両部門にあり、それがギャップを生み出してコンフリクトのもととなっている可能性もある。たとえば、営業では、〈親分肌でいけいけどんどんの行動派〉が、開発では、〈変人だが一徹で対等に語ってくれる理詰めの人物〉が、重宝されているかもしれない。

ここでわたしが仮につくった〈　〉内の表現では紋切り型になっているが、グループ討議のすり合わせのプロセスから実際にメンバーの間で共通に出てきた言葉を、部門間で比較してみてほしい。現実に営業、開発の現場で活躍するひとが、どのようなひとをすばらしいリーダーと感じるかを、（最初は、形容詞のリストをきっかけの刺激としながらも）その形容詞に触発されて語る生身の人物像を記述する表現は、仮に示した〈　〉内の表現より、もっともっとリッチになるだろう。

世代間で望ましいリーダーシップ像に違いがあることが、W・ベニス（Warren Bennis）などに指摘されるように、無視できないほど気になりつつある時代だが、同様な手順で、異なる世代に属する人びとが取り上げる形容詞の違いから、それぞれの世代がついていきたいタイプのリーダー像が違うかどうか、またどのように違うかを探ることもできる。

これらの素朴理論は、Ｂ・Ｍ・ストーとＪ・ロス（Barry. M. Staw and J. Ross）の言葉を借りれば、ローカルな社会状況ごとで望ましいとされる「リーダーシップの規範(norm for leadership)」を照らし出しているともいえる(Staw and Ross（1980）. "Commitment in an Experimenting Society: A study of the attribution of leadership from administrative scenarios." *Journal of Applied Psychology*, 65, pp.249-260)。産業によって、会社によって、職能分野によって、文系と理系によって、また、世代によって、すばらしいリーダーとして取り上げられる形容詞の分布が大きく異なってくるなら、それは、リーダーシップの規範が、ローカルな土俵ごとに違っている証左である。

そのような土俵の特性も考慮しながら、個人でパーソナルに選んだ七つの形容詞の物語を、そのリーダーの生息する環境・世代のなかに位置づけると、素朴理論の理解によりきめ細かい編み目を張ることができるようになっていく。

(6) 日常語であるはずのリーダーシップ

自分の言葉で語るのが素朴理論ならば、素朴理論は、日常生活に根付いた知識、つまり日常

図表4-2 日常語なのか専門語なのか

集団凝集性	group cohesiveness	どう見ても専門語
集団規範	group norm	意味はわかるが 日常は使わない専門語
集団圧力	group pressure	日常的に聞いても ぴんとくる専門語
同　　調	conformity	日常語として 使われることもあるが堅い言葉
模　　倣	imitation	やや堅いが ふつうに使われる日常語

知にほかならない。

リーダーシップを含む集団力学（グループ・ダイナミクス）という研究領域から、どう見ても専門語という言葉から、聞くからに日常語という用語をいくつか並べてみた（図表４―２）。

「集団凝集性」というのは、「団結力」と呼べば日常語に近いが、S・シーショア（Stanley Seashore）が構成した専門的な概念だ。日常語にはない。「集団圧力」や「集団規範」は、子どもでも使うような日常語ではないが、はじめて聞いてもある程度ぴんとくる。「同調」や「模倣」になると、日常使うかもしれないが言葉がふだん使うには堅い。でも、「まね」といえば、就学前の子どもにもわかる、普段着の大和言葉となる。

リーダーもリーダーシップも、カタカナ言葉ではあるが、われわれがふつうに使う言葉だ。だから、本来は、学者が定義すること自体がおかど違いみたいなところがある。日常語である限り、リーダーシップ研究者がそれをどのように定義するかに先立って、ある社会（あるいは、ある組織）に属する、ふつうのひとがそれをどのように捉えているのかということを重視する立場がある（ここでは深入りしないが、哲学や社会学をかじったことがあるひとなら、現象学とか社会構築主義という言葉を聞いたことがあるかもしれないが、それに近い立場である）。

本書で、皆さん自身が生きてきた経験や直接的に観察したことと感じたことを重視し、同時に、学者の構築する理論と同等、もしくは場合によってはそれ以上に、リーダーシップの達人とも言うべき名経営者などの実践家の持論、そして読者の皆さん自身の素朴理論を、普遍的に通用するが抽象度の高い学者の公式理論よりも重視して、この章で先に述べる理由は、この点にある。

この立場からは、リーダーシップ現象を客観的に外から傍観的に観察するよりも、実際にその現象の内部にいるひとたちが自分のおかれた世界やそのなかでの出来事をどのように意味づけ、解釈しているのか、内部者自身の言葉で探る必要がある。たとえば、先に検討した素朴理論も、このあとで検討するすぐれた実践家の持論も、内部者の見解にほかならない――われわれがまったく異なる文化でフィールドリサーチをしているのなら、その言葉とは、現地人の言葉（native term）で、素朴理論とは、文化人類学者のC・ギアーツ（Clifford Geertz）の用語では、「現地人のものの見方（native point of view）」「経験近傍の概念（experience-near concept、経験されているままに近い表現による捉え方）」と呼ばれるものと関連してくる。

われわれは、未開民族を訪ねているわけではないので、「現地人《ネーティブ》」という言葉は使わない。しかし、職能部門や事業部をまたぐ異動をしたとき、あるいは違う業界に動いたときに、そこですばらしいリーダー像が違ったら、それを読み解くには、ネーティブの見方を学び、ネーティブの経験に肉薄する言葉を探さなければならない。その作業をしている間は、素人ながら文化人類学者と似ている。つぎの章で公式理論のところでふれるとおり、それらの根っこに普遍的な理論を見つけることを研究者としてはあきらめてはならないが、しばしばローカルな素朴理論、さらにはパーソナルな素朴理論からスタートして、それを次章で検討するような普遍的な公式理論につなげていくほうが、頭ごなしに理論ばかり学ぶよりもはるかにいいリーダーシップ入門になるように思える。

(7) パーソナルな知、ローカルな知の力——自分にあった持論、自分のいる組織にあった持論

普遍的な知よりローカルな知（local knowledge）、パーソナルな知（personal knowledge）のほうがパワフルなことがあり、文化人類学者のC・ギアーツは、前者を尊重し、哲学者のM・ポランニー（Michael Polanyi）は、実践に供される暗黙知として、後者に注目した。

人間関係にかかわるリーダー行動を、「思いやり」と表現すれば、そのまま日常語での経験に沿った概念だ。これをそのままリーダーシップの理論の記述に用いるときには、研究者が理論化に際して、二次的になにも操作していないので、「一次的構成概念」と呼ぶ。思いやりと聞けば、若いときに仕えていたリーダーからそれを受け取ったことも、また、自分がリーダーとして部下に対してもたらしたことも思い出せるはずだ。「おかあさんの思いやりがうれしい」と言えば、それが母の自分に対するリーダーシップの一側面を照射している。

しかし、つぎの章で詳しく述べるように、実証研究から研究者によって統計的手順で見出された次元（因子）に、理論的な次元の名称として、配慮や集団のメンテナンス（M）という言葉が選ばれることもある。このときには、それらは、同じ言葉ではあるが、研究者の側が二次的に構成した概念であり、配慮やMという因子の意味を理論的に定義して、測定尺度を開発して、取り扱うことになる。

特定の組織の事情にあわせた独自の質問調査票を開発し、リーダーシップの診断ツールとして活用する目的で定量的データを得ようとする場合にも、その当該組織で活躍する内部者の肌感覚にあった質問事項を作成する必要がある。そのためには、まずなによりも生の声を聞くことが大事だ（既存の定評ある尺度をそのまま使うほうが、それまでの蓄積データとの比較可能性という長所もあるが）。

(8) 学者の使うへんな言葉でも、役立ちそうならしっくりくる日常語に置き換える

もしも、学者の使う二次的構成概念が現実にも役立ついいことを言っているようなのに、表現がピンとこないときには、自分なりのリーダーシップ持論を形成するときには、それを自分の使う日常語に置き換えていくのが望ましい。

だから、たとえば、J・P・コッター（John P. Kotter）やR・M・カンター（Rosabeth M. Kanter）といった経営学者がそれぞれ「事業部長レベルのリーダーシップには、アジェンダ（活動の筋書き）設定とネットワーク構築（および、ネットワークを通じてのアジェンダの実行）が大事だ」「チェンジマスター（変革の達人）と呼ばれるミドル・マネジャーのリーダーシップには、問題設定、連合体形成（coalition building）、動員（mobilization）の段階をくぐる必要がある」〔Kotter, J.P.（1982）. *The General Managers*, New York: Free Press（金井壽宏他訳『ザ・ゼネラル・マネジャー――実力経営者の発想と行動』ダイヤモンド社、一九九〇年）、Kanter, R.M.（1983）. *The Change Masters: Innovation for Productivity in the American Corporation*, New York: Simon & Schuster〕と聞けば、即座にそれを自分なりの言葉で置き換えてみるくせもつけてほしい。

「大きな絵を描き、広く関連する人びとを巻き込み、絵を実現することが大事だ」という言い回しなら、自分にとってはるかにしっくりする表現だと思えば、自分の頭にはその言葉を刻

み込むのがよい。

でも、ハイフェッツの説に共感するひとなら、巻き込む対象としてフォロワーを捉えるのは、フォロワーを受動的に扱っていて気に入らないかもしれないので、別の表現になるだろう。フォロワーがやらされ感覚ではなく、積極的に当事者意識をもって関与するのがなにより大事だというのなら、それに合った表現がありうる。

たとえば、社長クラスのひとなら、「社長としてまず夢・志のある大きな絵を描くが、自分の描いたその絵のままでは、細かいところでは抜けはまだあるかもしれないので、指し示す大きな方向づけに共感して呼応してくれる現場に近いミドル・マネジャーたち自身にも戦略発想で事業分野ごとに（自分の描いた元の大きな絵と両立するが）独自の絵を描くようにお膳立てしよう、そういう場作りをしよう」とか、別の言い方になっていくだろう。

箇条書きで書くのが好きなひとなら、「①大きな絵を描く、②その内容をきちんと伝える、③実行プランは事業部長に任せる、④そのプランが大きな絵と連なるような場づくりをする」とかいうようになる。ここでのこれらの表現はすべて仮設例だが、リーダーシップの定義も捉え方もリーダーシップの持論におけるリーダー行動の次元もしくは軸（先の①から④にあたるようなもの）も、できるだけ大和言葉、自分の組織にあった言葉、自分自身にしっくりする言葉に置き換える努力をけっして怠らないようにしよう。後に例示をいくつかあげるが、リーダーシップの達人の境地にあるひとが語る持論もまた、そのひとなりの言葉の選択を伴っている。

2　プレゼンテーションのコツ――リーダーシップ持論のウォームアップに

(1) 原理・原則を言語化するスキル

複雑なものを複雑なままに放置するのでなく、複雑なものの本質を、思い切って単純に捉えるのが、セオリーの存在意義だ。学者の作成する公式理論で、節約の原則（principle of parsimony）が強調されるのは、不用意に化け物のように複雑な理論を構築するのを戒めるためだ。それは、もしより少ない変数や概念で社会現象を説明できるのなら、変数や概念の数は節約したほうがいいという考えだ。

実際に、つぎの章で見るように、リーダーシップの公式理論でも、主要変数はふたつにまで絞り込まれている。しかし、実践家の語るリーダーシップのコツや勘所（これらの個人的に本人にとって役立つ体系が実践的持論にほかならない）が、ふたつというほど少数に集約されることはない。後に見るように少なくとも四、五個、十個以上のこともあれば、松下幸之助氏の『指導者の条件』（ＰＨＰ研究所）のように、百個を超す原理・原則があげられていることもある。

いきなりリーダーシップの持論の実例に入る前に、プレゼンテーションの実践に役立つ原理・原則の言語化の例を先に素描してみたい。プレゼンテーションも奥行きが深いが、総合芸術のようなリーダーシップに比べるととっつきやすい。コミュニケーションや説得力がリーダーシップの次元として包含されている理論もあるので、プレゼンテーションもまた、リーダーシップの一部をなしている。その意味で、リーダーシップの持論づくりの入門編としてはいい入り口だ。

また、比較的若い読者で、まだ自らビジネスの場面では大きなリーダーシップを発揮したことがないというひとでも、お客様やお取引様の会合、業界団体、役員会を含め社内の会合でプレゼンテーションをする機会はもったことがあるはずだからだ。この意味でも、実践に役立つ持論のパワーを垣間見るにふさわしい例示となるだろう。

わたしは実際に経営幹部のリーダーシップ研修において、持論をもつこと、そのために原理・原則をひとつずつみつけて言語化することの意味をわかってもらうために、プレゼンテーションの方法に関する知識を例に使うことが多い。

われわれは、大学院に五年、さらにはそれ以上の時間をかけて、とうとう博士となって大学に勤務し始める門下生を送り出す。長期間かけて研究のやり方を教えるわりには、教育のやり方は教えていない。大学教員の仕事の残りの半分は、教育なのに教室での話し方についてあまり体系的に教えていない。研究面ですばらしい成果をあげていても、学会での発表がさえなかったら台無しなのに、発表の仕方をきちんと教えている研究室も稀だ。教室でも学会でもプレゼンテーションが大事だ。ましてや企業の研修の講師になればなおさらのこと、また、大学でもMBAのクラスでは、その場でのプレゼンテーションのスキル、インタラクティブにディスカッションを導くスキルが問われるようになる。

(2)プレゼンテーションのコツでよく聞く二つの点

わたし自身も、自らリーダーシップの研究をしながら、ゼミや研修の場で、うまくディスカッションのリーダーシップ（ファシリテータとして振る舞うのが適切な場合もある）が取れなかったり、講演や大教室で、いいプレゼンテーションができなかったりしたら、情けないことだし、相手にも申し訳ないことだと思っていた。それで実際に、プレゼンテーションの達人と目されている先輩経営学者たち何名かに、実践に役立つティーチング・スキルやプレゼンテーションのコツを尋ねてみたことがある。

経営学の世界では、他の学問分野よりも、そういう機会が多いせいか、プレゼンテーションの達人が多い。大先輩格では、一橋大学の竹内弘高教授、同輩では、同大学の米倉誠一郎教授、職場の先輩では、神戸大学の加護野忠男教授。学者にしておくのがおしいと思うほど、プレゼンテーションがそれぞれのスタイルでうまい。

それでも、プレゼンテーションの達人に、そのコツを聞くと、言語化できる部分はそんなに多くなく、最終的には、そのひとの持ち味があって、簡単にはまねられない。しかし、内省的実践家として少数だが、いくつかの大切と思われるコツを教えてくれた。著者が聞いてきたなかで、いちばん多かったのは、

(1)動け

(2)問え

のふたつだった。そういえば、達人たちは、座って不動で語ることは稀だ。米倉さんに至っては、大会場でも、演壇から降りてきて、会場を動き回る。場が許す限り、ところ狭しと動いている。「動け」というアドバイスは、そうすれば、プレゼンテーションをしているひとが、いっそう注目を受けやすくなるからだ。また、オーディエンスに近づけるというよさもある。演壇から降りてフロアに入れば、フロア全体が舞台の上のようになって、引き締まることがある。また、ちょこんと座って語っているよりも、話し手がエネルギーにあふれているように見える（「活力に満ちあふれていること」は、後述するように、ジャック・ウェルチのリーダーシップの持論の第一条だ）。

認知心理学者の研究によれば、人間は自分のおかれた環境についての情報の約九割近くを、

五感のうち視覚から採取しているという。講演は聞くだけで成り立つはずだが、視覚を通じて目に見えるものがやはり大事だ。パワーポイントが使われるのもそのためだが、達人は意外とそれには大きく頼らない。話しているひとが動きをもっているということで、聴覚だけでなく、視覚にも訴えることができる。

このように、「なぜ、それがプレゼンテーションをよくする条件か」と思ってしまいそうな「動け」という原則にも、その背後に理由や裏づけがあるものだ。

「問え」という第二の原則の効果についても、聞く側に質問の形で、問いかけることが、聞く姿勢を受け身でなく、能動的に変えるよさがある（聞き手＝潜在的フォロワーの能動性という意味ではハイフェッツの基準にかかわっている）。ハーバード大学の戦略論の大家、マイケル・ポーターは、第一回ポーター賞の応募企業への講演会で、「ハーバード・ビジネス・スクールでは、学生に質問を出すだけですが、今日は特別で、質問を受けます」と言ってのけたが、絶えず質問をするというのは、聞く側の注意を引く最良の方法のようにも思える。また、話し手と聞き手のいる場をインターラクティブなものにするためには、そもそも質問を投げかけるというのは不可欠なことだ。

プレゼンテーションのうまいひとほど、しゃべる側よりも聞く側のほうが、黙って座っているだけなので受動的でつらい立場にあることをよく知っている。その証拠に、講演を聞いている側が眠ってしまうことはよくあるが、講演をしている側が眠ってしまったというのは見たことがない。聞く側のほうがつらいのだ。そのことを達人は知っている。質問を交えるのが大事なのは、聞くだけという受け身のつらさを緩和することにつながるからだ。

リーダーシップの話が始まるなり、「すごいリーダーといえば、まずだれを思い浮かべますか」「そのひとを念頭に、すごいリーダーの発想や行動には、どのような特徴があると思いますか」と質問を投げかける。だれか特定のひとをあてて回答してもらうのもいいし、問いかけるだけでも受動的に聞くばかりとは大違いだ。「このなかで、自分にはリーダーシップがあると思うひとはどれぐらいいますか」と問いかけて、あると思うひとに挙手してもらうのも、聞き手の側の参加度を高め、聞き手の能動性を少しでも増やすのに役立つ。

「動け」「質問をしろ」という言葉を教えてもらうだけで、博士号を取り立ての若手大学教員が、目の覚めるようなすばらしい講義や研修がいきなりできるようになるわけではない。場数をどれぐらい踏むか。また、すばらしいプレゼンテーションにふれる機会がどの程度あるか。自分が経験する機会や達人を観察する機会は、多いほどよい。

原理・原則があれば、焦点が定まらず無手勝流に、ただ経験する、ただ観察するというのと違ってくる。動け、問えという（それ自体は無味乾燥な）原理・原則がコツとして簡潔な言葉に言語化されていることが注意の焦点を定めてくれる。このふたつの言葉が頭に残っていると、自分の行動のよさ、まずさを内省する目も鋭くなる。他のひとのプレゼンテーションを観察することから学ぶ姿勢も、このふたつの言葉によって先鋭化する。

最初は、動けと問えというふたつの言葉でスタートした著者の門下生も、教室や講演や研修の機会を経るにつれて、自分なりの持論をもつようになっていくことだろう。まず、簡単にできることは、プレゼンテーションの達人に会うたびに、コツを聞くことだろう。できれば、そのコツの背後にある理由や思いも聞けたらいい。

たとえば、加護野教授に聞けば、先のふたつに加えて、「間を取れ」というアドバイスが返ってくるかもしれない。とくに、少しでも聞き手に能動的に考えてもらいたいときには、間をとることが必要だ。せっかく、「問え」というアドバイスに忠実に、「歴史上の人物ですごいリーダーといえば、日本人ではだれを思い浮かべますか」と問いかけたら、（特定のひとを指して回答を得ない場合には）そのあと、五秒か十秒待つだけで、プレゼンテーションに違いが出てくる。こうやって、持論のなかの項目が追加されていく。

(3) 互いに矛盾する原理・原則と出会ったとき

さらに、D・ショーンが学びの理想と考えた内省的実践家のように、プレゼンテーションについて学び始めた著者の門下生が、また別のプレゼンテーションの達人にコツを問うたところ、

「堂々と語れ」と忠告したとしよう。

ここで、いいプレゼンテーションのための持論のリストは、つぎのようにふくらんでくる。

(1)動け
(2)問え
(3)間を取れ
(4)堂々と語れ

このようにしていって、最初は、他のひとの持論に学びながら、ゆくゆくは、自分の言葉で、自分にテーラーメードされた自分の持論ができあがればしめたものだ。本書で読者にめざしてほしい、実践につなげるという意味でのリーダーシップ入門とは、すぐれた実践家の持論と、信頼できる普遍的な理論を基に、自分なりのリーダーシップ持論をめざす第一歩をスタートすることだ。

さて、(4)は、「堂々と語れ」と書けば、他のどの原則とも矛盾がないようだが、(1)の「動け」に対して、(4)が「動くな」というのを合意するならば、(1)と(4)とは、矛盾することになる。このアドバイスをくれたひとが、仮にだが、明示的に「金井は、動けと言ったそうだが、それは、違う。話している内容に自信がないから、オーディエンスのなかに入ったりして、ちょろちょろ動き回っているのだ。ほんとうに内容がしっかりしていれば、堂々と不動で話すのがいい」

と述べたとしよう。

このときが、自分なりの持ち味と自分が置かれた状況を見据えるべき黄金の瞬間だ。矛盾しているので困るとあっさり言ってのけて、それで済ませるのでなく、どちらをとるべきか選びとるべき瞬間がこのときだ。

まず、自分なりの持ち味についてだが、「実は、動けと言われたものの、それだとプレゼンテーションがショーのようになってしまって、ショーマン（ウーマン）をめざすわけではない自分には向かない」と思ったら、⑴を削除すればよい。また、置かれた状況については、物理的制約により、動き回ることがほとんどできない会場もある。このときには、ふだんは動き回ることがスタイルのひとも、⑷でいったほうがいい。しかし、少人数で机の配置も馬蹄形かカタカナの「コ」の字型で、一人ひとりの参加者とインターラクティブに議論しやすい場なら、動き回って、たくさんの質問を浴びせるのがいい。ロジカルに語れるひとなら、「動きのあるプレゼン」も「不動で堂々たるプレゼン」もできる両刀使いになれる。

そうなると一見すると矛盾しているが、状況によって使い分けるべき原則というのもあると気づく――学者のリーダーシップ理論の発展の歴史においても、Ⅴ章で述べるとおり、一九六〇年代後半から、「有効なリーダーシップ行動のスタイルは、置かれた状況（課題や意思決定の性質、部下の成熟度、部下との人間関係のよさ、職位に付随するパワーの大きさなど）に依存する」というリーダーシップの状況適応理論、もしくは条件適合理論が勃興した。その結果、理論でもどのような行動をとるべきかは、状況しだいによって変わってくることが注目されるようになった。

一見相互に矛盾する原則に出会ったときに、より考えが深まる。選択を迫られることにもなる。思えば、われわれが日常を生きる知恵として、教わってきたことわざのなかにも、互いに矛盾するものがけっこう多数含まれている。「信じるものは救われる」と「ひとを見たら泥棒と思え」。「ウソつきは泥棒の始まり」と「ウソも方便」。

(4) 状況判断力――矛盾する原理・原則から学ぶ状況の機微

かつて、H・A・サイモン(Herbert A. Simon)は、経営学や行政学における管理過程論――経営管理を計画、組織、指揮、調整、統制などの過程・要素から捉える立場――における管理原則は、互いに矛盾することわざ程度のものでしかないと批判したが、元々ことわざはそれが使用される文脈とセットになってはじめて利用可能で有効になると考えたほうがいい。「小銭とはいえ、勝手につかったのに、つかっていないと言ったらだめだ。ウソは泥棒の始まりだと言うだろう」と父に注意された子どもが、夕食の席で「このハンバーグおいしくない」と言ったとしよう。その父は、「正直でよろしい」という代わりに、「せっかくかあさんがつくってくれているのだから、ここはウソも方便と思って、おいしいと言うんだよ」と諭すかもしれない。

この場合、一見すると矛盾する原理・原則と出会ったおかげで、子どもの原理・原則の理解と状況判断力は高まったと考えるのが適切だ。先のクーゼス＝ポスナーの七つの形容詞のエクササイズ5の結果からもわかるとおり、フォロワーはオネストなリーダーを賞賛する。しかし、マキャベリが生きた時代のイタリアでは、キツネのようなリーダーでないと生きながらえるのは難しいというのが彼の観察だった。

クーゼス＝ポスナーの指摘どおり、オネストであることがリーダーに求められるとフォロワーたちは期待しているが、リーダーには、たとえば、皆が意気消沈しているような場面では、元気づけのために意識して明るく「演じる」ことも要請される。

オネストの意味合いがウソをつかないという意味ならば、オネスティという名の下に、演じることもできなくなるが、著者自身による関西系企業二十社の社長のインタビューでは、「状況がきびしいときにこそ、明るく振る舞った」というような声が多かった〔金井壽宏・(財)関西生産性本部編（1991）『トップ20人が語る　こんな人材が欲しい』東洋経済新報社〕。演じることもまた状況によっては必要となる。

実際に、コーチングの達人にも、「長所はほっておいても練習するから短所を直すのがいちばんだ」と信じるひとと、「コーチングとは、褒め上手につきます――いいところを伸ばすのがいい」と断言するひともいる。部下のレベル、部下のポジションに応じて、また、褒めるのがうまいのか、わるいところの矯正がうまいのかというコーチ自身の持ち味によって、矛盾する原理・原則のあるおかげで、コーチングの理解がさらに深まる。

場数を踏み、大勢の達人の持論にふれ、自分の持論を磨くプロセスで、当然、矛盾する原理・原則にも出会う。そのたびに、自分の持ち味やおかれた状況にふさわしい原理・原則を選び取る（か、状況に応じてどのように選び取るのがいいかをメタ原理・原則として加える）。このようにしてできあがっていくのが、自分なりの持論ということだ。

(5) あえてローカルでパーソナルな持論をめざす

修行中の身のときには、持論はまだ不完全なリストでもいい。絶えず改訂すればいい。また、学者がつくる理論ではないのだから、必ずしも、十分に普遍的な原理・原則になっていなくてもいい。ローカルなノレッジであることを恥じる必要はまったくない。今自分がいる場で役立つことがいちばん。自分が置かれた状況にもふさわしく、自分の持ち味に合った持論をめざそう。

われわれは、科学という名の下に、いつも普遍的な理論がいいと習ってきた。状況がコントロールできて、その条件さえ満たせば普遍的に成り立つ理論が大切なことがあるし、理科系の分野の理論はそうでないと困るという面があるだろう。万有引力の法則がニュートンのいた国には成り立って、他の国では成り立たないということなら困ったことだ。

しかし、「他の事情にして等しければ」という条件が現実にはなかなか満たされない社会現象の鮮明のためには、とりわけリーダーシップのような領域では、出発点として普遍的な理論をそれなりに重宝しつつも、職場・組織・仕事や部下の特性と自分の持ち味にあったローカルでパーソナルな理論をもっと大切にしていいのだ。

状況との適合性を問わずどこでも普遍的に成り立つ原理・原則となると、具体的というよりも抽象度が高くなる。だから、自分が勤務する仕事に合うように普遍的な理論をローカルな理論にして、さらに自分の仕事状況、そして自分の持ち味にふさわしいパーソナルな持論に展開を図る必要があるわけだ。学者の理論、なかでも普遍的に見出された二次元に圧縮された理論（つぎの章で紹介する）は、それを提唱した学者にとってはひとつの到達点でも、実践をめざす皆さんにとっては、自分の持論をつくるための出発点にすぎない。

さて、「動け」「問へ（質問を交えよ）」の二箇条、また、「間を取れ」を足したとしても、三箇条のプレゼンテーション持論をきっかけに、自分も場数を踏み、大勢のプレゼンテーションの達人を観察し彼らと話し、彼らの持論を探ることによって、自分が信じる持論の項目もより体系立ってくることだろう。次ページの図表4―3が、くだんの門下生がたどりついたプレゼ

図表4-3　元の2、3箇条からさらにふくらませた、プレゼンテーションの持論の例

(1)　材料の下ごしらえはしっかりおこなうが、読み上げ原稿には絶対にしない。パワーポイントを使用する場合も、(事実や数字などのハードデータのスライド以外については）話す自分は見なくても語れる内容にする。

(2)　会場に入る前に、控えの間で時間的余裕をもち、流れとロジックと実例のチェックをおこなう。会場に移動する直前に、(たとえば、相撲力士が、頬や足をたたくような）自分なりの活を入れる〔(2)の時間がない場面があるが、そのときは、出だしはさえなくなると自覚していたほうがいい〕。

(3)　話しはじめに、聞くひとの注意・関心をつかむ（どきっとする事実でもいいし、質問の形でもいいし、なにかパーソナルなことを冒頭で「つかみ」として言ってもいい)。

(4)　先に結論を言え。どこに聞くひとをつれていくのか、行き先とそこへいく筋道、プレゼンの構成を先に述べる。

(5)　議論を進めながら、節目ごとに大きな質問、流れに応じて、小さな質問を交える。

(6)　質問はだれかを指名する場合と、聴衆みんなに問いかける場合があるが、後者の場合は、質問のあとに必ず間をおく。とくに、大きな主張をしたあとの問いかけでは、必ず。

(7)　(会場のレイアウトによるが）話す側に動きをつくることを忘れない。ポーディアム（演台）があれば、しばしばそこを離れ演壇のうえを動く、さらに必要ならば、オーディエンスのなかに入っていって語る（そこで、質問を交えてもいい)。

(8)　全体を通じて、「ロジックが通じていること」と「たとえば、と言える実例を絶やさないこと」に注意する。ロジカル・シンキングとプレゼンテーションがセットになっているわけをよく自覚すること。

ンテーションの自分なりの持論だ。

八個も並ぶと多すぎると思えば、まず、「動け」と「問え」から、スタートすればいい。そして、自分も経験を積み、他のひとのすぐれたプレゼンテーションにふれるのがいい。リーダーシップと同様、座学だけで、プレゼンテーションは身に付かない。しかし、個人的読書や研修をきっかけに持論を探そうとしなければ、学習は促進されない。

リーダーシップの研修でわたしが非常に大切に思っているのは、研修でのやりとりをリーダーシップに関してもこのような持論をもつきっかけにしてもらうことだ。研修が、すでに持論をもっているひとにはそれをさらに展開させる契機、もっていなかったひとには持論をつくり始める契機になれば、そのことは成果のひとつだ。

(6) 仕事のやり方、趣味の世界における持論

このような伝授は、案外とリーダーシップ以外のところでは、先輩から後輩へのＯＪＴのなかでなされている。たとえば、新人は、営業のコツ、製品開発のコツなど、それぞれの配属に応じて仕事のやり方を学ばないといけない。営業に配属になって予算がなかなか達成できなかったら、営業の達人にコツを学びたいと思うのが自然だ。

また趣味の世界でも、スポーツや楽器などうまくなりたいと思ったら、達人の言葉を学び、

分が達人のレベルに達しているのなら、ひとに聞かれることもあるでしょうし、ひとつやふたつはコツを書けるはずです。初心者に聞かれているつもりで、箇条書きの項目を少し膨らませてみるのもよいでしょう。

＜ステップ2＞　だいたいのリストができあがったら、それぞれの項目が自分にとってコツとして大事だと気づいた具体的な自分の経験、ほかのだれかを見た経験（観察）を思い出してください。

＜ステップ3＞　それぞれの項目で書いた言葉は、だれの言葉が参考になっていますか。お手本になる達人が語った言葉がもとになっているのか、同じ仕事で切磋琢磨している仲間や同好の士との対話がもとになっているのか、それともコツについて書かれた教則本などの言葉なのか、それとも、自分で考えて自分で生み出した言葉なのか、思い出してください。

＜ステップ4＞　このリストを持論としてかつて他のだれかに語ったことがあるひとは、いったいだれにどのような場面で、どのように話したか、回想してみてください。はじめてこのようなリストを今回このエクササイズでつくったひとは、これをつぎにどのような機会にだれに対して話してみたいと思いますか。持論について説明するときに、どのような実例を語り、どのような実演をしてみせますか。

そのプレーを観察し、自分も練習する。教則本も読むだろう。しかし、経験と観察から出てきた達人の持論にはいちばん迫力があるはずだ。自分がうまくなるころには、自分なりに、蘊蓄《うんちく》を語るようになっているはずだ。

　初心者として、新しいスポーツや楽器を始めるときにはやっていることを、上のエクササイズ6で再認識してほしい。それと同じことを、リーダーシップに関してもおこなってほしい。「統率や指揮は曰く言い難し」というように、リーダーシップのコツの言語化を拒んでいれば、学ぶヒントが乏しくなってしまうし、

エクササイズ6　自分の得意な領域での持論

リーダーシップの持論はまだもっていないというひとも、なにかひとつ自分がうまくできるようになりたいと思っていることを、仕事の世界でも、趣味の世界でもいいから、ひとつ取り上げてください。つぎの4ステップで、自分でもなんらかの持論をもっている分野があるという実感を味わえるかもしれません。

＜ステップ1＞　営業成績で何度も表彰されたことのあるひとなら、いい営業のコツを、テニスだと職場のだれにも負けないというひとはいいショットのコツを、ギターなら任せてくれというひとはアンサンブルでいいプレーをするコツを、まず10分ほどかけて言語化してリストにしてみてください。

○○○○のコツ
(1)
(2)
(3)
(4)
⋮
⋮

すでに持論として言語化しているひとはさっと書けるでしょう。体系的に言語化したことはなかったというひとも、自己の行動を律することもできない。

それでは、つぎにいよいよ実際に経営の世界ですばらしいリーダーシップを発揮したという定評があると同時に、自分なりのリーダーシップ持論をはっきりと語っているひとの例を見ていこう。

CEO（最高経営責任者）にまで達した経営者で、自分のリーダーシップの持論を語ることがつぎに続く世代のリーダーシップを育成するうえで、いかに重要かに気づいていた米国の経営者の二巨頭といえば、ペプシコのロジャー・エンリコとGEのジャック・ウェルチだろう。

引き続き、わが国の経営者で持論

を明確に語っている例として、ヤマト運輸の小倉昌男氏と松下電器の松下幸之助氏を取り上げる。

最後に、近寄りがたい、また、なかなか直接お目にかかったり、話をしたりできない名経営者だけでなく、身近ですばらしいリーダーシップを発揮していると皆さんが認識しておられる方に、そのようなことができ出すきっかけになった出来事や経験とあわせて、その方の持論を聞き出すこともぜひおすすめしておきたい。

3 すぐれた実践家のリーダーシップ持論の実例①——R・エンリコ

(1) リーダーシップ持論と「事業構築」プログラム

ロジャー・エンリコは、一九九三年に四十八歳のとき、ペプシコを去って、大学教授としてセカンド・キャリアを歩むことを真剣に考えていた。わが国でもMBA教育のなかで、実務にすぐれたひとを社会人教授として迎える機会が増えてきたが、米国では経営者として成功したひとが、一流のビジネス・スクールの教員になるのは、けっして突拍子もないことではない。事実、ペプシコで副社長をしていたアンディ・ピアソンがハーバード・ビジネス・スクールで教鞭をとっていたりした。だから、エンリコがこのように考えても、それほど違和感のある話ではない。

しかし、「リーダーを育成するリーダー」として教育を大切にしたいという彼の希望は、結局、興味あることにペプシコ社内で実現することになった（以下の記述は、主としてつぎの文献に基づいている。Conger, Jay A. and Beth Benjamin (1999). *Building Leaders: How Successful Companies Develop The Next Generation.* San Francisco, CA: Jossey-Bass, Ch.4 and Ch.5 esp. pp.104-106, pp.133-143.）。

当時、エンリコは、ペプシコの食品部門であったペプシコ・ワールドワイド・フーズ社の経営を任されていた。事業経営責任者として、しかもリーダーシップにおいてすぐれていたので、注目株だった。当時ペプシコのＣＥＯだったウェイン・キャロウェイは、会社のなかで強力なリーダーシップを取れるひとが不足しつつあり、そのことで将来を憂慮していた。

思えば、ペプシコの経営陣は、常に自社のことを、経営幹部を生み出すのにすぐれた場と自認していた。しかし、ＯＪＴ中心で、実際にリーダーシップを発揮しているひとの経験談やそのひとの持論を若手が聞く機会は乏しくなっていた。

周りの他社を見てもリーダーシップを発揮できるひとを育てるのは、「海にほおり投げて泳ぐか沈むか」を見て泳法を学ばせるかのごとくの会社が少なくなかった。ＯＪＴとは名ばかりという会社も多い。経営幹部の輩出にはすぐれていたはずだと自認していたペプシコでも、事情は大きく変わらなかった。背伸びせざるをえないチャレンジングな配属と事業部間の異動にもっぱら頼るのみで、他社より大きく抜きん出て、手厚く体系的にリーダーシップ育成がなされているとは、言い難い状況であった。

また、リーダーシップの育成に十分な投資がなされていないことも問題だとキャロウェイは、判断した。エンリコが真剣にセカンド・キャリアを考え始める少し前の一九九一年には、このようなリーダーシップ育成の仕組みの欠如をキャロウェイ自身が批判し始めていたのであった。

(2) ビジネス・スクールでなく、ペプシコでリーダーシップを教えてほしい

エンリコがやめると言い出した一九九三年には、キャロウェイは、経営開発センター長のポール・ラッセルに、全社的に活用できる、世界でも最先端の経営幹部育成プログラムの開発を促した。そのプログラムについて、人事担当の役員と話していたときに、エンリコがリーダーシップ教育に興味をもっていることがその役員を介してラッセルにも伝わった。それで、ラッセルはエンリコと会うことになったが、それに先だって、彼は過去一年間のエンリコのスピーチのすべてに目を通した（実は、その素材から、後述するエンリコのリーダーシップ持論が言語化、モデル化されることになった）。

会談の間、エンリコは、ペプシコの共同創業者のひとりであるドン・ケンドールがメンターとしていかにすぐれていたかにあらためて気づいた。ケンドールだけに限らず、ペプシコの歴史をひもとけば、いつでも次代の経営幹部候補のために、大切なメンターとなってくれるひとが、ひとりかふたりはいた。つまり、先輩格のリーダーがより若い次世代リーダーを育成するリーダー役（N・M・ティシーなら、leader-developing leaderと言うであろう役割）を果たしていた。ただし、その先輩格が例外的で少数で、取り組みも体系的ではなかった。

エンリコは、当初はビジネス・スクールに行って教えることをつぎのキャリアとして考えていた。しかし、いろいろな産業から来た不特定多数のひとたちに、大学でリーダーシップを教えるのもチャレンジだが、別の道があることに、この対話を通じて気づいた。エンリコは、ペプシコという会社のなかでケンドールなどごく少数のひとによってインフォーマルになされていた育成の試みをもっと体系的におこなうモデル・プログラムを開発したいとも考えるようになった。

このようなやりとりを通じて、大学に行ったら教えたであろうリーダーシップを、社内の幹部候補に教えてほしいという要望を聞かされた。結局、エンリコは、当時のCEOのキャロウエイとリーダーシップ・プログラムを開発する任についた経営開発センター長のラッセルによって慰留されることになった。

図表4-4 ペプシコのR. エンリコのリーダーシップ持論

(1) 異なる観点から思考せよ(think in different terms)
(2) 〔リーダーとして明瞭な〕視点をもて(develop a point of view)
(3) その視点〔やアイデア〕を現場に持っていってそこで試せ(take it on the road)
(4) 全体を〔ビジョンに〕まとめ上げろ(put it all together)
(5) 実際にものにする(make it happen)

(出所) Jay A. Conger and Beth Benjamin (1999). *Building Leaders: How Successful Companies Develop The Next Generation.* San Francisco, CA: Jossey-Bass, p.105.訳語での〔 〕内の言葉は元の英語にはないが、説明文のなかから補足。

いったん協力を誓ってくれたエンリコではあったが、彼のプログラムへの情熱が盛り上がらない。そのことにセンター長のラッセルは気づいた。何度も話し合ってみてわかったことだが、エンリコは、他人の(つまりは、学者の構築した)リーダーシップの理論に基づいてプログラムを教えることに懸念をもっていた。「もしそうしたいのなら、大学の教授を雇って、リーダーシップの研修をしてもらえばいいじゃないか」という不満があった。

ラッセルは、この要望を真剣に受け止めた。なぜなら、このプログラムは、ペプシコのひとによる、ペプシコのひとのための、ペプシコのひとのリーダーシップ開発プログラムでないといけないという点で、ふたりの意見が一致したからだ。エンリコは、借り物の学者の理論を教えるのでなく、自分が経験を通じて抱くようになった理論(つまり、彼自身の自前のリーダーシップ持論)を教えたいと考えたのだった。

プログラムの詳細を述べるのがここでの趣旨ではないが、最も注目すべき点は、このような機会があったからこそ、エンリコの暗黙の理論が言語化され、記録され、経験と結び付けて使用される教材となったことだ。

ペプシコで事業経営者としてリーダーシップを取ってほしいと思う経営幹部候補のリーダーシップ研修のためには、そのような教材（ペプシコという会社にローカルで、エンリコという個人にパーソナルな教材）がふわさしい。ラッセルは、エンリコ自身のおこなった全スピーチに目を通していたと先に述べたが、そのラッセルの協力を得て、自分が様々な機会に経営やリーダーシップについて語ってきたことの内容分析などを通じて、言語化されたエンリコのリーダーシップ持論は、前ページの図表4―4に見るとおりだ。エンリコ自身がペプシコで有効だと信じるリーダーシップ持論が、彼の選んだ言葉に結晶されている。

これが、ここで紹介するリーダーシップ持論の第一の実例ということになる。期待しすぎたひとは、ただのキーワードのリストだと思ってがっかりするかもしれない。しかし、ちょっと考えてみてほしい。このリストがどのように肉付けされるか。

エンリコが自らインストラクターとして登場したリーダーシップ研修にやってきた次世代の経営幹部候補たちは、目の前にいるエンリコの言動のなかに、またペプシコのこれまでのキャリアのなかで、そのリーダーシップ実践の具体的姿を目の当たりに見ることができる。また、エンリコ本人の口から彼が自分のリーダーシップを磨くうえで一皮むけた仕事上の経験を語るのを直接聞くこともできる。

研修の場では、持論のなかの一つひとつの原理・原則が、このように経験と結び付けられて講じられる点こそが肝心だ。持論が言語化されていて、その持論を体現した人物が目の前にいることがポイントなのだ。しかも、後述するとおり、エンリコと一対一でリーダーシップについて話し合う機会まで用意されているのだ。

(3) ペプシコのエンリコによる事業構築研修の特徴

「事業構築（Building the Business）」と名づけられたこのリーダーシップ研修では、つぎのようないくつかの工夫がなされていたという。

第一は、自ら食品カンパニーで世界を視野に事業経営上のリーダーシップを発揮したひとが、フルタイムで講師にあたることだ。日本でも次期経営幹部の研修では必ずといっていいほどリーダーシップ開発やキャリア発達のセッションが設けられ、経営者に講師で来てもらうことはある。しかし、それは、講師といってもある時間帯（長くても、一時間半から二時間ぐらいまで）のゲスト・スピーカーであるのが常だ。事業構築研修では、経営者でもあり講師でもあるエンリコの存在感がはるかに大きかった。また、事務局として経営開発センター長であるラッセル自身もずっと研修の場にいて、エンリコと受講生の世話・支援をする手はずになっていた。

第二に、議論やフィードバックの密度を高めるために、一回当たりの受講生の人数は少人数にしぼりこまれた。エンリコは受講生数をわずか九名に限定して、持論をじっくり語っていたそうだ。研修のための期間はそんなに長くはとっていないが、その流れのなかで、エンリコがじっくりと一人ひとりにフィードバックする機会をもっていたのが特徴だ。

図表4―4のリストをただ鑑賞するように眺めるだけであれば、単なる箇条書きに見えるだろう。だが、これはエンリコ自身の持論であるので、経験から帰納的に抽出された言葉だ。具体的な場面でどのような思いで、どのような行動をとったことが、その実例にあたるかを経験談として物語ることによって、箇条書きの一つひとつの項目に血が通う。

また、時空をともに過ごす六日間の研修の間に、彼と生で接するなかから、一つひとつの原理・原則の意味合いや見本・手本となるような言動を、直に感じ取れるだろう。しかも、一人ひとりの受講生は、この六日間の間に一対一でエンリコと話す機会を二回もつ。

ここまで事業経営責任者自らが研修にコミットすれば、リーダーシップの育成だけでなく、次期経営者の探索にも、登用（継承《サクセッション》）にも困らないだろう。自らが「リーダーを育てるリーダー」になることによって、次世代のリーダーのひととなり、考え、経験、懸念や悩み、人物としての器の大きさ、引き出しの多さまで知ることができる。だから、一対一の対話は、教える側にとっても、学習機会となる（ここを社外の業者のアセスメントに任せるのと大違いだ）。年齢、勤続年数とともに、責任が重くなるほど、フィードバック機会が少なくなってしまうというのは、皮肉なことだがよく起こる。だから、受講生には、一対一の対話がほかでは得がたい貴重なフィードバック機会となる。

第三の特徴としては、エンリコが場の中心だが、エンリコひとりの独壇場にならないように興味深い工夫がある。持論の各項目を実際に行動に表現する形は、多様であり、一人ひとりの個性というものがある。そこで追加教材の出番となる。エンリコのモデルにおける五つのテーマ（先の図表4―4のなかの各項目）について、複数の事業部長からあらかじめコメントをもらっておく。それをもとに項目それぞれに関するビデオ映像の教材が制作されていて、研修の場で活用される。映像教材を通じて複数の事業部長クラスの人びとの考え方にもふれて、より多様な考えを理解することが、自分の持論を探すヒントとして役立つ。

このビデオを通じて、エンリコ一個人だけからではなく、チームとして学び合うことがペプシコ全体にとって大切であるというメッセージも込められている。リーダーシップとは彼らにとってなんであるのか、変革を起こすうえでなにが重要な駆動力となってくれるのかについて、エンリコのリーダーシップ持論を刺激源として、多様な意見が聞ける機会がここに生まれる。ある型を固定的に押しつけるわけではない。同じ原理・原則であっても、ひとが変わればその表現型もいろいろだとわかる。

複数の事業経営責任者の声を聞けば、リーダーシップ・スタイルやその表現型が多様でいろんな機微があることがわかるだろう。多様性にふれつつ、その底流をなす哲学は、原理・原則レベルでは類似している。この両面、つまり元型ともいうべき原理・原則と表現型の両面が絡み合う姿で、リーダーシップのあり方についての理解を深め、自由度や自分なりの個性をキープする手立て・配慮が事業構築研修ではなされていた。

ペプシコでカンパニー・プレジデント経験者として生でその場にいるエンリコだけでなく、ビデオを通じて姿を見せる彼以外の事業経営責任者たちの話しぶりとその内容から、受講生はリーダーたる人物の多様性にもふれられる。そのことによって、エンリコの意図が、エンリコ好みのクローン（複製人間）を生み出すことではないことが、わかってもらえるであろう。図表4―4の中の持論とて、そのまま鵜呑みにしてもらうためのものでなく、受講生が自分のなかにリーダーシップ持論を見つけるための素材なのだ。

(4) エンリコのリーダーシップ持論の中身

さて、エンリコの持論は、つぎの五箇条からなる（訳語だけでなく、図表4―4の括弧内に示した元の英語も見てほしい）。①異なる観点から思考せよ、②（リーダーとして明瞭な）視点をもて、③その視点（やアイデア）を現場に持っていってそこで試せ、④全体を（ビジョンに）まとめ上げろ、⑤実際にものにする――この五箇条の言葉だけが一人歩きしては困る。しかし、持論をつくったひとがその心や精神を、また実例にあたる経験を語れるし、研修の間の言動で見せることができる点が肝心だ。

この持論の内容を簡単に検討しておこう。

①異なる観点から思考せよ　今までと違う目で見るということは、事業経営責任者としてリーダーシップを取る際には、なにを意味しているのだろうか。Think in different termsとは、エンリコによれば、小さな改善の積み重ね（それなら同じ視点で、同じ用語で語ればいい）でなく、事業部の将来の競争優位性につながるような大きなアイデアと格闘すべきだということだ。このプログラムは、「事業構築」という名で、エンリコがそう名付けたのは、インクリメンタリズム（漸進主義、小さな積み重ねを大切にする）による縛りがペプシコの将来にとって問題だと信じていたからだ。

②リーダーとしての視点をもて　ひとつの明瞭な視点（a clear point of view）をもつということによって、遭遇する機会を大きなアイデアに高めていくことができる。どのような機会が大事かを見分けて、そのチャンスを透明でわかりやすいアイデアになるように研ぎ澄ます。同時に、アイデアは、確固たる証拠に基づいていなければならない。このアイデアを組織内外

の関係者に広く信じてもらうためにも、リーダーとしてしっかりとひとつの視点を発展させておくことが肝要だ。

③視点やアイデアを現場にもっていって試せ　これらのアイデアは、広くコミュニケーションする前に、まずは、こぢんまりした場でその有効性を試す必要がある。出てきたアイデアで現実にうまくいきそうかどうかを試すには、辛口のフィードバックをくれそうなひと、そのアイデアを実現する手立てを知っていそうなひと、イニシアティブをとろうとするひとに、アイデアの中身を見せたり聞いてもらったりしないといけない。新作ミュージカルをブロードウェイでお披露目する前に、まず、オフ・ブロードウェイで様子を見るのと似ているとエンリコは言う。

また、どのような言葉でアイデアを表明するのかも、そのアイデアを有効に広めるのには大切な判断となる。アイデアの表現法が人びとの関心や情熱を生み出しそうかどうか、ロード（現場）に出て試すのが、この第三の原則だ。Take it on the roadというのは味のある表現だ。

④ビジョンにまとめ上げろ　アイデアをいい表現で束ねて、それらを明瞭なビジョンに仕上げることが大切になる。ビジョンの実現度を測る尺度を明示して、重要な利害関係者からコミットメント（目標を達成するという言質）を引き出し、後から出てきそうな抵抗勢力を予想し、あらかじめそれに対処しておくことも含め、これら一連の活動に対してPut it all togetherと

いう英語表現が使われている。

⑤実際にものにする（実現する）　ビジョンを絵に描いた餅に終わらせないために、明瞭なメッセージとしてみんなに伝えて、人びとをやる気にさせ、行動の方向付けを与えることが、Make it happenだ。起業家がよく使う言葉でもある。

本書で、われわれが持論を検討するまでに使ってきた言葉に翻案すれば、①②④のテーマが「大きな絵をもつ」ということに関連し、③⑤が、「人びとを巻き込む」「それらの人びとを通じて、絵を実現する」ということに関連している。

4　すぐれた実践家のリーダーシップ持論の実例②——J・ウェルチ

(1) 四つのEとリーダーシップ・エンジン

GEのクロートンビル研修所長を務めたこともあるミシガン大学のN・M・ティシー(Noel M. Tichy)は、I章でも述べたように、われわれが持論と表現しているものを、TPOV（Teachable Point of View）と呼んだ。TPOVとは、うまくリーダーシップを取れるひとに、これから学びたいと思ったひとが、仮に「コツを教えてよ」と聞いたときに、「教えるつもりになれば教えることが可能な、自分なりの見解」のことを指す。ささやかなリーダーシップ経験ならだれだってもっているはずだ。たとえば、会社以外にも、学校や自治会やプライベートで。

だから、TPOVは、達人の持論ほどしっかりとしたものでなくてもよい。それは、一般のひとがもつリーダーシップの素朴理論の一種であると、先に紹介した。しかし、一九八一年から二〇〇一年まで二十年にもわたってGEのような巨大企業を会長としてずっとリードしてきたウェルチが、TPOVを語れば、これは別格だ。簡潔な言葉に結晶された持論といえる。

ここまでも何度も使ってきた「リーダーを育成するリーダー」(leader-developing leader)という言葉は、ティシーがGEでの経験、ウェルチとの接触から、編み出した言葉だ。

ちょうど自動車に動力源としてエンジンがあるように、GEのような会社に変革のエネルギー源として「リーダーシップのエンジン」にあたるものがあるとしたら、それはなんだろうか。ウェルチがそのエンジンだと言ってしまってはいけない。ウェルチが自分のTPOVを語り、その見本・手本となる行動を示すおかげで、GEのいろんな事業分野で、それぞれの事業分野のいろいろな階層で、そこかしこにリーダーシップを取るひとが生まれてこそ、はじめてGEにはリーダーシップのエンジンが備わっているといえるのだ。いわば、TPOVという考え方は、このリーダーシップ・エンジンという発想のなかで主要部分を占める〔Tichy, Noel M. and Eli Cohen (1997). *The Leadership Engine: How Winning Companies Build Leaders at*

Every Level, New York: HarperCollins（一條和生訳『リーダーシップ・エンジン――持続する企業成長の秘密』東洋経済新報社、一九九九年）」。

(2) 革命、変革には教育――リーダーシップ教育のために自らが直接語る

ウェルチは、GEに革命を起こすためには、教育の場に自ら赴くことが不可欠だと気づいた。ティシーがGEのクロートンビル研修所長に着任するに際して、ウェルチからティシーへのリクエストは、「クロートンビルを毎年一万人の革命家を生み出す場所にしてくれ」ということだった。

CEOであるウェルチ自らもクロートンビル研修所（今日では、ジョン・F・ウェルチ・リーダーシップ開発研修所と改名されている）に赴き、自分の考えを直接、GEの管理職、経営幹部に語ることを重視したことは、よく知られている。熱く語りかけるお気に入りの場所は、ピットと呼ばれていた。

ウェルチ語録には、聞いたひとが一度耳にすれば覚えられるように、イニシャルをそろえてある言葉が多い。絶えず変革を続けるべきGEの管理職以上の評価は、三つのS（スピード＝speed、自信＝self-confidence、本質を単純化して捉える力＝simplicity）で見ればいいと語ったこともよく知られているが、リーダーシップについては、四つのE（4Es、フォーリーズ

図表4-5　J.ウェルチのリーダーシップ持論
（GEのリーダーに必要な4つのE）

(1) 自らが活力に満ちあふれていること（Energy）
(2) 目標に向かう周りの人びとを元気づけること（Energize）
(3) タフな問題に対しても決断ができること（Edge）
(4) 言ったことをとことんまで実行していくこと（Execute）

（出所）Welch, Jack with John A. Byrne (2001). *Jack: Straight from the Gut.* New York: Warner Books, p.158.（『ジャック　わが経営（上）』日本経済新聞社、宮本喜一訳、2001年、251頁）より。

と読む）を大切にしてほしいと説いてきた。その四つのEで示されるウェルチのリーダーシップ持論は上の図表4―5に示すとおりである。

GEのひと、およびGEにゆかりのあったひとからこれらの四つのEについて、何度も聞かされてきたし、ウェルチに直接会ったことのあるひとたち（たとえば、GE横河メディカルシステム社長の三谷宏幸氏）からは、ウェルチ自らがこれを体現しているようなタイプのひとだったとすぐに感じたという証言を耳にしてきた。

TPOVは、自分がそれを実践していないと話にならない。そのことは、当然といえば当然だが、そのひとの存在がそのままこの四つのEの見本・手本になっているなら、持論を語る意味や迫力が非常に大きなものになる。元々自分がほんとうに信じていて実行していることでないと、持論として語る意味がない。逆に、持論を4Esのように言語化して、自分とともに働くより若い世代に語ることが、ほかならぬ語り部自身に言行一致すること（この表明した4Esどおりに行動すること）をいい意味で強いることになる。

ウェルチ自身がピットに語り部として頻繁に姿を現せば、その場におけるやりとりに見られる彼独自の発想法や行動スタイルによって、そして、CEOとしてこれまでにおこなってきた様々な決断やアクションにおける経験談を語ることによって、これらのEが表す具体像を示せる。言葉がパワーになるというのはそういうことだ（そうでないと、TPOVが言葉の遊びになってしまう）。

(3) 4 Esの中身

それでは、この四つのEがなにを表しているかを、順繰りに簡単に説明しておこう。

①Energy　リーダーたる人物としてフォロワーにインパクトを与えようと思うなら、自分自身が活力や元気に満ちあふれていないといけないというのが、ウェルチの考えだ。映像が示し、会ったひとが語るとおり、ウェルチそのひとがテンションの高い、エネルギー水準の高い人物だ。これが、第一の意味するところだ。

だが、せっかくリーダー本人の元気度が高くても、その元気がなにやらあやしいし、周りの役に立つどころか、邪魔になっている最悪のケースもありうる。

たとえば、つぎのような言葉を聞くことがありはしないか。「あのひとが営業所長をした後は、所員のあらゆるエネルギーが吸い上げられてしまって、本人だけエネルギーにあふれているが、職場は疲弊の極地になってしまっています」とか、「元気なのはいいが、このひとの元気がくせ者でそれが周りには迷惑となっています。所長として成績はあげるが、後任が来るころには、なにも残っていません」とか。こういうひとが、どの会社でも、ひとりやふたりはみつかることだろう。場合によっては、役員レベルでも、いるかもしれない。

②Energize　こういう具合に周りに迷惑な元気ではだめなのだということを、強調するためにEnergizeという言葉が使われる。ウェルチは、リーダーたるべき人物自身が元気であることに加えて、そのおかげで周りの人びとが活発に元気づけられることを重視している。

とりわけ、ストレッチ目標にむかって進むひとに対して、エネルギーの補給源になることがリーダーには求められる（ちなみにスタートレックのファンにとっては、Energizeと聞けば、それは、物質転送機によって転送された人物やモノが、転送先の目的地で元の姿を元気よく現すまでのプロセスを指す言葉だ）。エナジャイズは、「鼓舞する」と訳され、二〇〇四年からは、GEバリュー（後述）にもエナジャイジングという項目が入っている。

③Edge　リーダーはタフな決定をタイミングよくできなければならない。一部のひとががっかりするようなことでも全体にとって大切なアクションなら、それを果敢に起こさないといけない。これがこの言葉の意味だ。

辞書的には、Edgeという語には、際や縁という意味や、刃の鋭さ（ナイフやスキーのエッジ）という意味があり、目に見えるようなイメージとしては、崖っぷちなどのぎりぎりの状況を指す言葉だ。この言葉で、ウェルチが表しているのは、タフさだといってもいい。エッジが備わってないと、決断すべきなのに、もっと情報がほしいと言ってタイミングを逃してしまう。

また、正しいと思うのなら、迷わず果敢にアクションをとるべきなのに、そのアクションの結果だれかが悲しむ、がっかりすることを気に懸けると、正しいアクションなのにとれなくなってしまう。たとえば、撤退や事業の売却を考えてみてほしい。エッジがないと正しい戦略が実現されないまま終わる。こういうことがないように、エッジを磨いてほしいというわけだ。周りにも元気印の存在でエネルギーを充填してくれるひとでないと、タフさに耐えられない。

(4) エッジの二側面——ポートフォリオ・エッジとピープル・エッジ

エッジには、ふたつのカテゴリーがあることを、N・M・ティシーも指摘している（前掲の『リーダーシップ・エンジン——持続する企業成長の秘密』東洋経済新報社、一九九九年、二八〇—二九一ページ、原著のpp. 160-166）。

ひとつは、事業分野のポートフォリオの決定。ある事業から撤退する決定は、新事業に参入するときよりもしばしばタフなものとなる。もっと情報がほしいと思ってしまうと、タイミングを逃す。だから、エッジを効かせないとポートフォリオ決定はできない。

もうひとつは、人びとに対するエッジで、これに欠けていてつまずくリーダーは多い。人びとへのエッジのなかには、面と向かって業績のレベルや価値観（ＧＥバリュー）の遵守に関して、芳しい状態でないときに、きびしいフィードバックを伝えることが含まれる。十分にそれが達成できないひとには、組織を去ってもらうことになる。これがエッジのあるなしを問うきびしい瞬間となる（ウェルチは、就任後、規模の大きいリストラをおこなったので、その側面がクローズアップされがちだが、ＧＥバリューを守れないものにきびしいという点がそれよりはるかに重要だ――後述するヤマト運輸は、ひとを大事にする会社として知られているが、価値観の遵守についてはきびしく、荷がほどけて転がり出たミカンを食べた従業員が懲戒免職になったと伝えられている）。

このふたつはそれぞれが先にあげた、タイミングのために情報不足でも決定できること、だれかががっかりすることでも全体最適のために正しいアクションがとれることに対応する。

(5) 実行力の重視される時代――当初はなかった四つ目のE

④Execute　第四のＥが登場することになった背景事情が興味深い。今でこそ４Ｅsになっているものはもともと、最初の三つでスタートした。新しいＥをもうひとつ加えるきっかけがあった。セッションＣという名で知られるＧＥの経営幹部評価の場で、困惑するような発見が

あった。事業ごとに人材をつぶさに見ていくと、最初の三つの点、つまりエネルギーもエナジャイズもエッジも、よくできているのに、けっして十分な成果をあげていないひとたちがかなりいたという悩ましい発見だった。結果につながっていないという意味では、先の三つのEではハイスコアでも、当然、高く評価するわけにはいかないひとたちだ。

そこで、なにかまだ抜けている大事な要件があるのではないかという観点から加えられたのが、このExecute、とことん最後まで粘り強くやり抜く実行力だ。

皆さんの身の周りでも、元気よくみんなの旗頭となり、思い切った決定までできるのに、肝心なときにはいないひと、タフなアクションをとったあとは姿をどこかにくらましてしまうひとがいたら、最低だろう。決断しアクションに出たからには、成果につながるまでとことんやり抜く。それが経営幹部のリーダーシップには不可欠だ。第四のEが付け加えられた意味は、そう考えるとわかりやすいだろう。ウェルチから薫陶を受けた、元アライド・シグナル社のCEOだったラリー・ボシディが、自分のリーダーシップ論を描いた書籍をずばりExecution＝実行力と名付けたのは興味深い〔Bossidy, Larry and Ram Charan with Charles Burck (2002). *Execution: The Discipline of Getting Things Done*. New York: Crown Business/Random House（『経営は「実行」』高遠裕子訳、日本経済新聞社、二〇〇三年〕。

経営幹部といえば、英語ではexecutive（エグゼクティブ）だが、もちろんexecuteと同語源だ。だから、経営幹部と言われるからには、途中で逃げ出さずに、最後までやり抜くというのが使命だということが、この言葉には織り込まれている。だから、「執行担当役員」などとわざわざ言わなくても、エグゼクティブという言葉は、もともと最後まで執行しきる責任を担うひとを指す。

(6) リーダーシップづくりを支える、変革のリーダーシップを重視するカルチャーづくり

さて現役時代に会長のウェルチが、クロートンビル研修所で自分のリーダーシップの持論を直接語れば、それを参考にGEのあらゆる部門、あらゆる世代に、変革のリーダーシップを発揮する人びとが生まれやすくなる。また、直接に話を聞けたことが励みにもなる。

先にリーダーシップ・エンジンという考え方にふれたが、以上の説明からより鮮明になるだろう。自動車にエンジンが備わっているおかげで動けるように、ある組織体に組織を動かすリーダーシップのエンジンが存在するとしよう。その所在が、偉大な創業者やその時点のCEOだけであったらだめだ。彼らは、いつか組織を去る。だから、ウェルチが会長をしていたときのGEにリーダーシップのエンジンがあったとしたら、それは、ウェルチ個人のなかにあるのでなく、世代間でリーダーシップが連鎖して生まれていく仕組みのほうを指すのでなければならない。

そのためには、自分なりのTPOVから生まれたリーダーシップの持論を水晶のように透明にわかりやすく、また覚えやすい言葉で語らないといけない。それが、ここで紹介した四つのEだ。それに加えて後述するGEバリューだ。

TPOVがある組織内で共有されれば、それは、リーダーシップを発揮している当人にとっては、自分のリーダーシップ・スタイルの確認になり、それを公言することで、自らもいい意味でそれに拘束され、その原理・原則からぶれにくくなる。また、行動で見本を見せるのとともに、TPOVとして持論を言語化していれば、より若い世代の間にリーダーシップを発揮するひとたちを育成するうえでも、役立つ。

たとえば、ウェルチに直接訓導を受けた、より若い世代のリーダーなら、決断力を問われる苦境に立ったとき、Edgeという第三のEからウェルチならどういう行動をとるかを考える癖がつく。それを見た若手がまた大胆な決断をできるように育っていく。このようなリーダーシップの世代間連鎖を生み出す不可視のマシーンこそ、(ティシーの言う)リーダーシップ・エンジンなのだ。

それを生み出すためには、持論を語り、それに見合った行動を見本で示すことにより、より若い世代にもリーダーになる人物を育成するという意味で、リーダーそのひとが、真の意味で「リーダーを育成するリーダー」になるというステップが不可欠だ。

図表4－6 GEバリュー

<ジャック・ウェルチ時代のGEバリュー>

GEリーダーは、常に比類なき誠実さをもって……

1 優秀であることへの熱意にあふれ、官僚主義を嫌悪します。
2 出所にとらわれず、あらゆるアイデアに対しオープンで、ワークアウトを推進します。
3 クオリティに生き、競争に打ち勝つためにコストとスピードを重視します。
4 自信をもって、すべてのひとの参加を促し、組織間の壁を越えて行動します。
5 わかりやすく、シンプルで、現実に即したビジョンを打ち出し、それを全員に伝えます。
6 自らも卓越したエネルギーをもち、また周囲のひとにエネルギーを与える能力を有します。
7 ストレッチ…積極果敢な目標を設定し、その進捗に対して報い、同時にその目標の達成に対する責任を理解します。
8 変化を脅威としてではなく、新たなチャンスと捉えます。
9 グローバルな考え方をもって、多様性のあるグローバルなチームを構築します。

<ジェフ・イメルト時代、より簡素な表現になったＧＥバリュー（2004年から）>

1 好奇心（Curious）
2 情熱（Passionate）
3 工夫に富む（Resourceful）
4 責任をもつ（Accountable）
5 チームワーク（Teamwork）
6 コミットメント（Commited）
7 開かれた（Open）
8 鼓舞する（Energizing）

確かに二十年間のＧＥの発展と活力の源泉はウェルチだったが、もっと大切なことは、組織内に変革のリーダーシップを若いときから取ろうとするのはすばらしいことだというカルチャーを創り出したことだ。その際に、四つのＥとあわせて、ＧＥ

バリューを明示したことも見逃せない。図表4―6がウェルチの会長時代と最近のGEバリューだ。経営幹部候補は、業績のレベル（実績）とGEバリューの達成度の両面からプロモータビリティ（昇進可能性）がチェックされる。それぐらいバリューは重視されている。

ここでは、これ以上は詳論しないが、GEバリューは、三六〇度フィードバック・ツールとしても活用されている。それは、特定の組織にテーラーメードされたリーダーシップ・コンピテンシー・モデルの先駆けのひとつと見なせる。ティシーの言う「リーダーシップのエンジン」を、ある組織に根づかせるためには、その組織にテーラーメードのリーダーシップ・コンピテンシー・モデルを構築することも必要になってくる。このGEバリューは、そういう実例にもなっている。

5　すぐれた実践家のリーダーシップ持論の実例③――小倉昌男

(1) 理詰めだがウォームな経営リーダーの条件

宅急便は、今ではだれもが知っている身近な事業だ。わが国で民間の運送会社の新規事業としてこれを始めたのが、ヤマト運輸で、当時の社長は、小倉昌男氏だ。小倉氏は、同社の創業者、小倉康臣氏の後を継いだが、実質的には、宅急便という新しい事業を興した創業者的（あるいは、二代目にして、さっそく中興の祖のような）経営リーダーだ。

ここでは、そのご本人が「経営リーダーの条件」と題して著書で披露したリーダーシップ持論を見ていくことにしよう。持論が本人の経験や信念にいかに密着したものであるかを知るうえで興味深い事例となるであろう。

講演録や社内報から生まれた本や福祉の本もあるが、ここでのテーマについては、非常に読みやすい二冊の書籍（小倉昌男『小倉昌男　経営学』日経BP社、一九九九年・小倉昌男『経営はロマンだ』日経ビジネス人文庫、二〇〇三年）があるので、ぜひ参考にされたい。

(2) 経営リーダー十の条件の中身

まず、次の小倉氏の経営リーダーの条件を概観してみよう。

経営とは、論理の積み重ねなので、「論理的に考える力」が経営リーダーに必要とされる第一の条件だ。他人のまねをせずに、論理的に自分の頭で考える力がないと、ユニークなアイデアは出せない。一九七六年に宅配事業に出ていくときに、皆が反対した。不定期で不特定多数の普通の家から出る小口の荷物というのは効率がわるい仕事なので失敗すると予想した。アイデアがユニークすぎると、最初は反対するひとが大勢出てくるものだ。それを乗り越えるためにも、論理的に納得のいくシナリオがいる。

宅急便は、全国への配送を支えるインフラとなるネットワークへの投資が必要なので、最初の数年は赤字になるだろうが、荷物が発生する数、つまりネットワーク内を流れる荷物の密度が高まると、採算が合うようになる。論理的に考えたことを、筋道を立てて、他の人びとにきちんと説明する力が大事だ。

第二に、経営は、真空のなかで営まれるのでなく、時代のなかで推進される。だから、「時代の風を敏感に読む」ことが経営者として変革のリーダーシップを発揮するうえで不可欠だ。企業は、社会のなかで時代ごとの社会の変化に影響されながら進むので、経営者は、時代の風がどの方向に吹いているのか見定めなければならない。

宅急便を開始したのは七六年のことで、七三年にはオイルショックがあり、その後の苦境のなかでの決断であった。最初皆が反対したのに、軌道に乗り、五年後には利益をあげるようになったのも、時代がヤマト運輸にフォローの風を送ってくれたからだ（そして、それを経営者である自分が読めたからだ）とも小倉氏は理解しておられる。

第三の「戦略的思考」とは、サービス第一、利益第一と、大切と思われるものすべてになんでも第一を唱えるのでなく、長期的発想でもって優先順位をつけて、めりはりを付けて経営にあたることを指す。戦術的レベルの対応だけでは、大変革はできない。

宅急便を立ち上げて以後、荷物の密度を増やしていくプロセスでは、「サービスが先、利益

図表4-7 小倉昌男氏のリーダーシップ持論（経営リーダー10の条件）

（1）論理的思考
（2）時代の風を読む
（3）戦略的思考
（4）攻めの経営
（5）行政に頼らぬ自立の精神
（6）政治に頼るな、自助努力あるのみ
（7）マスコミとの良い関係
（8）明るい性格
（9）身銭を切ること
（10）高い倫理観

（出所）小倉昌男『小倉昌男経営学』日経ＢＰ社、1999年、271-290頁より。

は後」という標語をつくった。小倉氏に直接に仕えたひとたちは、きっと役員会では利益のことを話題にしていると推察したが、小倉氏は自分たちには「荷物が増えるようにサービスをしっかりするように」としか言わなかったことを今でもよく覚えている。社長として、戦略的思考をして優先順位をつけて、それを標語にし、言行一致して、サービス重視の姿勢を貫いた。それが、荷物の数を増やし、密度を上げて、コストを下げて、利益を導く唯一の道だと見通した。

もちろん、よいサービスをすれば（たとえば、一日に二回配送）、当然コストは上がる。その意味で、短期的な戦術的発想では、コストを抑えるためにサービスを劣化させて、結局、荷物が増えず、宅急便が成り立たなくなってしまったことだろう。経営とは短期的なトレードオフを、長期的な観点、メリハリから判断することを要する。

第四の「攻めの経営」という言葉は、新たな需要の創出に神髄を見いだす起業家精神に支えられた経営の姿勢を示している。その対極は、護送船団方式の守りの経営だ。経営リーダーが安定を求めるあまりリスクをとらず、新事業、新商品をつぎつぎと生み出せなかったら、船団全部が落伍してしまう。

小倉氏の回想によると、宅急便の沿革は、行政、とりわけ旧運輸省、旧郵政省との闘いの歴史であった。起業家精神をもって新たな事業に立ち向かうものに対して、護送船団方式の行政指導に染まっている役人は、頼りにならないどころか、邪魔になる。しかも、民間の経営者と違って、間違ったことがあっても、結果に責任をもたないということを何度も経験してきたので、行政に頼らぬことを経営リーダーの条件のひとつに加えている。

また、行政には頼らないと言いつつ、政治家を通じて、行政に働きかける経営者もいるだろう。小倉氏は、元首相の小渕恵三氏とは、ともに親の代からの運送業でのつきあいで、親交があったが、けっして政治家の力を借りなかった。政治家に口利きをお願いしたら最後、反対派も政治家を通して運輸省に圧力をかけるように陳情するだろうから、中途半端な妥協案になってしまって、長期的には悔いを残しかねない。だから、「行政に頼らない」だけでなく、「政治家にも頼らず」に、自立と自助努力でいくというわけだ。これが、第五と第六の条件だ。

第七が、広報にかかわるリーダーの役割で、「マスコミとの関係」をいやがらずに、大事にするということだ。失礼なこと、いやなことも聞かれるので、元からマスコミ好きの経営者は少ないだろう。小倉氏には、上場企業は社会的な存在なので、経営者は公人として、マスコミの取材に応じる義務があると記者に言われた経験があるそうだ。

マスコミに積極的に対応する過程で、自分の頭が整理され、業界や経済界の情報も得られ、また、会社の社会的認知度も高めることができる。宣伝するよりも、記事のなかで取り上げてもらうほうがパブリシティとしての効果は大きいので、経営リーダー自らが広報マインドをもつべきだと、小倉氏は考えている。

第八は、読んで字のとおり、「明るい性格」と明確である。経営者は、プラス思考でよい結果に注目して、明るく振る舞うことが大切だ。ねあかで明るく場を盛り上げ、なおかつ謙虚な経営者に惹かれたという小倉氏自身は、元々は、内向的で非社交的だったという。しかし、意識して明るく振る舞うようにした結果、あまりムリをしなくても明るく振る舞えるようになったそうだ。

第九は、非常にオペレーショナルな（どのように行動すればよいかはっきりわかるという意味で）条件で、ずばり「身銭を切ること」と書かれている。『小倉昌男　経営学』を読んだひとの大半が、十個の条件のなかで、この第九番目の条件はどうもレベルが他とそろっていないと思ったと感想を述べる。経営者が本来は会社に支払ってもらうべきではない請求書、たとえば、社内のひととの飲食費の請求書を、示しがつかないのを承知のうえで、会社の経理に回すことがオーナー企業ではあったりする。そういうことはけっしてせずに、部下と飲むときには、ポケットマネーで支払うようにすべきだというのが、この行動規範だ。そのために、経営者は、必要なときに喜んで身銭を切れるだけの十分な額の報酬をもらっている必要がある。役員報酬についても、この第九の条件との関連で説明がなされている。

一見すると些細なことのようだが、身銭を切ることが経営者にとって大事だと小倉氏は信じているようだ。リーダー本人が自覚している以上に、しばしば部下たちは自分の行動をよく見ているものだ。すぐれた経営者は皆、そのことによく気づいている。

第十の「高い倫理観」は、論理的思考と並んで小倉氏が際立って尊重している条件だ。人間に人格があるように、会社にも社格があり、人間に人徳が必要で、会社にも社徳がなければならない。そのために、経営リーダーは、まずひとりの人間として、他の人間に対して、顧客に対しても、社員に対しても、「真ごころ」と「思いやり」を信条としていかなければならない。また、経営トップひとりが高い倫理観をもつべきだと言っているのではなく、トップが先頭に立ちつつ、社員全員の倫理性が高まっていかないと、社格、社徳の高い会社になれない。

(3) 自分の持論を作成するときに留意したい点

小倉氏の持論を題材にして、皆さん自身が自分のリーダーシップ持論を作成していくに際して、いくつか重要と思われる点について、つぎの順でコメントしておきたい。

(1)理論とは別個だが、いい持論ならいい理論と両立するはず
(2)特定の組織に合ったローカルな理論が当該組織のメンバーには大きな価値をもつ
(3)持論を公言することにより、自分もそれに（いい意味で）縛られる
(4)先達からは持論をもっているひとがいるという点を学ぶべきで、持論の内容まで鵜呑みにしない

まず第一に、より普遍的な公式的な理論と実践家の持論との関連だ。研究者の理論は、研究者自身がリーダーシップの達人とは限らないので、自分の実践から出たわけではない。しかし、観察、インタビュー、質問票調査等で収集されたデータの規模や、その分析における体系的な扱いは尊重すべきだろう。だから、より普遍的な条件を本質的なものに絞って少数の次元で捉えている可能性は高い。たとえば、変革型のリーダーシップといえば、「ビジョン設定」と「ネットワーク構築」というように。

しかし、これだと普遍性は高いが、そのまま応用するには、やや抽象度が高すぎる。（普遍的かつ本質的なものに絞るとそうなるのだろうが）次元の数も際立って少ない。これに対して、

小倉氏の十個の条件として提示された持論は、もっと数も多く、内容はより具体的だ。また、エンリコやウェルチの持論のところでも述べたとおり、小倉氏に直接薫陶を受けたひとは、それぞれの条件にかかわる具体的行動を見聞きしてきているはずだから、見本や手本を添えて、経営リーダーの条件を学んでいくことになる。

実践家の持論は、実践家自身が創り出したもので、実践家自身がそれを信じている点が大きい（実際に使用していない理論ならば、D・ショーンの「持論」の定義に反する）。しかし、それは、その実践家の活躍した舞台から生まれたローカルなセオリーだということだ。ローカルであるおかげで、この持論のリストは、ほかのどこよりもヤマト運輸において経営幹部としてリーダーシップを発揮したいひとに、いちばんよく当てはまるはずだ。でも、すぐれた経営者個人の持論には、普遍的に成り立ちそうなリーダーシップの次元も含まれているはずだ。たとえば、戦略的思考は、経営者レベルのリーダーシップには不可欠であろう。

さらに、先にわれわれが使ってきた言葉でもう一度、全体を振り返ってみれば、(1)(2)(3)(4)が「大きな絵を描く」というのにかかわっており、(7)(8)(9)(10)は「人びとを巻き込むこと」にかかわっていることがわかる。つまり、ローカルな実践家の持論のなかには、普遍的な理論につながる部分が当然、底流で見られるはずだ——本来、K・レヴィンの主張するように、よい理論ほど実践的であるのなら、理論は、実践家の持論から生まれるべきだともいえる。

(5)と(6)は、規制産業において事業展開をおこなってきた小倉氏の気持ちがこもっている二項目だ。行政や政治とかかわりのあまりない産業で活躍するひとには、あまり関係ないかもしれない。しかし、ネットワーク構築において、けっして頼ってはいけない二通りの利害関係者（役人と政治家）を二つの条件として朱書したということだ。

だれをネットワーク内に巻き込むべきかも大事な選択だが、だれをネットワークに入れてはいけないか（小倉氏の場合には、ネットワーク内の味方にはしないどころか、徹底して敵として闘う相手がだれであるのか）の判断がしばしば大切な基準となってくる。そのような観点から、(5)と(6)もネットワークづくりの原則の一端を担っていると考えれば、(5)(6)(7)(8)(9)(10)が、人びとの巻き込み方に関する原則をなしているともいえる。

しかし、マスコミによく対応して、明るく振る舞い、身銭を切るべきところではポケットマネーから支払いをし、社員皆が社格を高く感じられるようにすれば、さらに加えて行政にも政治にも他力本願的に依存しないように気を付ければ、ネットワーク内の人物を通じて、大きな絵が自動的に実現できるわけではない。

そのためには、大きな絵そのものがうまく描けていないといけない。時代のなかに今を位置づける先見性をもって、新たな需要を創造するような絵を、論理的かつ戦略的に描けているからこそ、皆が最初は反対していても、最終的には、絵の実現のために力を合わせてくれたのであった。

つまり、つぎの章でより詳しく考察するとおり、理論的には、大きな絵を描くという上位の軸と、人びとを巻き込むというもうひとつの上位の軸の間には相互作用が存在する。二つの基本となる軸の効果は、足し算ではなく、かけ算なのだ。このように実務家の持論の理解を深めるのに、研究者の研究から出た理論を活用することが役立つ。

(4) ローカルな持論の価値

第二は、当該組織でやがてリーダーシップを発揮すべきひとたちにとって、実践家のローカルな活動舞台から生まれたローカルな持論のもつ積極的な意味合いだ。この点については、これまでもGEバリューのところでも言及し本書の随所でふれてきた。ここでも小倉氏によって言語化された十項目の持論のリストが、いい意味でローカルであるということは、取りも直さず、ヤマト運輸にテーラーメードの持論であることだ。

つまり、できあいの既製品のセオリーでなく、特別製のセオリーということだ。だから、なによりもヤマト運輸で経営幹部としてリーダーシップを発揮したいひとに、小倉氏の発想と行動から学びたいと思うひとたちに、最もふさわしい参照物であるはずだ。

普遍的で抽象度の高い理論は、そのままでは血が通わない。だからこそ、小倉昌男スペシャルとも言うべきリーダーシップ持論が、この会社のひと、この業界のひとには、参考になる度合いが高いだろう。

繰り返し言うが、それは、小倉氏に直接、薫陶を受けたひとには、最も濃厚な教材となる。たとえば、小倉氏の後、社長になった都築幹彦氏、宮内宏二氏、有富慶二氏、山崎篤氏も、それぞれのスタイルで、しかし、小倉氏からの教訓を世代間で連携するかのように、行政と闘ってきた。ある強烈な個人の考えが、（ＧＥのウェルチとイメルトによるＧＥウェイのところでふれたことにもかかわるが）リーダーシップ持論の明瞭化・言語化を通じて、組織のＤＮＡの一部になっていくことがあるのだ。もちろん先に述べたとおり、本質的には普遍的理論とも両立するところがあるので、産業は違っても、わけあってとくに小倉氏の発想や言動に学びたいと思うひとにとって、理論と持論とを結びつける生きた教材になるのだ。

(5) 持論を公言することにより生まれるコミットメント効果

第三に注目しておきたいのは、リーダーシップの持論を語ることがもたらすコミットメント効果である。ここでコミットメントとは、本気でやるぞという言質にほかならず、公言することで生まれる真剣なかかわり合いのことを言う。この意味でのコミットメントという用語法は、カルロス・ゴーンの日産リバイバル・プラン以来、日本でもよく知られるようになった（組織論では、この言質と関連があるが、個人の組織への愛着や利害に基づくかかわり方を示す用語としても、組織コミットメントという言葉が使用される）。

日産では「必達目標」と訳されるコミットメントという言葉でゴーンが含意したのは、「言った限りは必ず達成する、そうでなければ、職を辞するなどの責任をとる。それぐらい真剣に取り組む」という意気込みである。達成の目標の数字だけでなく、経営リーダーの条件を言語化して、それを自分の頭のなかにしまっておくのでなく、大勢のひとが読む著書のなかで開陳することも、原理・原則へのコミットメントの表明となる。

経営学者のG・R・サランシック（Gerald R. Salancik）によれば、「本気で取り組む言質」という意味合いでのコミットメントの構成要素は、①行為を実際にとったかどうかが観察可能で明瞭であること（explicitness）、②試しにやっているのではなく真剣であって、もはや取り消しは不能なこと（irrevocability）、③ひとから強制的にやらされているのでなく、自分の自由意思で個人的に責任をもってやっていること（volition）、④公の場などで、自分が特定の行為に従事することを公表するような機会をもつこと（publicity）――の四つだ（Salancik, Gerald R.（1977）. "Commitment and the control of the organizational behavior and belief." In Barry M. Staw and Gerald R. Salancik eds. *New Directions in Organizational Behavior*. Chicago, IL: St. Clair Press, pp.1-54）。

著名なひとが自著で自分の持論を語るのは、一方で、より若い世代がリーダーシップを取り始める際の参考になり（こちらは、エンリコやウェルチによっても強調されてきた）、他方で、リーダーシップの達人自身を律することにもなる。すなわち持論を語ることには、学習促進効果と本人へのコミットメント効果があるというわけだ。

とりわけ、書籍の出版を通じて、自分のリーダーシップ持論を公言することは、一方で、学習素材を広く提供するという意味で学習の広範化をもたらし、他方で、有言実行という名の下に、重く自分を律するコミットメント効果をもたらす。ここでは、その後者に注目しているわけだ。

たとえば、たった十個しかあげていないリーダーシップの条件のなかに「身銭を切る」というのが入っていて、堂々とそのように公言しているわけだから、小倉氏と会食をすることになったら、だれもがこの条件を思い出すことだろう。言語化することによって、よけいに己を律することになるといったのはそういう意味だ。

(6) 本人にとっての努力目標も、ときに公言

小倉氏の十箇条のなかに、「明るい性格」と入っているのは非常に興味深い。そして、著作のなかのご本人の説明からは、元々、根っから明るいというのではなかったように読める。理

詰めで考え抜くことを大事にする経営者が、行動面では明るく振る舞うことを、自ら心がけている。苦手だったが、明るさを自分なりに努力して実践してきたことがよくわかって、余計に感動する。

『一橋ビジネス・レビュー』でヤマト運輸のケースが作成されたとき、それを議論する場に小倉氏が姿を現した。そのときの映像を見ると、理詰めの論理的な思考を体現した言葉づかいのなかに、意識して身に付けようとしてきた「明るさ」がにじみ出ていた。これもまた、条件のなかで公言しているためずっとそのように振る舞ってきたせいか、独自のユーモアとともにその場に「明るさ」が漂っていた。

このように、一部の経営者にとっては、自分が強化しよう、修正しようと思っているからこそ、それをあえて努力目標としてリーダーシップの条件に入れることさえある。

リーダーシップの持論と経営理念がそのまま重複するとは限らないが、創業者や中興の祖と目されるような経営者にとっては、両者は重なり合うところが多い。

経営理念や経営基本原則は、すべての社員に、またとりわけ経営幹部になるひとに、より強く遵守してほしいから文書化されるのが普通だが、経営者においては、それらの理念や原則は、努力目標としてほかならぬその経営者自身を律する。それがないと、自らの行動がぶれることがありうる。

(7) どんなにすごい実践家の持論でも内容すべてを鵜呑みにしない
——自分で考える、自分に引き寄せて考える

第四に強調したい点は、持論の聞き手、学び手の側の心構えだ。つまり、どんなにすぐれた経営者のリーダーシップ持論でも、内容をまるごと鵜呑みにする必要はないということだ。自分自身の持論を探すうえで貴重ではあるが、素材のひとつにすぎないと思うほうがいい。また、真にすぐれた経営者なら、自分もオリジナルな人物だったわけで、持論を表明はしても、後に続くひとが自分のクローン（複製人間）になってほしいとは思わないだろう。

持論をもっていて、クリスタルのように透明化している点がエンリコ、ウェルチ、小倉氏の三名に共通の最大の教訓で、内容までまるごと鵜呑みにしてまねする必要はない。もちろん気に入った表現があれば、そのままいただけばいいが、あとで自分の言葉になるように改訂が可能だし必要だ。そのまままねしてほしいのは、自分のリーダーシップの原理・原則をこのように言語化しているという点だ。『小倉昌男　経営学』は、持論をもっている経営者がいることを示す手本で、持論をもつことはまねてほしい。けれども持論のコンテンツは、手本であるより見本だと思って、読者の皆さんはささやかでも自分の持論をもつことをめざしてほしい。

ここまで議論してきたことをもとに、リーダーシップの持論をもつことの効果を次ページの図表4—8のようにまとめることができる。

手やそのほかの部下、他部門でもメンターとして接しているひとたちに、自分のリーダーシップの持論を語れば、一方で、彼らが自分からリーダーシップを学びやすくなる（彼らもリーダーシップを取れだしたら、共同でリーダーシップを取れるようになる）。

・他方で、持論を公言することによるコミットメント効果により、自らも有限実行をめざさざるをえなくなり、自分もまた持論に沿った行動に、それを言語化し公言する以前より、しっかりと従事できるようになる。

・上記の周りのひとのうち、同輩ともこの会社でリーダーシップを取るための持論を話し合っているなかから、その世代のひとたちが、経営者や経営幹部になるころには、経営理念や○○社ウェイとか○○バリューとも言うべきものと、それらの持論を結びつけることができるようになる。

・同輩と共有された持論から、わが社で取るべきリーダーシップの持論が○○バリューとして定められ、それに尺度が構成されるようになれば、研修の場でも使えるし、管理職以上のひとには、360度フィードバックをすることもできる。

・このように持論の言語化とその蓄積が、日本の有力企業でなされるようになれば、そのことがひいては、日本発のオリジナルなリーダーシップ研究を、実践に役立つ形で、世界に向けて発信するための土壌ともなりうる。

図表4－8 リーダーシップの持論をもつこと、公言することの効果

・自分なりの持論をもとうとすることによって、ひとの持論、なかでも達人の持論から学ぼうという姿勢が鮮明になる。自分が曰く言い難いコツを言語化しようとしたときにはじめて、それを先におこなってきたひとに対して謙虚になれる。
・自分の経験から学習することや、すばらしいリーダーシップを取っているひとの観察から学習することが、促進される。行動の見本と原理・原則をともに学べるからだ。
・持論があるおかげで、学者の理論に対しても、それを自分の実践に引き寄せて理解しようとする癖ができる。学者の理論は役立たないのでなく、役立てる視点でそれを見ることが大事だと思えるようになる。持論も理論もともにセオリーなのだから。
・その結果、自分でも持論をもとうという気になれば、経営学を実践的に学ぶ方法をリーダーシップという領域から身に付けることができる。
・持論があるおかげで、それを素材にリーダーシップに関心をもつ周りのひとたち、たとえば、上司、同輩、若手、家族とも、リーダーシップ経験やそれが起こった具体的場面について、物語りをしたくなる。物語を意味づける言葉がそこに生まれるからだ。
・上記の周りのひとたちのうち、右腕として育ってほしい若

6　もっとたくさんの達人の持論を知りたいというひとに

(1) 材料はあまたある

わたしたちが本気で、(1)リーダーシップはだれもの問題だと思い、(2)しかし、学び始めると上には上がいるし、また多様な領域でリーダーシップを取るすごいひとがいると認めれば、そのための学習の素材が枯渇することなど、ぜったいにありえない。学ぶ気になれば、この章のテーマとして取り上げた実践家、なかでも達人のリーダーシップ持論については、材料探しに困ることはけっしてない。

少なくともつぎのようなものを大事にしたい。

・経営者の回想録や自伝
・名物経営者の近くでお仕えしたひとの回想録や自伝
・経営者がリーダーシップそのものを取り上げている本
・経営者の持論を引き出すつもりでプロのライターにより書かれた本

経営者がなんらかの回想録や自伝を書くときには、必ず「ひとはなぜついてくるのか」についてどこかで書いているものだ。たとえば、だれもがよく目にするものでは、日本経済新聞の

「私の履歴書」。この欄に登場するのは、それぞれの分野で大きな活躍をしたひとで、その分野でリーダーシップを取ってきた場合が多い（小倉氏も登場し、後に日経ビジネス人文庫『経営はロマンだ』として刊行されている）。『小倉昌男　経営学』のように、その経営者のリーダーシップ持論が、きれいに箇条書きになってひとつの章にまとめられていなくても、紙と鉛筆を手に、そのひとのリーダーシップ持論と、その持論が発揮されている場面や経験、そこでの具体的な行動、とりわけ部下とのやりとりの場面などを注意深く読めば、必ず持論の核となるキーワードがみつかるはずだ。

「ひとを動かすコツは……」というような明示的文章で現れることもあれば、「そのとき以来……ということに気をつけるようになった」などという表現から、持論に近い考えが読みとれる（これは、専門的には、自伝を素材とする内容分析の問題でもあり、そのこと自体、これから実践的なリーダーシップ研究をめざす研究者の側の課題でもある）。

また、経営者自らの本では知ることができないのは、その経営者の側にいて直接に薫陶を受けた人びとがどのように感じたか、という点だ。本田宗一郎氏について知るには、本田宗一郎氏自身が書いたものにあわせて、二人三脚でホンダを世界のホンダに育てあげてきた藤沢武夫氏の著書、また、創業者のもとでエンジンの開発をしてきたひとたちの回想録を通じて、フォロワーの目から見て、「おやじ」と呼ばれていた本田氏をどのように慕い、敬い、大切に思っていたかがわかる。スパナでなぐられるかというような怖い経験をするほど、激しいひとだったようだが、スケールの大きさは、本人が語る以上に、伝わってくる。

持論に沿った行動が実際にはどのようにとられていたのかを知るうえで、フォロワーの証言は非常に重要である。実は、研究面でも、すごいリーダーだと目されているそのひと本人のインタビューだけでなく、フォロワーにもインタビューするのが望ましい。そのリーダーに喜んでついていったフォロワーがどうしてきびしい場面でも耐えられたのか、また、フォロワーの目から見て持論に見合った行動がどのような場面でどのように具体的に姿を現したのかについて聞くことができるからだ。

経営者のなかには、ただ回想録や自伝以外に、文字通り、自分なりのリーダーシップ持論を明示的にとりあげた本を出版している方がおられる。たとえば、資生堂の福原義春名誉会長の手になる『部下がついてくるひと』(日経ビジネス人文庫、二〇〇一年)は、それにあたる。その福原氏自身は、家具メーカーのハーマン・ミラーの経営をしてきたマックス・デュプリーの『リーダーシップの神髄――リーダーにとって最も大切なこと』(福原義春監訳、経済界、一九九九年、原著はDepree, max (1989). *Ledership Is An Art*. New York: Dell Publishing) こそ、リーダーシップの実践家によるリーダーシップ論の白眉だと考えておられ、その新訳を自ら出された。

(2) 原理・原則を探す宝庫――松下幸之助『指導者の条件』

経営者の手になる数ある書籍のうち、なんといっても、リーダーシップ持論の宝庫として、質・量ともにおいて松下幸之助氏による『指導者の条件――人心の妙味に思う』（ＰＨＰ研究所、一九七五年）に勝るものはない。自覚的に自分なりの経営の知恵、なかでもリーダーシップにまつわる知恵を、多数の原理・原則の形で平易な言葉で述べた点において、右に出るひとはいないのではないかと思われる。約二百ページのコンパクトな書籍のなかで、一項目ごとに見開きになって、提示されている。自分なりのリーダーシップ持論を探すときに、ものの見方や言葉の選び方、目の付け所などに困ったときには、これほど重宝なものはない。

見出しを何度も眺めるだけで大いに参考になる。困っているときには、心に引っかかる項目を書き出してみるのもいい。

結びの百二個目は、14の感謝と21の謙虚があらためて大事だと再び述べている項目なので、原理・原則は、合計百一項目となる。自分なりのリーダーシップ持論の構築でしばし足踏み状態にあるひとにとっては、豊富な素材がそこにある。

もちろん原理・原則が多すぎるのは長所であり、短所でもある。小倉昌男氏の経営リーダーの十条件でも諳《そら》んじるには何度も読み、何度もその条件を実践してみる必要がある。十項目でもそうなのだから、百一項目は、とてもではないが覚えられないし、その必要もない。そのと

53	先憂後楽	78	熱意を持つ
54	即決する	79	ひきつける
55	率先垂範	80	人の組合わせ
56	大義名分	81	人をきたえる
57	大事と小事	82	人を育てる
58	大将は内にいる	83	人を使う
59	大将は大将	84	人を見て法を説く
60	大所高所に立つ	85	人を求める
61	正しい信念	86	日に新た
62	ダム経営	87	広い視野
63	調和共栄	88	不可能はない
64	使われる	89	方針を示す
65	適材適所	90	包容力を持つ
66	敵に学ぶ	91	ほめる
67	天下の物	92	まかせる
68	天地自然の理	93	見方をかえる
69	天命を知る	94	みずから励ます
70	徳性を養う	95	無手勝流
71	独立心	96	命令する
72	とらわれない	97	目標を与える
73	努力する	98	持ち味を生かす
74	長い目でみる	99	勇気を持つ
75	なすべきをなす	100	乱を忘れず
76	人間観を持つ	101	理外の理
77	人情の機微を知る	102	再び謙虚と感謝

（出所）松下幸之助『指導者の条件』PHP研究所、1975年より作成。

きのリーダーシップ発揮に困っている自分にとって心に響く項目を探す気持ちで読めばよい。逆に、一つひとつにとらわれず、全体として語りかけるものを大切にするのもいい。

また、自分なりの分析が好きなひとなら、そのときどきの課題に応じて、目的に応じて「ひとりKJ法」で、項目を分類してより上位の次

図表4-9 松下幸之助氏の語る指導者の条件

1	あるがままにみとめる	27	心を遊ばせない
2	いうべきをいう	28	こわさを知る
3	怒りをもつ	29	最後まで諦めない
4	一視同仁	30	自主性を引き出す
5	命をかける	31	私心をすてる
6	祈る思い	32	指導理念
7	訴える	33	自分を知る
8	落ち着き	34	使命感を持つ
9	覚悟をきめる	35	自問自答
10	価値判断	36	衆知を集める
11	過当競争を排す	37	出処進退
12	寛厳自在	38	小事を大切に
13	.諫言をきく	39	仁慈の心
14	感謝する	40	信賞必罰
15	カンを養う	41	人事を尽くす
16	気迫を持つ	42	辛抱する
17	きびしさ	43	信用を培う
18	決意をつよめる	44	信頼する
19	権威の活用	45	好きになる
20	原因は自分に	46	すべてを生かす
21	謙虚である	47	誠実である
22	権限の委譲	48	責任感を持つ
23	見識	49	世間に従う
24	公平である	50	説得力
25	公明正大	51	世論をこえる
26	志を持つ	52	先見性

元で括り直すこともできるだろう。編集上も心憎い配慮があり、内容索引では、百一項目が、編者が上位次元とみなす九個の軸のもとに分けられている。

先にプレゼンテーションのコツのところで「動け」と「堂々」の二つで例示したように、原則の間に矛盾がみつかったときこそ、自分なりのスタイルを、あるいは、

事である）
24. 公平である（あらゆる面で私心なく公平を期さなくてはならない）
42. 辛抱する（じっと時を待つ忍耐力を持たなくてはならない）
50. 説得力（正しい主張でもその訴え方に工夫することが大事である）
52. 先見力（つねに将来を予見して手を打たねばならない）

Ⅴ あやまちを少なくするために
13. 諫言を聞く（いいことよりも悪いことを喜んで聞くようにしたい）
14. 感謝する（何ごとに対しても深い感謝報恩の念を持たねばならない）
22. 権限の委譲（各人の力の範囲で仕事を考えるべきである）
28. こわさを知る（世間のこわさを知り身を正していかなければならない）
36. 衆知を集める（つねに人の意見に耳を傾けなくてはならない）

Ⅵ 指導者の責任
2. いうべきをいう（いうべきことをいうきびしさを持たなくてはならない）
17. きびしさ（公の立場に立ってきびしい要求を持たねばならない）
20. 原因は自分に（失敗の原因はすべてわれにありと考えるべきである）
41. 人事を尽くす（失敗は本来許されないというきびしい考えを持ちたい）
55. 率先垂範（身を以って範を示す気概を持たなくてはならない）

Ⅶ 人を生かすために
12. 寛厳自在（適度のきびしさとやさしさが必要である）
44. 信頼する（人を信頼し思い切って使うことが大事である）

図表4-10　上位カテゴリー別に分類された松下幸之助氏の指導者の条件

Ⅰ　指導者のものの考え方
- 1．あるがままにみとめる（人、物すべてをあるがままにみとめなくてはならない）
- 4．一視同仁（敵をも愛するゆたかな心を持ちたい）
- 11．過当競争を排す（自他相愛、共存共栄の精神を持たなくてはならない）
- 26．志を持つ（つねに理想を描き大きな志を持たなくてはならない）
- 76．人間観を持つ（人間について正しい認識を持たねばならない）

Ⅱ　自分を高めるために
- 10．価値判断（人、物すべての価値を正しく知らねばならない）
- 15．カンを養う（真実を直観的に見抜くカンを養わなくてはならない）
- 31．私心を捨てる（私の心を去ってものを考えることが大事である）
- 33．自分を知る（自分の力、自分の集団の実力を正しく把握しなくてはならない）
- 47．誠実である（つねに誠実ということを心がけなくてはならない）

Ⅲ　力強い活動を生むために
- 3．怒りを持つ（指導者としての公の怒りを持たなくてはならない）
- 6．祈る思い（何ものかに祈るというほどの真剣な思いが必要である）
- 34．使命感を持つ（指導者の力強さは使命感を持つところから生まれる）
- 45．好きになる（その仕事が好きでなくてはつとまらない）
- 61．正しい信念（何が正しいかを考えつつ信念を養い高めなくてはならない）

Ⅳ　事に成功するために
- 19．権威の活用（時に何かの権威を活用することも大

82. 人を育てる（真の人間教育を目ざさなくてはならない）
92. まかせる（自分の力より人の力を使うことが大切である）
97. 目標を与える（次つぎに適切な目標を与えなくてはならない）

Ⅷ 事をやり抜くために

5. 命をかける（命をかけて事に当たるほどの心境が必要である）
16. 気迫を持つ（断固事をやりぬく気迫が大切である）
29. 最後まで諦めない（最後の最後まで志を失ってはならない）
73. 努力する（徹底した努力こそ成功の要諦であることを知らねばならない）
78. 熱意を持つ（熱意においては最高のものを持たねばならない）

Ⅸ 難局に処するために

7. 訴える（つねに自分の考えを訴えなければならない）
8. 落ち着き（危機にあっても冷静でなければならない）
9. 覚悟を決める（大事にいたれば、度胸をすえてそれに当たることである）
54. 即決する（即断即決を心がけなくてはならない）
93. 見方をかえる（自由自在な発想の転換を心がけなくてはならない）

（出所）松下幸之助『指導者の条件』PHP研究所、1975年。ただし、カテゴリーのローマ数字と、項目のアラビア数字もともに、この作表のために追加。見本の項目は、各カテゴリーについて5個ずつ該当する項目を入れてみた。全体についての項目のカテゴリーへの分類は、上掲書、索引iv－v頁を参照。

そのときの状況に合った原理・原則を選ぶべきだ。この松下幸之助氏のリストのなかにも、ここに五つのペアで示すように一見すると矛盾する原理・原則がみられる。

いうべきをいう（2）と、謙虚である（21）

こわさを知る（28）と、勇気を持つ（99）

辛抱する（42）と、即決する（54）

天命を知る（69）と、原因は自分に（20）

世間に従う（49）と、世論をこえる（51）

これらのペアは、「動け」と「（動くな）堂々と」というように、互いに矛盾しているがゆえに、同時には二つをともにとることはできない。だから、TPOに応じて自分のスタイルを選び取る、状況に合わせてどちらかを選ぶというのがひとつの考えだ。

しかし、一見矛盾する原則の併存にこそ深みがあり、それを両方とも兼ね備えるひとが、最も高次のリーダーの特徴だという論者もいる。たとえば、そここそよいといわれる会社（グッド・カンパニー）を真に偉大な会社（グレート・カンパニー）に発展させていった経営者の特徴を、J・コリンズ（Jim Collins）は、「第五レベルのリーダー」と呼んだ。第五レベルというは、図表4−11に示すとおり、リーダーシップの梯子（パイプラインとも言う）の最上位に位置するので、そのように名づけられている。この「最高レベルのリーダー」の特徴は、一方

図表4-11 第五レベルまでの段階

第五レベル	**第五レベルの経営幹部**（Level 5 Executive） 個人としての謙虚と職業人としての意志の強さという矛盾した（パラドキシカルな）性格の組み合わせによって、偉大さを持続できる企業を作り上げる
第四レベル	**効果的なリーダー**（Effective Leader） 明確で説得力のあるビジョンへの支持とビジョンの実現に向けた努力（ユミットメント）を生み出し、これまでより高い業績の基準を達成するよう組織に刺激を与える
第三レベル	**有能なマネジャー**（Competent Manager） 人と資源を組織化し、決められた目標を効果的かつ効率的に追求する
第二レベル	**チームの力になるメンバー** （Contributing Team Member） 集団の目標の達成のために自分の能力を発揮し、集団のなかで他の人たちとうまく協力する
第一レベル	**よくできる担当者** （Highly Capable Individual） 才能、知識、スキル、勤勉さによって生産的な貢献をする

（出所）J. Collins（2001）.*Good to Great: Why Some Companies Make the Leap... and Others Don't.* New York : Haper Business, p.20; 山岡洋一訳『ビジョナリー・カンパニー②飛躍の法則』日経BP社、2001年、31頁。一部訳語をあらためて、（　）内を追加。

で「謙虚で控えめ」でありながら、同時に他方では「極端なまでの不屈の精神、禁欲的なまでの決意」を秘めていることだ。

ここにあげた最初の三つのペアは、状況によって変幻自在に変えて使用する原則であるばかりでなく、同じ人物のなかに同居しうる点が味噌である。図表4－12に、コリンズが主

図表4-12 第五レベルのリーダーシップの二面性

職業人としての意思の強さ

・すばらしい実績を生み出し、偉大な企業への飛躍をもたらす。
・どれほど困難であっても、長期にわたって最高の実績を生み出すために必要なことはすべて行う固い意思を示す。
・偉大さが永続する企業を築くために基準を設定し、基準を満たせなければ決して満足しない。
・結果が悪かったとき、窓の外ではなく鏡をみて、責任は自分にあると考える。他人や外部要因や運の悪さのためだとは考えない。

個人としての謙虚さ

・おどろくほど謙虚で、世間の追従を避けようとし、決して自慢しない。
・静かな決意を秘めて行動する。魅力的なカリスマ性によってではなく、主に高い基準によって組織を活気づかせる。
・野心は自分個人にではなく、企業に向ける。次の世代に一層の成功を収められるように後継者を選ぶ。
・鏡ではなく窓をみて、他の人たち、外部要因、幸運が会社の成功をもたらした要因だと考える。

（出所）J. Collins（2001）.*Good to Great: Why Some Companies Make the Leap... and Others Don't.* New York : Haper Business, p.36; 山岡洋一訳『ビジョナリー・カンパニー②飛躍の法則』日経BP社、2001年、56頁。原著のとおりに項目の順番をあらためた。

張する第五レベルのリーダーの両面性を要約した。わるい我慢はせずに、また、そのことにエネルギーがいっても、きちんと言うべきことを言っているからこそ、謙虚になれる。また、怖さを知らないひとの勇気は、勇気でなく無謀にすぎない。ほとんどの経営上の決断は、リスクを勘案したうえでのものだ。

また、タイミングが上位概念だとも言えそうだが、辛抱して待つことと、ここはというときには即決することの両方ができないといけないというのが松下幸之助氏の考えだとしたら、矛盾しているので一つを選べというより深みがある。もちろん順序というものがあったりするだろう。たとえば、できるだけのことはすべてやったひとでないと、あとは天命を仰ぐという資格はない。どうしてもお天気商売にならざるをえないエアコン事業部長がいきなり「冷夏のせいで予算どおりの売り上げがあがりませんでした」というと自責の名の下にとがめられるだろう。

しかし、できることをすべてやったなら、あとは、天命を待つという境地が望まれる。逆に、天命を知るひとだから、できることすべてに打ち込みやり尽くすことができる。天命を知るからこそ、今はうまくいかなくてもそのまずかったときの原因は自分に帰して、つぎのチャンスへの心の準備を高める。このように考えると、一見矛盾する原則は、「最高レベルのリーダー」には、実は矛盾なく素直に同居しているとも受けとれる。

世間が望むものを提供しなければならないが、同時に、世間がまだ気付いてないが出せば、お客さまに喜ばれるものも提供することによって、世間を超えることも必要だというのも、状況次第で変わる原則でもあるとも思われるが、これを両方兼ね備えることが大事だという面もあり、後者が松下幸之助氏の言いたいことのようにも思われる。

ここでのわたしの解釈は、社外の人間の推論なので、江口克彦氏のように松下幸之助氏に直接薫陶を受けたひとでないと、真意のほどは深くは語れないだろう。しかし、コリンズの主張では、最も高次のレベルでは、リーダーシップには、新プラトン主義ではないが、相互に反するものの一致ということが成り立つ。その鍵は、成功のときには、天命・世間に原因を求め、うまくいかないときには、リーダーである自分に原因を求める点にある。コリンズが示唆しているとおり、上に立つものは奉仕者でもある、つまり、一見相反するリーダーとサーバントが同居するという考え〔R・グリーンリーフ（R.Greenleaf）によるサーバント・リーダーの考え〕も、同種の立場だ。ただし、無私で奉仕型の経営者だという言葉だと誤解があるので、コリンズは第五レベルと呼んでいる。

(3) 社内の人材開発スタッフが工夫すべきこと

経営者のなかには、自ら回想録を書いたり、自分のリーダーシップ論を書いたりするひとがけっこう多いが、それはだれもがなしうることではない。だから、ここでプロのライターや、自らはリーダーシップを取れないがリーダーシップを研究する学者の出る幕がある。なかなか時間もないし、実践そのものに多忙な経営者のリーダーシップ持論を聞きだしてドキュメント化していくのは、ライターや学者だけの仕事ではない。会社の人事スタッフも、ここでなにができるかを考えるべきだ。

図表4-13 指導者の心得

1）志を立てる　　（仕事の意義と意味を掴む）
2）好きになる　　（興味が熱意と工夫を生む）
3）自らを知る　　（自分の力、相手の力、自然の理を知る）
4）衆知を集める　（多くの人の知恵を集める）
5）訴える　　　　（繰り返し訴える）
6）まかせる　　　（徹底してまかせる）
7）要望追求する　（成功するまでやらせる）
8）叱る、ほめる　（寛厳自在、信賞必罰）
9）責任を自覚する（原因、責任は常に内にある）
10）部下に学ぶ　　（指導しつつも教わり学ぶ）
11）愛嬌

＜補足＞
・カン、体験実践を重んじる　（理外の理、直観力を養う）
・たくまずして人の心をつかむ　（テクニックではなく心情に訴える）
・とらわれない　（日々新た）

（出所）松下電器産業で長らく人事と教育に尽力された元人材開発センター所長兼グローバル経営研修所長の谷山義幸氏からいただいた資料で、項目11）は同氏による手書きの書き込みであった。

『指導者の条件』のような読みやすい著作が生まれるうえで、すべてのアイデアの源泉とそのアイデアのもととなる思考と経験は松下幸之助氏本人のものであったとしても、編集上の支援がPHP研究所や松下の人事・教育スタッフ、出版社の編集スタッフからあったことだろう。今から十数年以上前に松下電器産業・情報機器事業の人事部長（当時）の谷山義幸さんから、いただいた二葉のA4資料では、経営幹部の間での議論や研修のときのために、整理された松下幸之助氏のリーダーシップにまつわる考えが、よりコンパクトにまとめられていた。見ようによっては書籍よりは頭に入りやすく一

図表4-14　経営者の心得

1）なぜ経営をしなければならないか、それがはっきりわかっておればまず経営は成り立つものと思う。
2）経営者は社員に対してつねに目標と希望を与える必要がある。
3）指導者はまず目標をもち、目標達成への熱烈な意志をもって、それを部下に訴えることが必要である。
4）指導力というものの中心は、指導しようとする意志の力である。
5）経営のコツは自分が経営者であるということを強く自覚すること、経営が好きであること、頭を低くするということ、この3つだといえる。
6）まず何よりも経営が好きになること。つぎに人に教えを乞いつつ、なにものかを悟りつづけるということである。
7）朝に発意し、昼は実行、そして夕べに反省する。実業人の生活態度はこうありたい。
8）商店や会社、団体ひいては国家の経営について言うべきは言い、なすべきはなす。それが実行されてはじめて、それぞれの経営は成功すると思う。
9）多くの人の知恵を、自分の遂行せんとする仕事に生かすためにはどうすればよいか、それをつねに考えたい。
10）経営者としていちばん大事なことのひとつは、仕事の権限を部下に委譲し、なおそれに対してみずからがもつ心意気である。
11）百人までは命令、千人になればたのみます。一万人にもなれば拝む心がなければ、人は動かない。

（出所）前ページと同様、谷山氏からいただいた資料だが、そのA4で1枚ものの資料のなかに、（これらの言葉はPHP研究所松下幸之助所長が折にふれて語ったものです）という注記が末尾に付されている。

望しやすい。

『指導者の条件』のまえがきによれば、松下幸之助氏自身が「いわば自分の勉強のための教科書のようなものでもあり、私自身これを座右において、日々自分をただす資としていきたい」と述べている。他方で、この著書は、政治家から会社の班長や組長などの第一線監督者にまで読んでもらいたいとも述べている。これに対して、前のページの図表4―13、14は、それぞれ「指導者の心得」「経営者の心得」と名づけられていて、前者がリーダーシップ一般、後者がとりわけ経営者のリーダーシップにより特有の意見が述べられている。

(4) 持論のなかの項目数――多くとも十個あまりまで

おそらく、人間の認知能力、また自然におこなわれる記憶力には限界がある。だから、あまりたくさんの数の項目からなる持論は、覚える対象と思わないことだ。これは探す対象だ。自分のリーダーシップの素材を探すためには、百一個あるいは、この後に述べるウェルチの二十九個のように、多数の原理・原則のプールがあると非常にありがたい。

しかし、試しにまず自分の持論を立てる前に、だれか達人の残した言葉を信じて、そこからリーダーシップを試してみようと思ったら、原理・原則の数はある限度に収めたほうがいい。したがって、松下電器で研修を担当するひとが、松下幸之助氏から学んだことを自分なりに実践してもらうためのプラットフォームのようなものを社員に用意しようと思ったら、ここでの指導者の心得、経営者の心得が示すように十個前後に収める必要があるのだろう。小倉氏の本も十個、松下氏のも図表4―10の上位カテゴリーでは九個にまとめられていたが、われわれが

図表4-15　自分なりの持論のアウトカムのイメージ

Ⅰ．課題関連の行動
　1．大きな絵を描く
　2．それを課題に落とし込む
　3．一人ひとりへ課題達成の圧力をかける
　4．同時にその課題の意味づけを語る
　　⋮
Ⅱ．人間関連の行動
　　⋮
　9．部下の提案を聞く
　10．困っているときにはとことん支える
　(多くとも10個ぐらいまで)

ムリなく扱える原則の数はその程度なのだろう。十個ぐらいというのが、人の限られた認知能力、記憶力、情報処理能力ゆえの限度なのだろう。最終的に自分なりに自分の言葉で、自分のための持論を自前で作成する段になっても、(途中数がふくらむことがあっても）頭と心に刻み込むには、十個ぐらいが目安かもしれない。ウェルチ４Ｅｓだとわずか四個だ。

後述するように、研究者による公式理論でも、オハイオ州立大学など多いもので、後で示すとおり十二個、しかし、同じオハイオ州立大学でも、とことん集約すれば、理論的には二個にまで凝縮される。こうなると、一度でも聞けば忘れようがない。ふたつの次元で「高い」「低い」という二カテゴリーでリーダーシップ・スタイルを組み合わせから描けば、ちょうど曼陀羅のように、２×２で4象限になる。公式理論からスタートして、自分の持論をつくるときも、図表４―15に示すように基本的な次元が二個、それらの二個を上位次元としてそれぞれに、下位次元が四個と六個で自分なりの言葉で生成されたら、合計十個ぐらいに収めるようにしよう。

(5) リーダーシップの持論の語り部と聞き出し役

ペプシコのエンリコは、同社の経営開発センター長のポール・ラッセルの尽力で、自分の持論を言語化できた。ウェルチは、4Esで十分だと判断したかもしれないが、もっと綿密にしたいと思ったGE人事部はGEバリュー（157ページ）によって、わが社で大切にしたいリーダーシップ理論を一種のコンピテンシー・モデルとして結晶させた。それは三六〇度フィードバック・ツールとしても使われている。

他方で、学者やジャーナリストは、ウェルチのリーダーシップ持論をもっと詳しく文書化し書籍に残したいと思った。リーダーシップ質問紙を作成して、それで測定をしたデータに対して、因子分析などの統計手法でリーダーシップの次元を集約するのも確かにひとつの方法である。しかし、フィールドに出て、リーダー本人に持論を聞くべきだと、研究者もあらためてその大切さに気づいたのだった。ジャーナリストは、自ら実験やサーベイ（質問票調査）をするのが業務ではなく、ひとの話を聞くのが取材という仕事なので、厳密な測定にこだわる学者たちよりも、リーダーシップの達人の持論を聞き出すのには、常にいい立場にあった。また、最近では学者とジャーナリストやライターとのコラボレーションが見られるようになった。

たとえば、ミシガン大学教授のN・M・ティシーとライターのR・スレーターは、その代表格だろう。松下幸之助氏の百一項目も、本人が整理して語ったというよりも、わかりやすく整理するという作業が松下電器産業の中央社員研修所（当時）や出版事業に携わるPHP研究所の使命のひとつだったようにも理解できる。とても百一項目には太刀打ちできないが、スレーターはウェルチの4Esやウェルチ時代のGEバリュー九項目（図表4―6）を二十九項目にふくらませて、もっと詳しく述べようとした。その結果が、図表4―16に示した「リーダーシップの秘訣」だ。

これら二十九項目はすべて純然たるリーダーシップそのものにまつわるコツだけに限定されているわけではない。枠取りはより広く、リーダーシップの秘訣だけでなく、戦略策定などの事業経営責任者としての役割もたくさん含まれている。しかし、経営者に近づくほど、小倉昌男氏の持論にも見るように、経営戦略をうまく描くことが、大きな絵を描くということの中身になっていくので、戦略にまつわる項目が内包されているのはもっともなことではある。

このリストを、ナンバー1かナンバー2という事業領域の定義など戦略の問題、人員削減や境界線をとるといった組織・人事の問題、シックス・シグマや買収（その後の文化統合）、学習する組織などGEでの経営幹部の仕事のやり方の問題というように、図表4―16の中のロー

(Learning culture II: Inculcate the best ideas into the business, no matter where they come from)

13. 21世紀に大きく勝ち進む勝者はグローバルでないといけない（The big winners in the twenty-first century will be global）

Ⅲ　ボスぶらせない――バウンダリーレス（境界線のない）組織を創るための生産性の秘訣

14. 組織の贅肉をとって、フラット化すること（階層数を減らすこと）（De-layer: Get rid of the fat!）
15. 3Sという秘訣（スピード、単純明快、自信を通じて生産性を高める（Spark productivity through the "S" secrets（speed, simplicity, and self-confidence）
16. 小さな会社のように振る舞う（Act like a small company）
17. 境界線を除去する（Remove the boundaries）
18. 自分のところの従業員のエネルギーを束縛から解き放ってあげる（Unleash the energy of your workers）
19. 現場で実際に仕事をしているひとの言うことに耳を傾ける（Listen to the people who actually do the work）
20. 自分のところの従業員の目の前まで行って、そこで彼らのすべての質問に答える（Go before your workers and answer all their questions）

Ⅳ　次世代リーダーシップ――2桁の成長に駆り立てそれを維持するための積極策

21. ストレッチする（達成が困難な難しい目標に背伸びして挑戦することをいう）:自分の立てた目標を超える成果をできる限り何度も達成する（Stretch: Exceed your goals as often as you can）
22. 品質を最優先する（Make quality a top priority）
23. 品質は、全従業員の問題であると思ってもらう（Make quality the job of every employee）
24. シックスシグマがどのようになされるのか、全員にしっかりわかってもらう（Make sure everyone everyone understands how six sigma works）
25. 顧客が品質を肌で感じられるようにする（Make sure

図表4-16 プロのライターの手になるJ. ウェルチのリーダーシップの秘訣29箇条

Ⅰ　ビジョナリー・リーダー――競争上のエッジを獲得するための経営のコツ

1．変革のパワーを生かす（Harness the power of change）
2．現実を直視する（Face reality）
3．管理は少ないほど、よりよい管理（Managing less is managing better）
4．ビジョンを創り出して、そこへ向かう（Create a vision and then get out of the way）
5．中心的アイデア１個を深追いするな。そうでなくて、事業戦略としては、ほんの２，３の明瞭で概括的な目標を設定する（Don't pursue a central idea; Instead, set only a few clear, general goals as business strategies）
6．会社の価値を共有した従業員を育てる（Nurture employees who share the company's values）

Ⅱ　革命に点火する――変革に対処する戦略

7．機会を創造し、競争力を高めるために、環境を注意して見張る（Keep watch for ways to create opportunities and to become more competitive）
8．その分野で１位か２位になって、自分野の市場の定義の仕方を絶えず捉え直す（Be number one or number two and keep redefining your market）
9．手遅れになるまえに、部門の人員削減をする（Downsize, before it's too late）
10．大きな飛躍をするために買収も活用する（Use acquisitions to make the quantum leap!）
11．学習する文化Ⅰ：学習する文化が育つように、組織の境界をなくし、人びとをエンパワー（資源や情報の裏づけを与えつつ現場に権限委譲）することを活用する（Learning culture I: Use boundarylessness and empowerment to nurture a learning culture）
12．学習する文化Ⅱ：どこから学んだものであれ、最高のアイデアを事業に生かすように熱心に教え込む

customer feels quality)

26. 自分の分野におけるサービス・ビジネスを成長させる：それが、将来の方向だ（Grow your service business: It's the wave of the future）
27. eビジネスの好機をつかむ（Take advantage of e-business opportunities）
28. 既存の事業もインターネット時代への備えをする：新規事業ばかりが回答だと決めてかからない（Make existing businesses internet-ready: Don't assume that new business models are the answer）
29. 官僚制を葬る究極の手立てとしてeビジネスを活用する（Use e-business to put the final nail in bureaucracy）

（出所）Slater, Robert（2003） *29 Leadership Secrets from Jack Welch.* New York: McGraw-Hill. より作成

マ数字とは異なるカテゴリーで、各項目を分類し直すこともできるだろう。

しかし、ここで重要なのは、スレーターに取材されたときに、ウェルチがこれらすべて二十九項目を、リーダーシップの秘訣として語り。それがドキュメントにされたことだ。あるいは、少なくとも、スレーターがこのようにまとめたときに、それを自分の考えだと認めたことだ。これらの二十九項目が、ウェルチがライターへの語りを通じて次世代に残したリーダーシップ語録という形式の持論になっていることだ。秘訣とは、語録として刻まれるものだ。論語にも、孔子が語るリーダーシップ語録という面がある。子曰く……、ウェルチは……。こう書くのは聞き手がいる証拠だ。事業にまつわること、GEバリューにかかわることを含むが、そういうことができるひとでないと、GEでは戦略発想で変革志向の

リーダーシップは取れないということだろう。

(6) 聞き手やライターにあたるひとはだれか——再び、社内の人材開発スタッフへ

ライターや研究者が、すぐれたリーダーシップの達人の持論を書き留める責任をもっていることを、これまで述べた。しかし、リーダーシップ開発をほんとうに重視しているのなら、こんな大事な作業を、社外に任せっ放しではいけない。リーダーシップ育成に燃える経営トップと人事部などが中心になって、社内調査をするべきだと思う。

シニアの役員レベルにも、事業部長レベルにも、もう少し若手にも、すごいリーダーシップを取っているひとが探せばいるはずだ。なかには経験を語りながら、そこからの教訓をリーダーシップの持論として提示できるひともいることだろう。リーダーシップ育成を大事に思っている会社であると標榜していながら、このようなひとたちの調査を社内できちんとおこなっていないのであれば、それは恥ずべき怠慢だ。

他方で、社内の全役員たちが、経営幹部としてリーダーシップを発揮できるようになるまでの一皮むけた経験、その経験からの教訓、および彼らのリーダーシップ持論のデータベースを人事部が作成しつつある先進的企業も現われつつある。

実践の世界での経営課題に対応するのに多忙なためという理由だけで、とても「わがリーダ

ーシップ持論」などもどかしくて書く間もないし、機会がないとじっくり話す間ももてない、という状態を放置していてはいけない。

また、わが社におけるリーダーシップの達人から持論を聞き出すのは、社外の研究者やコンサルタントだけの役割だと思って丸投げするのもいただけない。リーダーシップ・エンジンを強化したいと燃える経営者や人事部が中心となって持論にまつわる教材開発を実施しないといけない（ペプシコでは、ロジャー・エンリコが持論を探求するうえで、経営開発センター長のポール・ラッセルから全面的な支援を得ていたことを思い出してほしい）。

人事部が自らタッチして、自社にテーラーメードのリーダーシップ・モデルを作成するインプットとしても、また、リーダーシップ研修における教材としても、自社の力ある役員などにヒアリングして、彼らの一皮むけた仕事上の経験とリーダーシップ持論を聞き出した結果、その語りをビデオやケースにして基本データベースを作成することが肝心だ。

このような大事なことを、自らはリーダーシップをあまり取るつもりもない研究者だけに任せていてはいけない。研究者の協力を仰いでもいいが、イニシアティブは経営トップと人事部でもつべきだ。すでに定評のあるひとの話を聞くだけでなく、若手からも手本となりそうな人物を発掘することから始めよう。

また、このことが、次世代経営幹部候補の選抜にも役立つ。持論をもっていそうなのに語っていないリーダーシップの達人を社内にみつけたら、そのひとのリーダーシップ持論とそれを支えるリーダーシップにまつわる具体的な経験（人間として一皮むけて成長・発達するような経験が多い）を社内の人間が真摯に聞き出しドキュメント化することが、なによりも大切な最初のステップだ（このことについては、ミドルについては、金井・米倉・沼上編著『創造するミドル』有斐閣、一九九四年、および、トップ・レベルの役員については、金井・関西経済連合会『仕事で「一皮むける」』光文社新書、二〇〇二年、を参照されたい）。

自覚的にリーダーシップ実践に入門しようと思う読者なら、ひとの話を聞くだけでなく、今度は、自分の経験や観察を内省して、これまで目にした持論の見本を参考にしながら、自分のリーダーシップ持論の構築に向けて歩み始めることがつぎのステップだ。つぎの節のエクササイズ7で、経験については自分を振り返り（エクササイズ1）、観察についてはは自分が「すごいリーダー」だと思うひとからの教訓を再度尋ねてみよう。

(7) 読者の皆さん自身のリーダーシップ持論に向けて

ここでは、著名人のリーダーシップ持論としてロジャー・エンリコ、ジャック・ウェルチ、小倉昌男、松下幸之助の各氏の例を紹介した。つぎに早速してほしいことが三つある。第一に、エクササイズ1をもう一度思い出して、皆さん自身がこの本を読み始めたときにコツとしてあなかで自分がすごいと思うリーダーに会って、そのひとの持論をインタビューするように書いてあったためで、実際に試しに聞いてみたいと思ったからです」と正直に伝えてください。「すごいリーダーといえば、わたしにとっては、なんといっても○○さんですから」と言われれば、協力してもらいやすいはずです。ふだんから持論として整理していないひとでも、論より証拠ですぐれたリーダーシップを実際に発揮しているひとなら、質問をしながら、持論を聞き手といっしょに探し始めてくれることがあるでしょう。

（5）その際に、先にエクササイズ6（133ページ）でメモした、（1）と（2）の材料を使ってみてください。「○○さんが、リーダーとしてすごい、すばらしいひとだと思って、わたしが感じるキーワードなる形容詞は、△△、☆☆、□□、▽▽です。ご自分では、どう思われますか」（問いの（1）より）。「○○さんとごいっしょさせていただいた機会では、……のときの……のような発言をよく覚えております。また……の場面での……といった行動を忘れません。そのときには、どういう意図、思いでそういう言動をされたのでしょうか。そこから、コツを伺えませんか」（問いの（2））のような素材で、対話を通じての議論を深めてください。

（6）やりとりの結果は必ず文書化して○○さんご本人にお礼の言葉とともにフィードバックして、必要だと思えば、その文書を手に再度話し合ってみてください。そのときに、参考にということで、この章で取り上げた持論の実例のいくつかを見せながら、コメントを求めるというのも一案です。

（7）ここまでの作業が終わったら、この「すごいリーダー」として自分が会えるひとの語るコツを参考にして、エクササイズ1で記述した自分なりのリーダーシップのコツを、さらに改訂してみてください。

エクササイズ7　自分がその気になればなんとか会える「すごいリーダー」から聞き出すリーダーシップの持論

「すごいリーダー」として思い浮かぶ具体的人物で、その気になれば、会えるか電話等で連絡をとれるひとを選んでください。連絡がとれるひとならば、「すばらしいリーダー」(エクササイズ5、99ページ）で取り上げたひとと同じでかまいません（さきに一度、お手本としてキーワード選びの考察の対象にしたので、むしろ望ましい選択ともいえます)。まず、事前ワークとして、（1）と（2）について、おさらいをしたうえで、それを対話の材料として、その「すごいリーダー」に会って（あるいは、遠方でそれがむずかしければ、電話をして)、その方のリーダーシップ持論を聞き出してみてください。

まず、その方に会う（あるいは、電話をする）前に、
（1）自分自身がそのひとのどこがすごいと思うか、クーゼス＝ポスナーの基準から言えば、どういう点に惹かれて、「このひとなら喜んでついていってもいいと思うのか」そのわけを考えてください。エクササイズ5で浮上してきた形容詞がここでも役立つでしょう。
（2）そのひとと実際に接してきた経験のなかで、どのような場面でのどのような行動が印象に残っていますか。
　つぎに、その方に実際に会って（あるいは、電話をして)、つぎの点に留意して、そのひとのリーダーシップ持論を聞き出してください。
（3）「わたしがこれまでに会ったひとのなかでは、○○さんがリーダーシップという点ではすごいなぁと感じるのですが、なにか、リーダーシップということで気を付けておられることがあれば、お聞かせください」とまず、ストレートに聞いてみてください。ふだんから持論を自覚しているひとなら、この質問だけで、整理された箇条書きのような返事が返ってくるでしょう。
（4）「どうしてそんなことを聞くのだ？」と聞き返されたら、「実践的なリーダーシップ入門の本を読んでいて、その

エクササイズ8　著名人の伝記・自叙伝から読みとるリーダーシップ持論

　会えるひとから学ぶというのは、非常に貴重な機会ですが、歴史上の人物なら会うことができませんし、同世代人でも著名なひとには簡単には会えないのがふつうです。ですから、エクササイズ7と並行して、このようなワールドクラスのリーダーで、伝記か自叙伝があるひとを選んで、そこから彼らのリーダーシップ持論を読みとるトレーニングをしてみましょう（たとえば、という意味でエクササイズ2でリストアップした人物を眺めてみてください）。たとえば、上には上でスケールの大きいリーダーがいるものだというときに、筆者にとって最近のお気に入りの素材は、宗教改革のときのマルティン・ルターや、インドの独立のときのマハトマ・ガンジーです。

　実際に、この章であげたヤマト運輸の小倉昌男氏や米国のジャック・ウェルチのリーダーシップ持論は、彼らの経営論を兼ねた自叙伝から抜き出したものです。小倉氏のように著書のひとつの章が、自ら信じるリーダーシップ持論として整理されているとは限りませんので、マーカーを手に伝記や自叙伝でリーダーシップにまつわる経験、出来事、発言に印をしながら、取り上げた人物のリストを自分で作成してみください。

　事業経営責任者としてリーダーシップを取っていきたいひとなら、自分が敬意を払う経営者をひとりは入れるべきでしょうが、さらに発想のバラエティを広げるには、政治、スポーツ、芸術、学術、歴史の世界から、ワールドクラスのリーダーを取り上げてみてください。

　その後に、再度、エクササイズ7における（7）と類似の作業をしてください。

げてくれたキーワードを振り返ってみてほしい。自分の取り上げた言葉と、これら四名の達人の持論に出てくるキーワードとを比べてみてほしい。

　第二に、エクササイズ7にあげたとおり、自分がかねがねリーダーシップという点では一目置いている上司や先輩に、つぎに会ったとき、そのひとにも時間があれば、リーダーシップの持論そのものを話題に取り上げ、対話のなかからうまく聞き出してみてほしい。

第三に、エクササイズ8に従って、直接会うことはできないが、すごいリーダーだと思う歴史上の人物、あるいは同世代人で、自叙伝か伝記があるものを選び、そのなかから、彼らのリーダーシップ持論を読みとってみてほしい。

まずは、「身近な達人からも、そのひとのリーダーシップ持論を聞き出してみる」という気持ちや姿勢が大事だ。身近なひとにそのようなアプローチでリーダーシップを話題にすることがうまくできだして徐々に自信がついてきたら、これまでは、近寄りがたいと思っていたヒーロー（ヒロイン）にも、ヒーロー・インタビューではないが、思い切って、そのひとのリーダーシップ持論にあたる考えと、それをもつようになるきっかけになった出来事や経験を聞き出すことを試してほしい。一方で、自分の経験に耳を傾け、他方で身近なすばらしい方に学ぶ。自分でも届きそうな手本がありがたいことがある。

しかし、リーダーシップを学び身に付けるのに上には上がある。身近とは限らないが、とてつもなくスケールの大きいひとに出会うことがある。そのときには、なかなか会えないような近寄りがたい方、リーダーシップという点からは自分にとって大切なヒーロー（ヒロイン）と仰ぐ方にも、思い切って会いにいってリーダーシップというものを話題にする癖をつけてほしい。

皆さんがゴルフをうまくなろうと思ったら、また楽器をうまくなろうと思ったら、身近な達人だけでなく、とてつもないすごい達人にも、プレーについて話題にしたいと思うのと同じ気持ちをリーダーシップの世界でも実践してほしい。

それに加えて、エクササイズ8のように、とことんスケールの大きい人物からも学ぼう。「社会科学では自然科学のようなクリーンな環境は実験的になかなかつくり出せないが、社会科学において最もうれしいことは、人間の最大の特徴として、言葉を話してくれることだ」とMITのエリック・フォン・ヒッペル教授はよく語ったものだ。ニュートンは、リンゴに「なぜ落ちるのだ?」とは聞けないが、われわれは「どうしたらひとはついてくるのか」とすごいリーダーたちに真摯な心で聞くことができる。それは、すばらしいことだ。

研修でも受けているときでなければ、なかなか紙と鉛筆をもって、しっかりレポートを作成することはないものだ。著者も本を読むときにはその本の中にエクササイズがあっても、先に最後まで一気に読み進んでしまうタイプだ。もし、ここまでもそのように読まれてきた方は、いったん、全部を読み切ってからでもいいから、必ずエクササイズに取り組んでみてほしい。あるいは、今は知的好奇心で読んでいるひとの場合、とうとうほんとうに実践のなかで真剣にリーダーシップについて自分も取り組む必要が出てきたときに、はじめて紙と鉛筆をもつというのでもいい。エクササイズを知識創造に生かしてほしい。

リーダーシップとは、理論として学べばすむというものではなく、実践として学ぶべき領域なので、実践的リーダーシップ入門における「チェックイン」が自分の持論探しをスタートすることなのだ。そのなかで、おのずと、経験と観察の内省もできていくはずだ。

経営者自身が、リーダーシップや指導力そのものについて、書を残しているなら、それらは、すべてリーダーシップの持論の教材となる。行動や発想のレパートリーや視点がビジネスの世界からだけ学ぶと狭くなってしまうと思ったら、音楽の世界におけるオーケストラの指揮者、スポーツの世界におけるラグビー、サッカーや野球の監督、さらには相撲の親方に至るまで、リーダーシップの持論を探る素材（本もたくさんある）は際限なく豊かに存在する。たとえば、著者にとって神戸製鋼の林敏之さんや平尾誠二さんから、ラグビーの世界での深い洞察を学ばせてもらうことは、貴重なことだ。学ぼう、身に付けようという姿勢さえもつならば、各界のリーダーが何かしらの持論を語っているのがすべて参考となる。

V　研究から生まれたリーダーシップ理論――貫く不動の二次元

だれもの問題としてのリーダーシップに対する考えを素人の「素朴理論」、すごいリーダーシップを発揮したとおぼしき実践家の語るセオリーを達人の「持論」と呼んできた。研究者によるリーダーシップ理論の構築と検証という知的作業と関連はするが別個のテーマとして、リーダーシップ持論の発見（発掘）と収集という知的作業がある。後者を探ることは、前者において理論のための理論でなく、実践につながる理論を構築するうえで、不可欠であり、両者を関連づけることが、リーダーシップ実践入門の鍵でもある。

わたし自身は、リーダーシップの研究者として、放置しておくと言語化されることの稀な、あるいは言語化されていても頭のなかにあるだけでなかなか記録されることの稀な、実践家によるリーダーシップ持論を体系的に収集、分類すること自体が、今後のリーダーシップ研究の有望な一方向だと確信している。他の人びとの持論を手本・見本として知ることは、自分なりの持論を探すうえで、大切なステップだ。

他方で、これまで膨大な実証研究を通じて研究者が構築してきた公式理論（フォーマル・セオリー）がまったく使いものにならないかというと、けっしてそうではない。理論をどう扱うか、という問題だ。研究者の構築した、抽象的だがより普遍的な公式理論は、実践家から収集された、より具体的だが（よい意味でも）ローカルな持論を整理するのに役立つし、ふつうのひとが自分の持論を探す際の出発点にもなる。

どんなにすぐれた実践家の持論も、内容的にはそのまま鵜呑みにする必要はないと繰り返し述べてきた。内容は参考になるが、たとえば、小倉昌男氏と読者の皆さん一人ひとりとは、かなり違う世界に生きているし、ひとりの人間としての持ち味も違うだろう。だから、自分なりの持論の内容は自分の頭で考えて探していくことになる。自分の考えを論理的に整理するのに、シンプルな公式理論が役立つ。そして、自分の頭でしっかり考え抜くことこそ、小倉氏が論理的思考とともに経営リーダーに求めたことだった。そのためには、先人の持論と先行する理論の両方が参考になる。自分の頭で考えて、自分の実践に近づけることさえできるなら、研究者の公式理論は、抽象度こそ高いが検証に耐え普遍的に成り立つ基本の原理・原則をふまえた持論づくりに役立つ。

先に引用した松下幸之助氏の『経営者の心得』のなかで、「なぜ経営をしなければならないか、それがはっきりわかっておればまず経営は成り立つものと思う」という言葉がある。これを聞いて、「なぜわたしは経営をしなければならないか」とほかのひとに聞いてはならない。それは、自分で考えるべきことだからだ。考える素材は、経営の達人から得られる。

一方で、経営の達人で、したがってリーダーシップに長けたひとの持論も、自分で考える材料にすべきだ。他方で、同じ姿勢で臨めば、学者・研究者、コンサルタント、（リーダーシップの研修と研究をおこなう）業者による、これまでの膨大なリーダーシップ研究から生まれた諸理論もまた、その材料として生かさない手はない。とくに繰り返し検証されてきた基本については、公式理論から学ばない手はない。

この章では、これまでのすべての理論を網羅的に紹介することを目的とはしない。そのためにはもう一冊別の本がいるだろう。後出の図表5－8に示すように研究の母体、調査対象、アプローチ法、国や時代が変わっても、常に繰り返しみつけられてきたふたつの不動の行動軸、もしくは次元があるので、まずは、それを中心に議論をスタートさせていきたい。

(1) 不動の二次元にはじめてふれたとき

読者の皆さんにとっつきやすくするために、わたし自身がはじめてリーダーシップ理論にふれたときの話をさせていただこう。わたしが学部の学生の時に、わが国のリーダーシップ論の大御所の三隅二不二先生が集中講義に来られて、映像も織り交ぜて、日本発のご自分の理論を中心に、リーダーシップ研究の最先端を講義された。

なによりもびっくりしたのが、リーダーシップのように複雑な現象がたったふたつの軸で説明されていくことだった。その理論は、そのふたつの軸のイニシャルを取ってPM理論と呼ばれている。Pは、パフォーマンスの略で、Mは、メンテナンスの略だ。このアプローチでは、集団が鍵であって、PもMも集団の機能として定義されている。なんらかの課題を達成することをめざした集団が成り立つためには、基本型として、理論的にふたつの機能が必要とされる。

ひとつは、実際に課題が達成されていくことであって、これにまつわる集団の機能がPだ。もうひとつは、せっかく課題が達成されたとしても、その過程で集団が崩壊してしまったら元も子もないので、集団を維持していくという機能がいる。こちらがM機能だ。

たとえば、試合に勝ち進むことをめざしたサッカーチームなら、勝つために気合を入れる、練習の方法を工夫する、ミスで負けたら叱る等々の監督の行動がP行動だ。でも、勝ち進んだのはいいが、選手が疲弊して、お互いの心が離れ、チームワークが乱れたらどうしようもない。だから、スランプに陥ったときには悩みを聞いてあげたり、選手をわが子のように大切にしたり、ときにはいっしょにパーティではしゃぐことも大事だろう。それらを促進する監督の行動がM行動だ。P行動だけだと、リーダーは勝負の鬼になってしまうし、M行動だけだと、リーダーの存在が浪花節になってしまう。

たとえば、メーカーの生産現場ならば、安全の規則を遵守させる、納期に遅れそうになったらプレッシャーをかける、高い品質の目標を掲げるなどの監督者の行動がP行動で、作業者の意見や希望に耳を傾けたり、気軽に話しかけたり、現場に気まずい雰囲気があったらときほぐしたりする行動がM行動だ。

炭坑の第一線監督者でも、ほかの企業のミドルやトップでも、また役所の管理職でも、エンジニアリング産業のプロジェクト・マネジャーでも、あるメーカーの関連会社の社長でも、調査対象を問わずこのPとMという二種類の行動が基本であることが繰り返し確認されてきた。

(2) ＰＭ理論の尺度とＰＭによる四類型

三隅先生の研究チームは、調査対象ごとにテーラーメードでその対象組織の文脈に合った測定尺度を開発してきた点にも、大きな貢献があるが、汎用的な項目としては、次ページの図表5―1に示したものを参考にされたい。

より少ない変数で説明できるならば、それに越したことはない、つまり変数や概念の数は節約したほうがいいという考え方は、科学における節約の原則（principle of parsimony）と呼ばれる。まだ学生だったので、リーダーシップのような（複雑だと思っていたし、今もまだそう思っているところがある）社会現象が、根っこにおいては、たった二通りの行動で解明され

図表5－1　リーダーP、M行動を測定する質問項目

P行動	M行動
(1)規則に決められた事柄にあなたが従うことをやかましくいいますか	(14)あなたは、仕事のことであなたの上役と気軽に話し合うことができますか*
(2)あなた方の仕事に関してどの程度指示命令を与えますか	(16)全般的にみてあなたの上役はあなたを支持してくれますか*
(4)仕事量のことをやかましくいいますか	(17)個人的な問題に気を配ってくれますか
(5)所定の時間までに仕事を完了するように要求しますか	(18)あなたを信頼していると思いますか
(6)あなた方を最大限に働かせようとすることがありますか	(19)あなたがすぐれた仕事をしたときには、それを認めてくれますか
(7)あなたがまずい仕事をやったとき、あなた自身を責めるのではなく仕事ぶりのまずさを責めますか	(20)あなたの職場で問題が起こったとき、あなたの上役はあなたの意見を求めますか*
(10)仕事の進みぐあいについての報告を求めますか	(21)昇進や昇給など、あなたの将来について気を配ってくれますか
(12)毎月の目標達成のための計画をどの程度綿密にたてていますか	(23)あなた方を公平にとりあつかってくれますか

（出所）三隅二不二『リーダーシップ行動の科学』有斐閣，1978年，96-97ページ，100-101ページより。
〔注〕*印以外の項目では、「あなたの上役は」の部分を略。

ていることに驚いた。さらに同じく少数といっても、変数の数がふたつか三つ以上かで大きな違いがある。もし、二軸で説明できるなら、図表5—2のように曼陀羅《まんだら》よろしく四つの象限でタイプを図示して、描写できる。三軸を超えるとそうはいかない。わかりやすさという点で、この違いは大きい。実は、P行動のなかには、フォロワーに業績をあげるように圧力をかける側面（圧力P）と、

フォロワーに目標達成の計画を示す側面（計画P）とがあり、別の軸として識別されることもあった（同様に、オハイオ州立大学の研究でもP行動にあたる「構造づくり」という名の行動の測定項目のなかに、仕事への圧力の面と仕事の枠組みの面の両方が混入しており、初期の尺度では、前者の面がより濃厚であった）。

しかし、基本型としては、この両面を総合してPと呼んでいる背景には、二次元だと図示がしやすいし、われわれも記憶しやすいという面もあったのではないかと推察される。図が示すとおり、P行動を高度におこなっているか、それともあまりおこなっていないか、同様にM行動が高度か低度か、の組み合わせで、リーダーシップ行動の四スタイルが示せる。このように、行動アプローチは、リーダーシップ行動のスタイルの類型論を提供してくれる。

図表５－２　PM類型

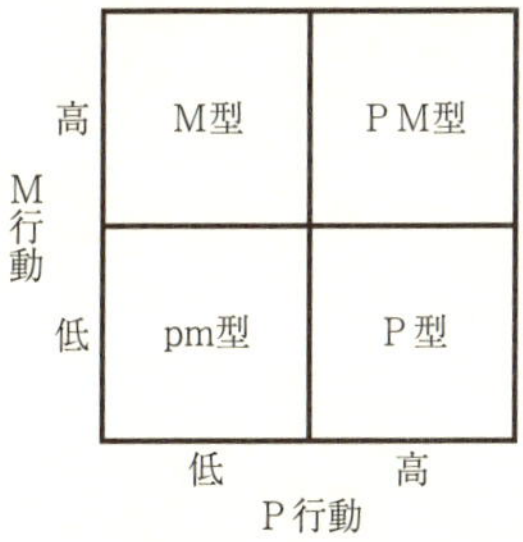

高度におこなっている場合を大文字、あまりおこなっていない場合を小文字で表せば、図中に記入したとおり、PM型、P型、M型、ｐｍ型の四通りが存在することがわかる。研修の場などで、図表5—1の十六項目を示すと、すぐに自分のスタイルを診断したがるひとがいる。だれだって、自分のことをもっとよく知りたいと思うから自然なことだ。

もし試しに自分のリーダーシップ・スタイルを自己評定したければ、この十六項目について、行動頻度の尺度（その場合、5＝いつもしている、4＝よくしている、3＝ときどきしている、2＝めったにしない、1＝全然していない）、あるいは自分の行動のあり方への適合度の尺度（これは、一般にリッカート五件法と呼ばれるもので、5＝まったくそのとおり、4＝かなりあてはまる、3＝どちらともいえない、2＝あまりあてはまらない、1＝全然違う）で各項目に答えて、PとMの総合スコア（8点から40点の範囲に入る、あるいは、そのスコアを八で割ってPとMのそれぞれの全項目の平均スコア）を出してみよう（京都大学の杉万俊夫教授からいただいた資料によると、PM理論にもとづく研究や診断では、基本的には行動頻度に近いスケールが用いられている）。

もしも、十数名以上いるような場なら、今度は、各人の総合スコアの平均値か中位数を境目（カットオフポイント）にして、Pとp、Mとmを分ければ、その場にいるひとのリーダーシップ・スタイルを四象限にプロットできる。

時間が十分になくて、回答して集計する間がないときでも、リーダー行動のP機能とM機能の説明さえきちんとすれば、自己認識で自分がこの四つのどのタイプなのか、自分なりのポジショニングができることだろう。「おれは、どちらかというと、仕事にうるさいし、ときに親しみもこめてだと思うが、〈鬼軍曹〉タイプだとも言われる」と思うなら、Pタイプのように

エクササイズ9　PMの4象限に身近に知っているひと4名、著名人4名をあてはめてみる

ここまでの説明と図表5－2を見ながら、(質問項目を見て評定したりしなくてもいいので、ごく直感的に、身近なひとで、典型的にそれぞれの象限に入る異なるタイプと思えるひとを4名選んでみてください（もし特定のタイプのひとが思いつかなかったら、なぜそのタイプのひとが自分の身の周りには少ないのか考えてみてください)。そして、各人のひととなり、ふだんよく見る行動の特徴、そのひとに周りのひとが喜んでついていく気になっているかどうか、とりわけ、第4象限のPM型の人物には、他のタイプにはないどのような特徴があるのかを考えてみてください。

それが終わったら、つぎに歴史上の人物、音楽の世界の指揮者、現代の政治家、スポーツの監督など、自分が好きな世界の著名人でこの4つのタイプに入るひと4名を選んで、同じことを考えてみてください（著名人で探してみても、特定のタイプのひとがどうしてもみつからなかったら、どうしてそうなるのか考えてみてください)。

思える。「わたしって、世話好きで、自然と宴会係をやっているし、思えば学生時代は〈コンパの帝王〉と呼ばれていたなぁ」と自己を内省するなら、Mタイプの可能性が高いだろう。

pm型のひとは、どちらのリーダー行動もほとんどとっていないのだから、情けなくも、リーダーシップを放棄しているのか、それともその逆に、うらやましいことに、メンバーにめぐまれ課題もはっきりしていてグループが自立的に振る舞うのであまり采配をふるう必要がないのか、のいずれかだろう（たいていは、前者のみじめな状態のほうが多いだろう)。

しかし、測定することなしに、自分はどちらもよくできている、つまりラージP－

ラージＭ型（他の研究では、ＰとＭという言葉以外が使われていることがあるので、より一般的には、Ｈ・ｉ—Ｈ・ｉ型）だと自認しているひとは意外に少ない。

だから、きちんと測定する必要があるのだ。しかも、実は、この種の集まりでは自己評定でするしかないが、これまでの研究の蓄積から、リーダーシップ行動の測定に際しては、リーダー本人による自己評定は信頼性が低いことがわかっている。三六〇度フィードバックを受けたことのあるひとならおわかりのとおり、自分で思う以上に部下は自分のことをきびしく見ているものだ。

さて、この後、他の研究でも類似の二軸が見いだされていることを確認するが、このアプローチの最大の特徴は、実は二点に求められる。特徴のひとつは、たったふたつの軸でリーダーシップ行動が記述できるという点にある。それだけでなく、もうひとつ注目すべき洞察がある。それは、この両方の次元でハイスコアのひと、つまり、図表5—2の右上の象限に属するひとが、最も効果的に成果につながる形でリーダーシップを発揮しているという事実だ。日本のＰＭ理論に限らず、米国の研究でも繰り返しＨ・ｉ—Ｈ・ｉ型の普遍的有効性が確認されてきた。

調査対象がどこであれ、多種多様な成果変数において、このタイプ（ＰＭ型、Ｈ・ｉ—Ｈ・ｉ型）が最も大きなリーダーシップの効果（たとえば、生産性などの業績、帰属意識、事故率（の減少）、部下の職務満足、チームワーク、精神衛生（ストレスや不安の減少）、コミュニケーション、（高い）業績をあげようとする規範）をあげていたのであった。

リーダーシップ行動とその効果との関係（リーダーシップ有効性）を説明するのは、そうとう複雑なことのように思われるが、ＰＭ理論を中心とするＨ・ｉ—Ｈ・ｉパラダイムによれば、つぎのふたつの非常に単純な結論が、非常にロバスト（頑強）に得られた。

> (1)リーダーシップ行動は、課題（仕事）に直結した行動と、人間としての部下への思いやりや集団としてもまとまりの維持に直結した行動によって記述される。
> (2)課題軸、人間軸のふたつの軸でともに高いスコアを示すリーダーシップ行動のスタイルが、最も普遍的に有効なスタイルである。

ロバストという言葉は聞き慣れないかもしれないが、研究者の調査結果を評価するうえで、重要な言葉だ。調査者、調査対象、調査方法、調査時点、調査場所が変わっても、繰り返し、繰り返し同じような結論が得られたので、この二軸の識別とこの二軸の効果は、迷わず信じてよいほど、簡単にはくずれないという意味で頑強な結論だというわけだ。

課題と人間のふたつの軸から、社会、組織、集団、等々の社会システム、人間から成り立つシステムが存立しているというのは、当たり前のようで、ずいぶん深くかみしめるに値する発見だ。レイモンド・チャンドラーではないが、タフなだけでもやさしいだけでもだめで、両方できないといけないというのが、前ページの図表が表す、単純だが深い原理だ。どちらも高いスコアを示す行動スタイルは、ＰＭ理論では、ラージＰラージＭ型と呼ばれるが、記述のとおり、一般にはＨｉ－Ｈｉ型と称される。研究者によって、ＰとＭの軸にあたる行動の呼び名が違うのだが、その内容は本質的に等しく、また、様々な成果指標に対して、両方とも高度におこなうスタイルが最も有効なスタイルだったという結論もまた、ロバストだった。

これから述べていく他の研究も含め、このロバストさは、後に示す図表５－８（245ページ）に示すとおりである。以下、順次、項をあらためながら、ハーバード大学の相互作用分析における課題リーダーと社会情緒的リーダーのペア、ミシガン大学における職務中心の監督と人間（従業員）中心の監督という連続軸、オハイオ州立大学の尺度における（おそらく最も有名な二次元といってよい）構造づくりと配慮の対比、コンサルタントの代表格としてのマネジリアル・グリッドにおける業績に対する関心と人びとに対する関心の対比を、見ていくことにしよう。

この古典的で基本の二軸はもう古いと言わんばかりのひとがいる。今は、ちがうんだと言う。しかし、最新の変革型のリーダーシップの理論においてさえ、その基盤に見え隠れするのはこの二次元だということを述べた後、人間から成り立つシステムや人間のありようそのものを、このふたつの軸で捉えることの、より深い、しかし日常的な意味合いを考察することにしたい。

このふたつの軸で社会、組織、集団を捉えることは、ひとりリーダーシップ論だけの視点ではなく、経営学の発展の歴史そのものであり、また、おおげさだが「幸せの条件」でもあることに気づくであろう。

(3) ハーバード大学のR・F・ベールズ

このふたつの軸がどのようにして他の研究でも見つかっていったのか、順次説明していこう。

ハーバード大学のR・F・ベールズ（Robert F. Bales）は、司会役などのリーダーがあらかじめ指名されていない討議集団（リーダーレス・ディスカッション・グループ、LLDGと略称する）の観察をおこなった。理論的な側面と経験的調査に基づく側面が、この研究にはある。

理論的には、パーソンズ社会学（社会システムが成り立つための基本機能やパターン変数を理論的に解明しようとした）をグループや家族に適用しようとしたのがベールズなので、その影響を受けている。たとえば、グループが議論を進めるプロセスには、適応的―用具的（adaptive-instrumental）という軸と、統合的―表出的（integrative-expressive）という軸がある。両者がそれぞれPM理論のPとMに関連することにすぐ気づくだろう。

実際のグループ討議の観察を通じての、経験的なデータからは、元々はリーダーがいなかったグループでも議論の進行につれて、自然発生的にリーダーの役割をとるひとが出てくる。その役割の分化（role differentiation）の仕方のパターンがこの二軸から説明できることがわかった。

具体的な行動の中身は、224ページの図表5―3に見るとおりだが、適応的―用具的行動の担い手が、課題スペシャリスト（task specialist）もしくは課題面のリーダー（task leader）で、統合的―表出的行動の担い手が、社会情緒的スペシャリスト（socio-emotional specialist）もしくは社会情緒面のリーダー（socio-emotional leader）と名づけられた。

リーダーと呼ばれるだけでなく、スペシャリストと呼ばれるのには理由がある。この二つの役割は、長期的には補完的で、先にPM理論で見たラージP・ラージM型のように両方できるひとが望まれる面もあるが、短期的なディスカッションを当初はリーダーなしの状態のなかから始めるときには、同じ人間がこのふたつの役割でともに高得点を得ることは稀だ。つまりベスト・アイデアを出すひと（the best idea person）と、最高に好かれるひと（the best liked person）が同じひととは限らないことが多いものである。どちらかが得意なひとという意味で、スペシャリストと呼ばれている。

議論を重ねる集団内で自然に生まれる課題リーダーには、ふたつの側面がある。ひとつは、課題の達成に向けて自ら集団に貢献する役割で、もうひとつは、課題の達成に向けてプロセスを円滑化するための役割だ。

典型的には、課題スペシャリストの役割を果たすひとは、議論のなかで自ら最もいいアイデアや意見を出すメンバーであるが、それ以外にも、他のひとたちに示唆・指示を与えたり、情報提供・言い換え・確認を通じて他のひとたちを方向づけたりするメンバーでもある。これが直接自ら議論で貢献する行動で、それに加えて、示唆、意見、方向づけを他のメンバーに促す行動も課題リーダーの役割で、こちらは集団での議論を効果的かつ円滑に導こうとする行動だ。

他方の社会情緒的スペシャリストとは、端的には、集まりのなかで最も好かれ人気のあるひとで、これらの行動頻度が高いひとが、質問紙で前述の「最高に好かれる人」に選ばれることが多い。社会情緒面に長けたひとは、議論するメンバーたちが、仲間として連帯感をもつように振る舞ったり、ジョークを飛ばしてユーモアを誘ったりして、見知らぬひとたちがはじめて議論する場などに漂う緊張感を緩和する。相手の言うことにうなずいたり、受容・承諾したりするのも、統合的―表出的という軸の行動の内容となっている。また、次ページの図表5―3の記述からわかるとおり、この領域の行動には、肯定的と否定的という下位次元がさらにある。

このような観察と洞察から、相互作用分析のための十二個の行動カテゴリーが生み出され、初期のリーダーシップ研究において有名なツールとなった。

相互作用分析は、集団による議論のなかから自然に生じるリーダーだけでなく、組み合わせ

図表5－3　相互作用過程カテゴリーの定義および分類

領域	カテゴリー	問題
社会的・情緒的領域 肯定的反応:A	1. 連帯性を高める。他の人びとの地位を高め、援助して、報酬を与える	f
	2. 緊張を解きほぐしてくれる。ジョークを言ったり笑ったり、満足していることを示す	e
	3. 同意する。消極的に受け入れる。理解を示す。譲歩する。相手に従う	d
課題領域 意図された応答:B	4. 示唆もしくは指示を与える。他の人びとの自律性の余地を残しながら指示を与える	c
	5. 意見を述べる。評価する。分析する。感情や願望を表出する	b
	6. 方向づけを与える。情報を提供する。言っていることを繰り返して確認する。明瞭化する。確認する	a
課題領域 質問:C	7. 方向づけを求める。情報を求め、繰り返し発言や確認を求める	a
	8. 意見を求める。評価、分析、感情の表出を求める	b
	9. 示唆を求める。方向づけとありうべきアクションのとり方を求める	c
社会的・情緒的領域 否定的反応:D	10. 反対する。消極的に拒否する。形式ばって接する。援助をひかえる	d
	11. 緊張を示す。援助を求める。場から逃避的に振る舞う	e
	12. 敵意を示す。他者の地位を下げる。自我防御。自己主張をする	f

a.コミュニケーションの問題　b.評価の問題　c.コントロールの問題
d.意思決定の問題　e.緊張削減の問題　f.再統合の問題

（出所）Bales, R. F.(1950) *Interaction Process Analysis : A Method for the Study of Small Groups,* IL : The University of Chicago Press, P. 59

パズルを解いたり、皆で手分けして模型を作ったりするような作業集団のなかから姿を現すリーダーの分析にも使用できる。

たとえば、レゴで作成した見本の建造物（モデル）を見せて、手分けして同じものをつくってほしいという課題を複数のグループに与えて作業してもらうようなエクササイズで、各グループのなかで作業の進展とともにだれが要となって自然にリーダーシップを発揮するようになるのかを観察してみてほしい。課題の遂行に貢献したり、集団の維持・発展に力を発揮したりするひとなどが、必ず自然に出てくる。

あるいは、企業での研修やＭＢＡのクラスではよくグループ討議がおこなわれるので、そのときのプロセスに注意してみるのもよい。グループごとになにかについて議論してグループとしての結論をみんなで決めてもらうというエクササイズがよくある。そのようなときに各自の行動をよく観察するのがいい。たとえば、「情報の扱いにかかわる革命としてのＩＴの発展は、エネルギーを生み出し制御する革命だったかつての産業革命を上回るインパクトがあるかどうか」というような集団討議課題をメンバーに与える。事前にだれがリーダーかは決められていない。そういう場では、だれかが、(1)まず、最初に意見分布を挙手でみてみようと提案したり、(2)議論の手順や決め方を考えたり、(3)決められた時間内で集団意思決定ができるようにスケジューリングを設定したりする。そうかと思えば、ほかのだれかは、(1)「せっかくだから楽しく

図表5―4 リーダーレス・ディスカッション・グループ(LLDG)におけるリーダーシップ行動の二次元

課題指向の行動	具体的な目的
1. プロセスの構造化	プロセスを方向づけ、順序づける
2. コミュニケーションの刺激	情報交換を増加させる
3. コミュニケーションの明瞭化	理解度を高める
4. 要約	理解や評価の進展をチェックする
5. 意見一致の検証	合意しているかチェックする
集団維持の行動	**具体的な目的**
1. ゲートキーパー(門番)役	参加を促進し、参加度合いの平等化を図る
2. 調和の促進	緊張や敵意を減少させる
3. 支持	引っ込み思案にならないよう緊張を緩和する
4. 標準の設定	規範を示して、行動をそれに沿わせる
5. プロセスの分析	プロセス上の諸問題を見つけ出し解決する

(出所)Yukl, G.(1998). *Leadership in Organizations*. Fourth Edition. Upper Saddle River, NJ.: Prentice-Hall, p.387.

知的に楽しくやりましょう」といって、雰囲気づくりをしたり、(2)対立する意見があってこじれそうならジョークを言ってみたり、(3)意見を言い出せず困っているひとに配慮・支援したりする。このようなリーダーが自然に生じることに、ベールズは注目したのであった。

リーダーレス・ディスカッション・グループ(LLDG)は、初期のグループ・プロセスの研究ではよく使われたが、最近では、エンカウンター・グループなどの治療的ないしは、組織開発的な場面を除けば、あまり使用されなくなってしまっている。しかし、リーダーシップの発生過程をピュアに探るうえでは、今なお有力な方法である。

ベールズたちは、実験参加者ひとりにつきひとりの観察者を配置して、マジックミラー(ワンウエイ・ミラー)越しに観察された行動を12のキーからなる専用機で記録させるなど、実にていねいな調査を実施していた。このレベルの丹念さを伴った研究があまり見られなくなったのは残念なことだ。

R・F・ベールズの最大の貢献は、見知らぬひとたちに集団で討議する課題を与えたときにどういう行動をとるかを克明にカテゴリーのセットに基づいて分析していることである。図表5―3のように十二個のカテゴリーを識別し、AとDが人間軸で、BとCが課題軸となる。この十二個のカテゴリーの行動、活動、相互作用がどう生じたかを計測する専用機をつくり、見知らぬ人びとの集まりから課題面で貢献するひとと、情緒面や人間関係面で貢献するひとが出現するまでの相互作用過程を究明してきた。

G・ユクル（Gary Yukl）は、リーダーシップ論の定評ある体系的テキストにおいて、討議や意思決定における、いわば議長役のリーダーシップについて、図表5―4のようにまとめている。課題指向の行動と集団維持の行動が、それぞれPM理論におけるP行動とM行動に対応するのは一目瞭然だろう。

(4) 相互作用分析と『十二人の怒れる男』

なぜ、ベールズの研究が重要かという理由を考えるために、『十二人の怒れる男』（Twelve Angry Men: レジナルド・ローズ＝ヘンリー・フォンダ制作、シドニー・ルメット監督、レジ

（2）全体の議論のプロセスにおける建築家（陪審員番号8番、ヘンリー・フォンダ）の役割、意見の出し方、質問の仕方にはいろんな特徴があります。どのような特徴が重要だと思われますか。
（3）議論のプロセスで、個人的な経験、一人ひとりが抱く感情、ある種の偏見は、どのような影響を与えていると思われますか。
（4）「根拠のある疑問」とか「納得のいく疑問」とかいう言葉（元の英語はreasonable doubt）が何度も出てきますが、これはどのようなタイプの疑問のことを言うのでしょうか。
（5）集団のメンバーが異質、多様であることはどのような意味をもっていますか。議論のなかでの具体的な場面を念頭にお考えください。
（6）少数意見とそれに対する集団の圧力が存在するときに、皆さんがほかのメンバーと異なる意見について議論したいと思えば、どのような点に注意すべきでしょうか。
（7）集団で意思決定するときに、つい「事実を見よう」ということになるが、いったい事実とはなんなのでしょうか。「揺るぎない事実」というのは存在するのでしょうか。

ナルド・ローズ原作・脚本、一九五七年、アメリカ映画）という古典的名画について、節をあらためてコメントしておきたい。ここは、紙面的にはやや付け足しでけっして取り扱いが十分ではないが、実質的にハーバードの相互作用分析の続き、応用編として読んでいただきたい。まず、最初に、リーダーシップの問題を考えることを目的にこの映像を見ていただくときに、わたしがよく使用する見所のメモをエクササイズ10に示そう。これは、映画を見ない限りエクササイズにならないが、エクササイズの一種と考えて、読後いつかこ

エクササイズ10『十二人の怒れる男』に学ぶグループ・プロセス

　有名な映画ですので、これまでにご覧になった方もおられるかもしれませんが、下に述べるような点を念頭にご覧ください。

　この映画は、演劇だとするとほとんど一幕一場モノです。父親の殺人の罪に問われている少年に対して、陪審員の12人のひとたちが、タイトルのとおり、怒りなどの感情を爆発させながらも、いったい有罪なのか無罪なのか、議論していく陪審員室でのやりとりが描かれています。限られた事実についての言明をもとに、集団で議論してなにかを決めるという場面は、部長クラスの経営職ならば、様々な場面で直面することになるでしょう。

　この映像が扱っているのは、会社のなかの会議ではありませんし、その時点まで見知らぬひとたちが集団として議論しているので、通常の会議とは異なります。しかし、その分よけいに集団意思決定の難しさ、議論を進めるリーダーシップのあり方について示唆に富んでいます。つぎのような点を考えながら、ご覧ください。

（1）司会役をしているアメフトのコーチ（陪審員番号１番）の議論の進め方をどのように評価されますか。

の名画を見るときに試してみてほしい。

　エクササイズには入れていないが、すでにベールズについてふれている皆さんは、課題リーダー、社会‐情緒的リーダーという観点から、この議論のプロセスにおいてどのような場面が決定的だと思うかに注目して、いつか映画を見てほしい。

　さて、その概要だが、舞台は摩天楼に囲まれたニューヨーク郡裁判所。大半のシーンはほぼ一幕一場の演劇のようで場面のほとんどが陪審室での議論だ。われわれは、それに先立つ法廷でのやりとりも、また、実際に事件がどのようであったかのシーンも映画のなかで見ることはない。

被告は十八歳の少年で、スラム街で生まれ育ち、九歳で母をなくし、スクリーンでは、この被告が父親殺害の罪に問われていて、別室での議論が始まる。

陪審員番号1番の高校のアメフトのコーチの先生がいちおう司会役を引き受けるが、この場に、地位、肩書、事前の分業はなく、司会にもなんの権限もないし、ディスカッションをリードするために司会をしているわけでもない。そんななかで、陪審員番号順に席についたあと、おもむろに議論が始まる。まず、有罪か無罪（not guiltyの訳なので、無罪というより、「それほど確証をもって有罪とは思えない」という意味合い）の投票に入る。

当初は、ヘンリー・フォンダが扮する建築家（陪審番号8番）を除くと全員が有罪を主張し、11対1で議論がスタートする。彼は、無罪だと信じているわけではなく、「わからない」「大事なことだから、話し合いたい」という立場で、議論のなかでの基本的な姿勢としては、皆が思っているほどこの少年が有罪とは思えないという疑問を随所で提示していく。

このひとがひとりだけ反対なのであれば、ほかのみんながなぜ有罪と思うかの理由を説明して説得すればいいのではという提案をもとに、司会のとなりから陪審員番号2番の銀行員、3番の運送業の経営者、4番の株式ブローカーと発言が続くが、途中でその順番で話すどころでなくなり、各人の目のつけどころの違い、それぞれが持ち込む偏見や投影、そして感情によって議論が沸騰していく。いくつかの山場、決定的瞬間を経ながら、やがてイーブン（6対6）となり、結びに近くなると、当初と逆に、有罪とは思えないというほうが十一票となる。映画の題名どおり感情（とくに怒り）を爆発させながら、エンディングに近くなると、自分が息子との間でぐぐった経験にわだかまりがあり少年が有罪だという考えを最後まで譲れなかった運送業者まで泣きながら折れて、全員が無罪となり、評決が完全に逆転してしまう。

これ以上、中身を書くと野暮なので、あとはぜひ、見てのお楽しみに――すでに見たことのあるひとは、自然発生的なリーダーという観点から議論のプロセスを探ってみよう。

「まず、最初に挙手で意見分布をみよう」「順繰りにこのひとに、われわれが有罪と思うわけを説明していきませんか」というのは会議の進行にまつわる課題関連の行動で、やりづらく感じて司会役が「司会をおりる」と言ったとき、いいかげんだが陽気なセールスマン（陪審員番号7番）が「いい感じの司会だから続投してよ」と言ったり、また、議論が沸騰しそうな合間に、広告代理店で仕事をする陪審員（番号12番）がジョークを繰り返すのは、社会‐情緒面をほぐす行動だ。『十二人の怒れる男』というタイトルどおり、この議論のプロセスで感情が渦巻き、それを解きほぐす社会‐情緒面のスペシャリストはうまく出現しなかったが、元は全員が有罪だと言っていた集団意思決定による評決をひっくり返す議論全体で、課題面のリーダーシップを取ったのは、司会者ではなく、圧倒的に建築家（ヘンリー・フォンダ）であった。

この映像は、先に述べたリーダーの三分類（自然発生、任命、選挙を通じてのリーダー）のうち、自然発生的リーダー（emergent leader）――創発的リーダーでもあり、場面によっては緊急時のリーダーでもある――のあり方をつぶさに探るのに、非常にすぐれた映像だ。この映像からの教訓は、つぎのとおり豊富に存在する。

・自然発生的リーダーの言動の具体例（われわれのここでのテーマ）
・より一般的にはグループ・ダイナミクスの具体例（集団力学という研究分野があり、学会もある。後述するミシガン大学での研究がその集大成でもある）
・とりわけ、集団のなかでの少数意見と集団圧力（同調しないためには、まずだれかひとりが少数意見につくことがダイナミクスを生み出す）
・「事実」の背後を彩る、前提（仮定）、価値観、偏見、投影（どの発言にも、「それは事実」と言いつつ、その事実を見る前提、語る前提があり、一部の前提はそのひとの価値観や偏見、さらには投影に根づいている）
・疑問提示と知識創造（事実にまつわる情報が少ないときには、だれかが良質な疑問を提示することが、その場での新たな視点を含む知識創造につながる）
・メンバーの多様性がもつ意味（元々は見知らぬひとたちであった十二人のそれぞれの多様性が、いろんな決定的場面で生きている――老人でないと気づかないこと、スラム出身のひとでないとわからないこと、偏見の強いひとがいることで気づく自分のなかの偏見、そもそもほかの見方の存在に気づかされることなど）

『十二人の怒れる男』は、慶應ビジネス・スクールやＩＮＳＥＡＤ（欧州経営大学院）でも教材に使用されている。教訓が多いことの証左だ。だから、必ずしも映画好きではないひとも、映像のなかに考えるべき素材がたくさんあることを、実感してみてほしい。

アメリカ人が議論するからこうなるのであって日本人は違う、会社のことを考えるには小人数すぎる。そう思われるのはもっともだが、まず、日本人がこの種の議論をするとどうなるかは、三谷幸喜氏の『十二人のやさしい日本人』（アルゴ・プロジェクト制作、中原俊監督、三谷幸喜脚本、一九九一年）をあわせて見てほしい。

また、後者の人数という点については、大規模な組織でさえ、集団が幾重にも連なって全体の構造ができている（mulitple overlapping group structure）という考え方がある（後述のミシガン研究では、この連なりを結ぶミドル・マネジャーの役割を連結ピンと呼んだ）。だから、十二人の小集団だと大企業の経営者のリーダーシップには参考にならないというのなら、実は、組織全体の大きな方向づけが戦略的な決定として決まる場も、ＣＥＯを含む会議の場、常務会や取締役会、経営幹部会議など、小集団で意思決定する場であることを想起してほしい。

かつて、わたしが敬意を払う経営戦略の大家は、一方で、「（ある日本の大企業の社長に）社長の現場は、工場でなく、この本社（の会議室）で、そこから最高の戦略が生まれることが成果です」と述べ、他方で、「会議の場で、集団がよりすぐれた意思決定をおこなえるようにリーダーシップを取れることが経営者にとっても重要です」とも述べた。すべての重要な決定が集団決定とは限らないが、バックグラウンドや経験において多様で異質なメンバー、自分よりもよく（文字通り、工場や顧客接点や開発の）現場のことを知っているメンバー、また、お互いに対立があったりするメンバーとともに、議論のなかから方向が決まる会議という場をうまく仕切ることは、リーダーシップそのものなのだ。集団で意思決定する会議の場はまた、R・F・ベールズが注目した相互作用が目に見える場でもある。

リーダー行動の基本二軸や、ベールズのいわゆるタスク・リーダーと社会‐情緒的リーダーという対比に一度でもふれたことがあれば、会議の場での人びとの相互作用を捉える目はより先鋭になるであろう。

(5) ミシガン研究――高業績チームはどこが違うか

集団の討議や作業の場で、時間は短い（長くとも数時間、通常は一、二時間、治療的あるいは組織開発を目的としたエンカウンター・グループやTグループでも二、三日）けれど、非常に綿密かつ体系的に、集団での相互作用のプロセスを記録する研究がおこなわれてきた。、今ではこの方法はやや傍流になっている。それに代わって圧倒的に多くなったのが、部下評定による質問紙調査（サーベイ法）だ。ＰＭ理論もそのような伝統に属するが、米国では、ミシガン大学とオハイオ州立大学が、サーベイ法のリーダーシップ研究のメッカであった（245ページの図表５―８）。

ミシガン大学には、かのＫ・レヴィンが設立に参与したＳＲＣ（Survey Research Center、リッカートによって一九四六年に設立されるが、四八年レヴィンがなくなったときに、同大学グループ・ダイナミクス研究センターと合併して、以後はInstitute for Social Research、ＩＳＲと略称される社会調査研究所）が設立された。他方で、オハイオ州立大学は、おそらく世界中で最も頻繁に使用されたＬＢＤＱ（Leader Behavior Description Questionnaire、リーダー行動記述質問票）を生み出した。

初期のミシガン研究では、つまるところリーダーシップの研究は、業績との関連を見ることが肝心だという前提に基づき、よりすぐれた業績を生み出す集団とそうでない集団の間での、リーダー行動や部下の様子の比較から、研究蓄積が開始された。そのような比較分析を通じて探求された一九四〇～五〇年代の初期の研究結果は、図表５―５のように要約される。

高業績のリーダーは、仕事のことばかりがみがみ言うよりも、従業員中心でおおまかな監督をおこなっているのに対して、低業績のリーダーは、職務を中心に圧力をかけて、監督の方法

図表5―5 初期ミシガン研究の結果の要約

	高業績部門	低業績部門
リーダー行動	・従業員中心の監督 (employee-centered supervision) ・全般的でおおまかな監督 (general supervision) ・部下の失敗、誤りを学習の機会として生かすために支援する行動 ・部下のやっている仕事を自分もするというよりも、監督の役割に専念	・職務(仕事)中心の監督 (job-centered supervision) ・細かな指示をする監督 (close supervision) ・部下の失敗、誤りに対して批判的に処罰する行動 ・部下の仕事を自らもおこなっていることが多い(任せ切れていない)
部下の感情・態度	・仕事達成のためにリーダーがはっぱをかけてもそれを不当とは感じない	・仕事達成のためにリーダーが圧力をかけると、それを不当だと感じて言うことを聞かない

も細々《こまごま》としたものになりがちだった。高業績のリーダーの下では、失敗も学習の機会として捉える支持的な雰囲気があり、監督も人間的でおおらかなので、高い業績目標が掲げられても、部下の間で不当な圧力とは見なされていなかった。それに対して、低業績のリーダーの下では、失敗や誤りはきびしく罰せられ、そのために、職務上のいかなる圧力も、激励ではなく、不当なものと捉えられがちになっていた。

興味深いことに、高業績部門のリーダーは、そういう支持的な監督の仕事に徹して、自ら部下の仕事に手を染めることがないのに対して、低業績部門では、リーダーが部下に任せたはずの仕事をいっしょになってやらざるをえなくなっていた。プレーイング・マネジャーであることが、現場を知るうえで、よい結果につながることもよくあるが、ここでの構図は、それが裏目に出ている。

エクササイズ11　高業績グループと低業績グループの比較（また、その比較の議論のプロセスの振り返り）

同種の課題をおこなっているグループ（たとえば、同じ営業の仕事をしている営業所、同じ学部のゼミ）のなかから高業績グループ、低業績グループを、それぞれ2、3グループずつ取り上げてみてください。両グループにおけるリーダー格のひと（つまり、所長やゼミ指導教員）の行動の違いや、それぞれのグループでの部下の態度や感情、雰囲気の差について、できることなら図表5－5を見たことのない身近な仲間を3、4名集めて、具体的に議論して比較の結果を、対比のわかりやすい表にしてみましょう。

そのような表をつくってから、図表5－5をコピーして配って、どの程度あてはまるか、どこがあてはまらないか、追加すべき発見にはなにがあるか、議論してみてください。

また、そのグループでの議論のプロセスで、だれが課題リーダーとして振る舞い、だれが社会情緒的リーダーとして場を和ませたか、集団での議論のプロセスを振り返って、今度は、あわせて図表5－5の妥当性についても、読みっぱなしにせずに、仲間と検討してみてください。

因果の推論が気になって疑問に思う読者もいるだろう。リーダー行動が業績を左右しているという方向の因果だけでなく、逆の因果経路も作用している。つまり、業績が低いので、つい仕事のことでうるさくなり、自分も部下といっしょに作業に手を染め、いやがられると気づきつつも、業績低迷を脱するために、圧力をかけすぎてしまう。リーダー行動が業績を左右するという側面だけでなく、業績の如何がリーダーがとりうる行動、とりがちな行動を規定するという側面がある(両方向の因果が作用していることは、交差ラグ付相関分析によって統計的にも検証されている)。

このミシガン研究では、職務中心の行

動と従業員中心の行動が、それぞれP行動とM行動、あるいはより一般的には、課題関連の行動と人間関連の行動に対応する（説明を見る限り、初期のオハイオ州立研究と同様に、この初期のミシガン研究でもP行動のなかでも圧力Pの側面が濃厚だ）。しかし、PM理論とは異なり、少なくとも初期のミシガン研究に限って言えば、職務中心と従業員中心が同じ一つの軸の対極として捉えられている。そのため、両方高度におこなっているスタイルH・i—H・i型が存在するという発想がこの時点ではなかった。

あらゆるリーダーシップの研究は、成果を導くという点にかかわる必要がある。そのことを強調する動きは、最近では、RBLとかLFRと略称される「成果に基盤を置くリーダーシップ（Results-based Leadershipとか、Leadership for Result）」として目立った動きになりつつある〔Ulrich, Dave, Jack Zenger, Norm Smallwood (1999). *Results-Based Leadership: How Leaders Build the Business and Improve the Bottom Line*. Barton, MA: Harvard Business School Press.（Diamondハーバード・ビジネス・レビュー編集部訳『脱コンピテンシーのリーダーシップ——成果指向で組織を動かす』ダイヤモンド社、二〇〇三年）〕。しかし、ミシガン研究は、最初から高業績リーダーと低業績リーダーを比較することによって、業績との関係をしっかり意識していた。また、比較という視点がものごとの解明には有益であることを示した。

それ以後のミシガン研究〔SRC（のちにISR）〕の発展は、リーダーシップを含む組織の診断ツールを整備する方向に向かっていった（ここでは、基本の二軸に注目しているので詳論は避けるが、組織論に通の読者なら、「システム４」という理想の組織のあり方を示すR・リッカートの言葉を聞いたことがあるだろう）。

(6) オハイオ州立研究——「構造づくり」と「配慮」で測定

リーダーシップの研究におけるもうひとつのメッカがオハイオ州立大学だ。こちらに目を転じよう。

オハイオ州立大学のほうは、研究の順序としては、わが国のＰＭ理論の場合と同じく、まずいったん業績との関連はさておき、リーダー行動を測定する信頼のできる尺度をつくることをめざした。しっかりした測定尺度さえできれば、そのスコアと多種多様な業績指標との相関はあとから分析できるという考えだった。

そのために、実際の企業での監督者や管理者や彼らの部下たちの行動の観察、これらの人びとへのインタビュー、関連の文献レビューから、リーダー項目を測定する項目の候補群（項目プール）が蓄積されていった。インターナショナル・ハーベスター社（農機具メーカー）の生産現場の職長クラスの観察調査をはじめ、綿密なフィールド調査がおこなわれたことに注目したい。ベールズの観察が討議室という大学内のラボだったのに対して、オハイオ州立大学の研

する役割を積極的に行使して、リーダーシップを他のひとたちに譲って逃げたりしない（10項目）

（８）**配慮（consideration）** フォロワーを励まし、元気づけ、彼らの立場を気にかける（10項目）★

（９）業績（生産）の強調（production emphasis）業績ないし成果のアウトプットが生産的に生み出されるように圧力をかける（10項目）

（10）先見性（predictive accuracy）どのような結果になりそうかを見越して、正確に予測する洞察力を示す（５項目）

（11）統合（integration）親密に団結した組織を維持し、メンバー間の対立を解決する（５項目）

（12）上方志向（superior orientation）リーダーがさらに上層の上司と良好な関係をもち、上に対しても影響力を発揮するとともに、自らもより上位の職位をめざす（10項目）

ゴシック体で★をつけた（５）、（８）が後に基本の２次元となった。（図表5－7も再度、参照のこと）

（出所）Stogdill, R. M.（1963）. *Manual for the Leader Behavior Description Questionnaire - Form XII: An Experimental Revision.* Bureau of Business Research., College of Commerce and Administration, The Ohio State University, Columbus, Ohio.

究者たちは、フィールド（リーダーシップが発揮される現場）に出て観察をおこなった。

観察から生まれたリーダー行動の項目数は、千七百を上回っていた。これらの項目群から質問紙が作成されては改訂され、新たな版が世に問われた。最もよく知られているのは、一九六三年に開発されたＬＢＤＱⅫ（リーダー行動記述質問票十二次元様式）だ。この質問紙は、全百項目十二次元で成り立っている。一次元あたり十項目の編成のなかに、五項目で集約される次元が四つ混じっているので、全部で百項目になっている。

図表5−6　オハイオ州立大学のLBDQXII（12次元様式）フル・スケールの概要

（1）代表（representation）集団の代表者として対外的に行動や説得をおこなう（5項目）
（2）対立的要請の調整（demand reconciliation）集団内外からの互いに矛盾する対立的要請を調整して、システムが混乱しないようにする（5項目）
（3）不確実性への耐性（tolerance for uncertainty）集団活動が成果に至るまでの不確実性や遅延に対して、不安に感じたり、うろたえたりすることなしに、耐えることができる（10項目）
（4）説得力（persuasiveness）説得や議論が効果的にできて、強い信念をもっていることを示せる
（5）**構造づくり（initiation of structure,** LBDQのマニュアルではこう表記されているが、一般にはinitiating structureと表されることのほうが多い）自分の役割を明瞭に定義して、フォロワーになにが期待されているのか、知ってもらう（10項目）★
（6）自由の許容（tolerance of freedom）フォロワーの発案、決定や行為の余地を認める（10項目）
（7）役割の堅持（role assumption）リーダーシップを発揮

十二次元の概要は図表5−6に示すとおりだ。

読者の皆さんには、不思議に思われるかもしれないが、この有名なLBDQ十二次元様式がフルスケール（全項目、全次元）で用いられることは、今ではほとんどない。その理由は、表のなかでも目立つように★印をつけてゴシック体にした(5)と(8)の次元で、リーダー行動のばらつきの大半が集約されることが繰り返し判明してきたからだ（統計的には、因子分析をしたときに、このふたつの因子の寄与率がきわだって高かったということだ）。そのために、オハイ

図表5－7　構造づくりと配慮を測定する質問項目（LBDQ XII版に基づく）

構造づくり	配慮
(4)集団成員に、自分たちにいったいなにが期待されているのかを知らせる	(7)気軽に接触できる
(14)きまった手順に従わせるようにする	(17)この集団の一員でいてよかったと思えるような細かな心配りをする
(24)（リーダー）自身のアイデアをこの集団のなかで実際に試してみる	(27)集団から出てきた提案を実施に移す
(34)自分の態度を集団に対してはっきりとうちだす	(37)集団成員を皆、自分と対等な人間として扱う
(44)なにをどのようになすべきかを決定する	(47)変更があればあらかじめ知らせてくれる
(54)集団成員に具体的な課題を割り当てる	(57)成員との社交を避ける(R)
(64)集団内での（リーダー）自身の役割を集団成員にわきまえてもらうようにする	(67)集団成員各自が幸せであるように働きかける
(74)なすべき仕事の日程を定める	(77)変更をいとわない
(84)業績標準をきちんと維持する	(87)（リーダー）自身がとる措置の理由を説明しない(R)
(94)きめられた規則を集団成員に守ってもらうようにする	(97)集団と相談することなしに行動をとる(R)

Stogdill, Ralph M. (1963). *Manual for the Leader Behavior Description Questionnaire—Form XII : An Experimental Revision.* Bureau of Business Research, Ohio State University.

〔注〕(1)「彼（あなたのリーダー）は、」の部分を略。
(2) (R)は逆転項目。
(3) 各項目への回答は、行動頻度の5ポイント・スケール（「いつもしている」から「けっしてしない」まで）に対しておこなわれる。

オ州立大学の主要二次元といえば、だれもが、構造づくりと配慮を思い浮かべるようになった。オハイオ州立研究は、図表5―8の不動の基本二次元を最も明瞭に示し、測定尺度を提供した米国での代表格の研究だ。構造づくりは、わが国のPM理論のP機能、配慮はM機能に関連する（より正確にいえば、図表5―6の(9)が圧力Pに相当するので、両方を含めて考えてもいいし、また、LBDQに先立つより初期の尺度、たとえば、SBDQ（Supervisory Behavior Description Questionnaire）と呼ばれるものでは、生産への圧力の側面が構造づくりのなかに濃厚に含まれていた）。このふたつの主要次元の測定項目は、図表5―7に示すとおりだ。

ＰＭ理論、ベールズの相互作用分析、初期ミシガン研究、オハイオ州立研究と大学を基盤にした研究を中心に見てきたが、組織開発のコンサルタントの代表格であるR・ブレーク＝J・ムートンのマネジリアル・グリッドと呼ばれるツールでは、「生産への関心」と「人びとへの関心」というなじみの二軸が利用されてきた。図表5―8のつぎの行に目を移そう。大学での研究でもコンサルタントにもこの二軸が使われてきたが、ふつうの日常語で表すとしたら、「仕事の指示をきちんとして部下たちとの関係を大切にする」ことがリーダー行動の基本ということになる。

(7) 理論の言葉は、日常の言葉で言い直し、行動の見本を考えること

PとMは記号。覚えやすい。PM理論の最大の強みは、節約の原則（よけいな変数は使わない、よけいなことは言わないという原則）によくかなっているだけでなく、略称のまま頭に残る。元の言葉、パフォーマンスとメンテナンスは、カタカナ言葉だけれど通りがよく、ほとんど日本語になっているので、わかりやすい。

構造づくりと配慮のペアについては、間違いなく、後者は日常語に近い。配慮を「思いやり」と言い換えれば、完璧にわれわれが普通に使う言葉だ。オハイオ州立大学の重鎮のひとり、E・A・フライシュマン（Edwin A. Fleishman）が「このふたつの次元だけでよく二十年ももったものだ」という論題の有名な学会講演のなかで、「配慮」という名称が簡単に付けられたのに対して、「構造づくり」は、命名に苦労したと証言している。

もう一度、図表5―7の項目を見てほしい。期待、圧力、手順・規則の徹底、標準や日程の設定など、様々な仕事関連の行動を含んでいる。相手は集団のメンバー、つまり人間だが、課題にかかわる行動が並んでいる。複数の人間が課題に向かって集団で仕事をする場面では、一方で、集団のメンバーへの配慮がいるが、他方で、集団のなかに、なんらかの枠組み（構造）が創出されないといけない。後者の側面から、第二の因子は苦肉の策で、initiation of structureと名付けられ、後に、initiating structure（構造創始、構造づくり）と呼ばれるようにな

図表5−8 多数のリーダーシップ研究で見られたロバストな二軸

二軸／調査母体	課題(仕事)関連行動	人間(対人関係)関連行動
九州大学-大阪大学(三隅二不二)	P機能、P行動 P＝パフォーマンス	M機能、M行動 M＝メインテナンス
ハーバード大学(R.ベールズ)	課題リーダー(task leader)	社会-情緒的リーダー(socio-emotional leader)
ミシガン大学(R.リッカート)	職務中心の監督(job-centered supervision)	従業員中心の監督(employee-centered supervision) 支持性の原則(principle of supportedness)
オハイオ州立大学(R.スタッジル)	構造づくり、あるいは仕事の枠組みづくり(initiating structure)	配慮、あるいは思いやり(consideration)
マネジリアル・グリッド(R.ブレーク＝J.ムートン)	生産(業績)に対する関心(concern for production)	人びとに対する関心(concern for people)
日常語で基本の2軸	仕事の指示をして	人びと(とくに、フォローワーたち)との関係を大切にする
読者の皆さん自身が(上記の基本2軸について)日常で使われる言葉で言い換えるなら	**(記入してみてください)**	**(記入してみてください)**
変革型リーダーシップ#1(J.P.コッター)	アジェンダ設定(agenda setting)	ネットワーク構築(network building)
変革型リーダーシップ#2(R.M.カンター)	問題設定(problem definition)	連合体形成(coalition building) 動員(mobilization)
変革型リーダーシップ#3(金井)	戦略的課題の提示、方針伝達、緊張醸成、達成圧力	配慮、信頼蓄積、連動性創出、連動性活用
日常語で変革型リーダーシップを表す2軸	大きな絵(ビジョン)を描く	大勢の人びとを巻き込む
読者の皆さん自身が(上記の基本2軸について)日常で使われる言葉で言い換えるなら	**(記入してみてください)**	**(記入してみてください)**

図表5－9 基本2軸と基盤にある人間観・社会観

二軸 / テーマと論者	課題（仕事）関連行動	人間（対人関係）関連行動
人間としての幸せや精神的健康（たとえば、S．フロイト）	働くこと（Arbeiten）	愛すること（Lieben）
EQリーダーシップ、多重性知能（D.ゴールマン他、H.ガードナー）	IQ（intelligence quotient）（これが必要でないわけではなくて、EQがないとうまくIQも活用できないという面をゴールマンは強調）	EQ（emotional quotient）あるいは、エモーショナル・インテリジェンス（emotional intelligence）（多重性知能のひとつに対人的知能があり、ガードナーは、「われわれのアイデンティティ」を物語として語るリーダーシップに注目）
人間の発達観（D.ベイカン、D.マッカダムズ）	成し遂げることをめざす（agentic）	他の人びとととともにそれをおこなう（communal）
社会そのものの成り立ち（T.パーソンズなど）	環境に社会や集団が適応するための機能（adaptive function）、その機能では、社会も集団もその目標を達成	社会や集団が分解しないように統合させるための機能（integrative function）で、そのなかでメンバーが表主的になれる場を創出する機能。その機能では、社会

った。

わたしは、苦労してつくられた元の英語の微妙な響きが気にいっている、リーダーシップを発揮するためには、なにか仕事の場に、ストラクチャーをつくり出して、形でもルールでも圧力でも、びしっと仕事の枠組みを決めないといけないのだという語感が好きだ。

自らがリーダーシップの達人であるひとが、自分のリーダーシップの持論を語るときには、当然のことながら自分の言葉で、かつ（奇をてらわない限り）日常語で語られるはずだ。ウェルチにとってのフォーリーズ（４Ｅｓ）は英語圏のひとには日常語だし、また、松下幸之助氏にとって指導者の心得はわたしたちにとってふつうに理解できる大和言葉で書かれている。ふつうの言葉なのにウェルチが「エッジ」と言い、松下幸之助氏が「愛嬌」とか「素直な心」と言えば、独自の響きがある。

研究調査と理論づくりとその検証が本業で、リーダーシップを生涯のテーマとしている研究者にとっても、このテーマにこだわりのある限り、リーダー行動の軸（次元）をどのような言葉で呼ぶかの選択には、もちろんおおいにこだわりがあるところだろう。しかし、最も重要な点は、ＰとＭも、タスクと社会‐情緒も、構造づくりと配慮も、研究者の側が調査を通じて、あとから説明のためにつくり出した概念であって、調査対象となったリーダーたち自らが自分で使っていた言葉ではないことだ。研究者が調査結果の説明のために二次的につくりだされた概念のことを、（堅い言葉で恐縮だが）二次的構成概念という。

だから、これからリーダーシップの実践編に入門しようとする読者の皆さんは、学者が創り出した構成概念に出会うたびに、つぎにリストアップしたことを必ず考えて、実践家としてその概念をどのように自分に取り入れるか、自分の行動に引き寄せるかについて、判断するくせをつけてほしい。

・この言葉にあたる行動で自分が他のひと（たとえば、すごいリーダー）に観察したことのあるものはなにか。

・この言葉にあたる行動で自分自身ができていたことがあるとしたら、それはどのようなときか。

・この学者（研究者）がつくった言葉を自分なりの別の言葉で言い表すとどうなるか。

・その言葉が、（達人の持論を素材とするのと同様に）自分なりのリーダーシップ持論を形成するのに役立ちそうかどうか。もしそうなら、その自分なりの表現を自分の持論のなかに取り込んでいこう。

・もし、直接に持論に組み入れるほどでないとしたら、理論的には注目されている概念が、自分にはピンとこないわけも、あらためて考えてみよう。置かれた状況、自分の持ち味、部下のレベルやタイプ、課題の性格、等々。ほかのひとには観察したことがあっても自分のカラーではないとしたら、むりして自分の持論に入れなくていい。ただし、自分にはまだできないが将来には必要となる行動なら、努力目標として自分の持論に取り込んでいこう。

図表5―8に「日常語で基本の二軸」という行を挿入したのは、学者の言葉も日常語で置き換えられるはずだということを示すためで、課題と人間のふたつの軸のところに、「仕事を指示して」「人びととの関係を大切にする」と書いているのは、日常語ではわたしならこのよう

に記すという例示にすぎない。

ハーバード大学、九州大学、大阪大学、ミシガン大学、オハイオ州立大学で学者たちが使った言葉をただの素材としてながめたときに、同じ現象について、皆さんが自分の使うような日常語で表現したらどうなるか、ぜひ言い換えて「読者の皆さん自身が日常で使われる言葉」ではという見出しのある行に、記入してみてほしい。このあとで、変革型リーダーの二軸も、これが古典的な基本の二軸の延長上にあることを説明していく。その場合にも、自分の言葉で言い換えてみるのがよい。「大きな絵を描き」「大勢を巻き込む」というのは、わたしなりの言い方にすぎないので、ここでも、皆さんの自分なりの表現を書き込めば、それが持論にどのようにつながっていくか考えるいい出発点になるはずだ。

さて、自分たちが職場、その他の集まりの場で、日常的に使う言葉で言い換えることが大事だというのと密接だが、もうひとつ追加すべきお願いが、具体的な行動で考えてほしいということだ。

わたしがよく用いる例は、配慮だ。オハイオ州立大学では、構造づくりと配慮と言っている。ある初心者のリーダーが(あるいは初めて部下をもつようになったひとを考えてもらえばいい)自分は課題面についてはきちんとできていると思うので、配慮を深めていきたいと思ったとしよう。まず、「配慮という言葉を自分ならなんと言うか」と自問しよう。「子どものときから、かあさんも先生も〈思いやり〉をもてといっていたなぁ。それが近いけれど、思いやりと言うには、自分はそういう柔でなく、硬派できた。でも、きびしいなかにもはしゃぐのは好きだ」。そういうとき、自分としてはどういう表現を使うかといったら、「そうだ、関西弁では、『浪花節《なにわぶし》』とか『べたな』というあたりだろう」、こう心でつぶやいたなら。

つぎは、「ああこれこそ浪花節だ」と感じた場面、また、自分がそれをうまくつくり出した場面を探さないといけない。

もちろん、LBDQのようなリーダー行動の測定尺度ができあがっているのだから、「配慮」なるものがどのような項目で測定されているかを見れば、軸についた名前以上には、相対的に具体的な行動に近づける。そう思って、もう一度、図表5−7（242ページ）を見ると、「気楽に接触できる」「この集団の一員でよかったと思える細かな心配りをする」「集団成員を皆、自分と対等な人間として扱う」「集団成員各自が幸せであるように働きかける」とか書いてある。ヒントがここにはある。

しかし、わたしは自分自身がリーダーシップの研究者であるのに、たった十名強の小人数のゼミ（この小人数というのが神戸大学経営学部のゼミの取り柄でもあるのだが）でうまくリーダーシップを取れなかったら最悪だと思って、とりわけ初めてゼミをもったころはいろいろ試行錯誤した。十二名の学生とともに居る場で、うまくディスカッションのリーダーになれなかったり、うまく任せることができなかったり、また、学生たちにうまく「配慮」できなかったら困るので、実際にＬＢＤＱの各項目を見てみた。

項目を見ているときはなるほどと思っても、実際に行動に移そうと思ったら、「このゼミでよかったと思ってくれる心配りって具体的にはなんだろうか」とか「そもそも幸せとは？　というのは、あらためて考えるとむつかしいな」とか思ったものだ。そこで、いいゼミをしておられる先輩に話を聞くと、ある先生は、「ぼくはゼミが五時終了の定時より長引きそうなときには、ゼミ生の人数分ケーキを買ってくるよ」と、また別の先生は、「この問題については、若者であるきみたちのほうがよく現象をわかっているというようにして、目線を合わせている」と言われた。

このように聞くと、ケーキが出れば確かに、このゼミならではの心配りだ。「対等な人間」というのも、ゼミ生を「さんづけ」で呼んでいる先生に出会ったら、会社のさんづけは上に対してだが、「大学のゼミでは先生から学生へのさんづけ運動ってありうるな」とか気づく。そしてほかのゼミがそうでなかったら、これもまた、これも他のゼミにはない心配りと思われるかもしれない（もちろん、そう思ってくれるかどうかは、先生でなく学生の側の声が肝心だ）。

それで、実際に「ケーキ」を「遅くなりそうだったので」と言って持っていった日に、「ひえー、べただなぁ」と言われたら、そうこれが「浪花節だ、べただけど、思いやりだ」と独り言を言えばいい。しかし、皆があきれかえったり、自分も自分らしくないと思ったりしたら、考え直したらいい。思えば、自分のゼミ生には甘党はいなくて、酒飲みばかりだと思ったら、「このゼミでよかったという心配り」は、ゼミの後の飲み会だろう。

このように考えると、理論から学んだことでさえ、自分で考えて、自分の言葉で（できるだけ日常語で）置き換えて、それに相当する具体的行動とつなげていけば、実践におおいに役立てることができる。また、具体的な行動を見聞きすることは単なる模倣にはならない。「配慮」ないしは「べたでいけ」という原理・原則をもっている。それをどのように表出するかという面では、リーダーごとの工夫があり、けっして観察から学ぶことが模倣に終わらない。

また、その原理・原則の具体例を収集するなかで、大学のゼミ指導教官として、また、会社のなかの課長さん、部長さんとして、名物的にすばらしいリーダーシップを発揮しているひとの物語を聞くことができるようになる。もちろん、リーダーシップが存在するかどうかの試金石は、「振り返れば、喜んでついてきてくれるフォロワーがいるかどうか」ということなので、リーダー本人だけでなく、フォロワーの語りを聞いていかないといけない。

(8) 二軸の間の相乗効果

理論的には非常に重要な点についてふれておきたい。ＰＭ理論で例示すると、ＰもＭも高度におこなっているのが最も有効なリーダーシップ・スタイルだという指摘に対して、ついこれをＰ＋Ｍという足し算のように考えてしまうひとがいる。実はここには相互作用効果や相乗効果というものがあって、Ｐ×Ｍという掛け算である。

掛け算であるということは、わかりやすく言えばどちらかがゼロだったら全体としての効果もゼロになるということである。足し算だったら、Ｐばかりたくさんやっていて M をほとんどやっていないひとの場合でも一定の効果がありそうだが、残念ながらそれは長続きしない。課題面でいくら優秀でテキパキしていて高い業績目標を掲げてシナリオを描いていても、足りないものがある。こんなひとだとわれわれのフォロワーのことをなにも思ってくれていない、こき使うだけで大切にされていないし、集まりのメンテが全然できていないと皆が感じたら掛け算で効果はゼロになってしまう。

逆に言うと、相当高い目標を提示していて、しかも結構きびしくて緊張感をもたせてくれるが、他方でこのひとはわれわれの気持ちを考慮に入れてくれているし、このグループにいてよかったと思えるような心配りをしてくれているならば、すごくきびしい目標、高い目標でも達成する気になるというものだ。

Ｐ行動のなかには計画面と圧力面があるということが今までの研究でわかっている。とくに圧力面にはつらい部分があるわけで、計画のほうでこんなことが実現したらうれしいなと思う要素があっても、途中でこのリーダーはやたらきびしいなと感じかけたときに、リーダーが同時にM行動もできているかどうかが問われる。このきびしさはわれわれを育てるためだとか、肝心なとき、困ったときにはわれわれの気持ちをくんでくれるんだとか、言いすぎたなと思ったときの後にはフォローがあれば、PだけでなくMもできていることになり、そうなれば、掛け算でゼロにならない。

Pの行動を熱心におこなっていてもMのスコアがある程度高くないとPが効果をもたらさないという意味で、相乗効果をもっているのだという理解でもいい。

ある軸での行動が効果をもつかどうかが背後にあるもう一個の軸の行動もきちんとおこなわれているかどうかによって大きく左右される場合、相乗効果（この場合、モデレーター効果とも言う）があると言う。

両方ともうまくできていれば、足し算だと一〇＋一〇で二〇にしかならないのが、掛け算的に働くと一〇〇になる。もちろんこんな数値例のように、単純ではないがPとMの二軸の効果は、掛け算で効くと認識しておいてほしい。

この説明をすると、必ずPM型でビシバシやっているがだいじょうぶだと言ってくるひとがいる。その場合、グループをよく見るとサブ・リーダーがよく気がつく明るいひとでMをしてくれていたり、グループ全体のレベルが高かったり、あるいはだいじょうぶなのは短期的で、長い目ではメンバーを疲弊させていたりする。だから相乗効果の掛け算と言うとき、このような点も見逃さないようにしたい。

(9) 多様な理論があるのに、古典的な不動の基本の二軸にこだわるのは

いろんな学術雑誌やあるいは学会でのテーマで、二十一世紀の組織論の新たな展開について議論されるときに、必ずといっていいほど、リーダーシップ論の新動向が取り上げられる。多様なリーダーシップ理論があるのに、どうしてこの不動の基本的二軸にこだわるのか。

それは、一見、目のつけどころが違う諸理論の基盤にもこの二軸が底流で関連をもつか、あるいは、この二軸から最新理論でもその意味合いを捉え直すことができるからだ。また、なによりも、実践に重きをおく本書では、一度聞けば、忘れないような課題軸と人間軸で通すのがわかりやすさ、単純さという点でいいと判断するからだ。

とはいえ、長らくリーダーシップ研究に携わってきた人間として、いつも新動向にはアンテナを張っていて、多数の興味ある動きがあると痛感している。そして、わが国のリーダーシップ研究をもう一度もっと活発にしたいとも思っている。ぱっと考えただけでも、つぎの図表5—10に掲げたようなものがあげられる。本書は、リーダーシップ「実践」入門が主眼で、リーダーシップ「理論」入門ではない。理論の問題は、持論の形成と実践の強化の素材として古典

基本の二軸

課題軸への意味合い	人間軸への意味合い	備　　考
(外的危機があるときに、内的なコミットメントを引き出すためにも）使命を編み出し、それを制度に体現させるのは、課題面の行動といえる。	そのうえで、人びとのコミットメントを引き出せない限り、組織に価値が注入されていかない。	セルズニック自身は、制度的リーダーシップと名づけたが、ミッション型リーダーシップ論の先駆けとなっている。
まず、課題面で貢献できない限り、信頼は蓄積されない。	そのときに、いきなり、既存のやり方や価値・規範を批判してかかると人間面で受け入れられない。フォロワーからの信頼の蓄積という視点そのものが、人間軸に大きくかかわる。	クーゼス＝ポスナーの基準や定義にかかわる。クーゼスらも、リーダーシップの最も重要なキーワードは、フォロワーからの信頼だと主張している。
リーダーに因果帰属がおこなわれるためには、リーダーの行動がほかのひととは違って際立っていないといけない。	通常ひとはうまくいったことは自分のおかげ、失敗は他者のせいにするバイアスがあるので、部下から信頼されていないと高業績、勝利がリーダーのおかげと思われにくい。	人間軸への意味合いについて、コールダー自身は明言していないが、因果帰属にはこのような基本的バイアス（ニスベット＝ロス）がある。
そのようなリーダーこそ、しっかりとした概念化能力、使命感を示す必要がある（でないとただのサーバント＝召使いになってしまう)。	ひとの成長を大切にし、奉仕するフォロワーとともに、ひとつのコミュニティを築き上げること。	サーバント・リーダーがビジョナリーでないという誤解に反論したのは、K. ブランチャードだった。
時代の大変革期には、たとえば、フランス革命のときの百科全書のように、知的な体系が練り上げられ、そこから変革の方向が示される。	大変革期の政治的リーダーシップでも、フォロワーの欲求、価値、目的について自覚を高めてもらうこと、どの動機や目的に働きかけるかが問われる。	集合的目的（collective purpose）を鍵に、基本的には人びとの因果推論の問題で、しかも変革にかかわるのが、リーダーシップの本質だと認識している。

図表5—10 多様なリーダーシップ理論と

理論	提唱者（発表年）	概要（一言でいえば）
ミッション型リーダーシップ	P. セルズニック（Philip Selznick）（1957）	組織が単に効率よくことをこなしていくだけの状態から、使命（ミッション）を帯びて、その組織ならではの個性（キャラクター）が生まれ、人びとがそれにコミットするようになると、組織は制度に変わる。それを実現するのが制度的リーダー。
信頼蓄積理論	E. P. ホランダー（Edwin P. Hollander）（1974）	ダイナミックな過程として捉えると、潜在的にリーダーシップを発揮しうる人物は、まず集団の規範に従い（コンプライアンス）、業績をあげ（コンピタンス）、十分に信頼を貯金する結果、その集団に新しい変革や革新を起こしてほしいという期待がフォロワーの間から生まれてくる。
リーダーシップの帰属理論	B. J. コールダー（Bobby J. Calder）（1977）	リーダーシップとは、リーダーの言動とその結果を観察しているフォロワーたちが、その結果はリーダーのおかげだと因果推論することによって、リーダーたる人物に帰属される過程のなかにある。
サーバント・リーダーシップ	R. グリーンリーフ（Robert K. Greenleaf）（1964;1977）	リーダーの側が自分たちに奉仕する、尽くしてくれると思うときに、フォロワーは自然についてきてくれる。
変革型リーダーシップ（の先駆）	先駆は、J. M. バーンズ（James M. Burns）（1978）	リーダーがフォロワーになにかを提供し、それを見返りにフォロワーに貢献してもらうという交換型（transactional）リーダーと対比され、歴史、時代の節目で大転換を起こすのが変革型（transformational）リーダー。

フォロワーが課題に自ら取り組めるお膳立てを目立たぬようにする。	。フォロワーに自分が主人公であるという気持ちをもってもらう。	ハイフェッツの基準によりかなう。
それまで、外部環境に適応してきた結果、学習されたものが文化という意味では、文化の創出・維持・変化は、環境適応という課題とかかわる。	外的適応だけでなく、内的結束（人間組織の統合）のためにも、文化の創出・維持・変化が必要となる。	文化があたかも簡単には変えられるかのように、また容易に業績と結びつくように扱う研究への警鐘。ビジネス上の課題面と結びつけて、組織文化という人間面を診断することを後に提唱。
時代に適合したわかりやすいビジョンは組織の独自能力を提示し、目的と方向性を示す。この側面では、課題軸。	同時にビジョンが、ひとに熱意をもたせ、やる気を生み出し、共感のもととなる。この側面では、人間軸。	ビジョンは課題軸とみなされるのが通常だ（後述）が、ビジョンのなかにも機能的には基本の二軸が埋め込まれている。
リーダーだけでなく、フォロワーも責任の当事者になってもらう。フォロワーのときに、批判的思考ができて、かつしらけずに積極的に関与できるひとが模範的。	リーダーが強力に仕切りすぎると、フォロワーが無力感を感じる。人間関係がフォロワーを育てる。	依存的なフォロワーでなく自律性を重視するハイフェッツの基準とかかわる。
EQそのものは、人間軸に特に注目した議論であるが、戦略ビジョンを描くにも、感情、直観が作用することからわかるとおり、課題面でもEQの支えがある。また、感情があるから目が曇るという通念に対して、感情があるから見えてくるという面、理性と感情を対立的に捉えないことが強調される（たとえば、ジャック・マイヤー）。	ビジョン型、コーチ型、関係重視型、民主型という望ましいリーダーシップ・スタイルでは、人間軸、とりわけフォロワーの抱く感情面と自分の感情への目配りがうまくできている。圧力をかけてペースをあげたり、強制したりするようなタイプでは、よほど部下のレベルが高いか緊急時でないと、EQ面でフォロワーがついてこなくなる。	もともと多重知性の研究から、感情知性の研究が始まったという面があり、IQだけでは足りないところを照射している。だから、課題軸にIQ、人間軸にEQが入ると考えてもよい。

セルフ・リーダーシップ	C. マンツ (Charles Manz (1983)	ほんとうにすごいリーダーは、フォロワーそのものが自分を自ら引っ張るようにし向け。
組織文化にかかわるリーダーシップ	E. H. シャイン (Edgar H. Schein) (1985)	創業者として組織文化を創り出したり、文化の深いレベルにある（フォロワーに共有され当然と思われるようになった）前提や仮定が環境にあわなくなったときに、中興の祖として、その仮定を疑い、組織文化を維持するばかりでなく変えていったりしていく。
ビジョナリー・リーダーシップ	B.ナナス (Bunt Nanus) (1992)	ビジョンの創造と実現が、リーダーシップ発揮の肝心なプロセスである。
フォロワーシップ理論	R. ケリー (Robert Kelly) (1992)	リーダーの立場にあるひとは、自分の姿を鏡の向こう側（つまり、フォロワー）の立場から見るのがいい。フォロワーのほうがリードしているという気になってもらうこと、さらに、フォロワーシップがうまくできることがリーダーシップにつながる。
EQリーダーシップ	D. ゴールマン＝R. ボヤツィス (Daniel Goleman, R. Boyatzis, and A. McKee) (2002)；D. カルーソ＝P. サロベー (David Caruso and Peter Salovey) (2004)	自分の感情をうまく自覚（自己認識）し、場面によって感情をコントロール（自己管理）し、フォロワーを含む他者の感情を共感的にうまく読みとり、そのニーズに奉仕（社会認識）し、激励・育成・コンフリクト対処・チームワークなど（人間関係の管理）がうまくできるというEQ面でのコンピテンシー（もしくは、情緒面の知性=emotional intelligence）が、リーダーシップの基盤となる。

的なふたつの軸にとくに焦点を合わせている〔かつて経営管理論が学際的にも広がりを見せて混乱を伴いつつもおおいに発展した時期に、H・クーンツ（H.Koontz）がマネジメント・セオリー・ジャングルと呼んだように、最近の、とりわけ米国におけるリーダーシップの研究は百家争鳴で「リーダーシップ・セオリー・ジャングル」という様相を示している〕。

リーダーシップ論における最新の諸理論を含む入門書には、また一冊の書籍が別個に必要だと思うぐらいなので、ここでは深入りはしないで、いくつかの理論的アプローチを例示的にあげて、図表5―10のなかで、基本の二軸とのかかわりに注目してコメントをしておいた。

全体として、このように多種多様なアプローチがあるにもかかわらず、また、すべての研究が基本の二軸を明示的に論じているわけでもないが、必ずどこか深いレベルでこの二側面を基盤にもっていることがわかる。

もちろん、理論によって、課題軸、人間軸のうちの一方がより前面に出されていることもある。たとえば、ミッション型（制度的）リーダーシップやビジョナリー・リーダーシップでは課題面が、サーバント・リーダーシップやEQリーダーシップでは人間軸が、より際立っている。

しかし、（今のCDにはないが）昔のレコードにA面とB面があったとおり、課題面がA面でも、裏面に人間面のポイントが必ず存在し、逆に人間面がA面でも、裏面に課題面にかかわる留意点がやはり見つかるはずだ。しかも、(ビートルズなどのすばらしいバンドなら) B面にもまたすばらしい曲が入っていたのと同様、どちらかが表に出ているようでも、もうひとつの軸があり、その両方が対立項になっているのでなく、相乗効果をもっていることにとくに注意してほしい。

どんなにすぐれた価値や使命を体現したリーダーでも、人びとのコミットメントを引き出せない限り、ミッション型も「笛ふけど踊らず」になってしまう。また、いくらフォロワーの望むことに耳を傾けて、それにむけてリーダーの側がフォロワーの側に奉仕しても、リーダーが描くビジョンやミッションという至高のもの (something supreme) がなければ、サーバント・リーダーでなく、ただのサーバントになってしまう。一分間リーダーでも有名なK・ブランチャード (Ken Blanchard) は、サーバント・リーダーシップに関する会合で、このようなリーダーこそ、実は強力なビジョンが必要なのに誤解があると強く主張した。

それぞれの提唱者の書いているものを注意深く読めば、P・セルズニックは、ついてくる側のコミットメントの重要性を、R・グリーンリーフは、部下に奉仕するリーダーがそうとうレベルの高い概念化能力とそれを使命感として抱くことの重要性を、きちんと強調しているのである。

また、このようにいくつかの多様な理論をレビューすると、われわれが本書なりのリーダーシップの定義のために導入したふたつの基準がいかに諸理論にかかわってくるかも明らかになっていくであろう。浪花節だけでついてくるなら、「フォロワーの能動性」（ハイフェッツの基準）を充たさない。課題面でもしっかりしているひとが、きちんとフォロワーの声も聞いてくれ、配慮してくれるから、フォロワーはときにきびしい要望でも「喜んでついてくる」（クーゼス＝ポスナーの基準）のだ。この基本二軸の相乗効果は、それぞれの理論のなかに見られる。

このふたつの基準は、ともに、リーダーシップを論じることは、フォロワーに注目せずには不可能かつ無意味であることを示しているが、ここにリストアップしたなかでは、信頼蓄積理論、帰属理論、フォロワーシップ理論（これをリーダーシップ理論のひとつと呼ぶのは少し無理があるが）において、その点がとくに重点的に論じられてきた。フォロワーの語りを伴うことなく、リーダーシップというダイナミックなプロセスを「純生で」捉えることはできないのだ。

フォロワーの自律性を最も明瞭に強調しているのは、C・マンツ（Charles Manz）とR・ケリー（Robert Kelley）だ。マンツは、フォロワー自身が自分たちでやっていけていると思ってもらえるようなお膳立てができるリーダーを推奨する。フォロワーたちが自分で自分たちを引っ張れるようなセルフ・リーダーシップがその鍵だ。これを実現するリーダーは、けっしてたやすいことではないので、後に、セルフ・リーダーシップに導けるようなリーダーをスーパー・リーダーと呼んだ。

どこか東洋的だと思っていたので学会で会ったときに質問してみると、マンツはそのとおりだと言った。老子のなかに、「無為を為さば、即ち治まらざるところ無し」という言葉がある。しかし、これはけっして放任ではなく、フォロワーに自ら適切な目的を立て、自ら鼓舞し、自らに報酬を与えるようなセルフ・リーダーシップを取ってもらうようにするためには、実は高度なリーダーシップがいる（だから、誤解のないように、スーパー・リーダーという言葉を後につくったのであった）。

R・ケリーは、フォロワーシップの研究をしていると自分の関心を語ると、当初は、経営学をおこなっている同僚も、実務界のひとたちも、最初はきょとんとしたという。しかし、われわれは、人生のかなりの期間、かなりの場面で、フォロワーとして振る舞っている。実際に会社で管理職となり、部下をもつ課長、部長になっても、事業部長、トップにとっては、フォロワーである。

ケリーは、逆転の発想で、うまくフォロワーシップがとれること自体が、将来リーダーシップをうまく取る条件にもなることに気づき、その点を強調するようになった。いいフォロワーとは、イエスマンではなく、上に対しても曲がっていることは曲がっていると言えるフォロワーでありながら、けっして使命に対しては投げやりになることなく、積極的かつ前向きに仕事に取り組む。そんな風にできるひとが模範的フォロワーだ。そう言えば、わたしの身の回りでも、上に立つひととうまい関係を築くことができているひとが、結局、リーダーシップを取る場面においてもすぐれていると観察されるケースが多い。フォロワーが喜んでついてくるからこそリーダーシップが存在するのだとしたら、フォロワーであるひとたちの気持ちがいつまでたってもわかるひとが上に立つとうれしい。

さて、「喜んでついてくる（willingly follow）」ひとたちの存在こそが、リーダーシップの試金石だと言ったのはJ・クーゼスとB・ポスナーだが、もしもリーダーシップのような複雑な現象をたったひとつの言葉で言い表すなら、躊躇なく「信頼性（credibility）」という言葉を選ぶと彼らは述べた。図表5―10は、ある意味では、課題軸、人間軸の行動をとれば、フォロワーの目から見た信頼性が生まれるかについて、それぞれの理論の提唱者が論じていることをまとめていることにもなる。

たとえば、E・P・ホランダーは、自然発生的なリーダーを研究し、リーダーはいきなり創造・革新をおこなうのでなく、まず、既存のやり方・規範を守りながらも、すぐれた成果をあげることを繰り返し証明することが求められる。そうなるとフォロワーの側は、逆に、このひとには、これまでのやり方・規範を逸脱することを許容するようになる。もっと言えば、許容するどころか、それを期待するようにもなる。リーダーシップのキーワードがこれからの時代、

エクササイズ12　実践家の持論を研究者の公式理論における二つの軸から眺め直す

研究者が構築した、どのようなリーダーシップ理論にふれたときも、また、すぐれた実践家が編み上げた、どのようなリーダーシップの持論を聞いたときも、それらの理論や持論のなかで、あげられている原理・原則を、その提唱者が主張するまま素直に理解したあと、必ず、課題の軸と、人間の軸のふたつの面から、原理・原則を眺め直す知的トレーニングの癖をつけていただきたいです。

（1）もし、自分がこれまでに習ったことがあるリーダーシップの理論があれば、さっそくそれをこの不動の二軸から見るとどうなるか、検討してみてください。

（2）この本で取り上げた、小倉昌男氏や松下幸之助氏などのリストした、経営者としてのリーダーの原理・原則を、課題関連の軸と、人間関連の軸の二面から分類しなおしてみてください。

（3）自分の持論をつくるときには、自分の考えといちばん波長が合い、敬意を払っているひとの持論を出発点とするのも一案ですが、それと並行して、自分がいいリーダーシップを取る条件として普段意識していることを、課題と人間の二軸から整理したり、あるいは、「わたしは、課題軸では、つぎの３つを、人間軸では、つぎの２つを、（３つとか、２つとかいう数字は仮ですが）意識してきた」というように、持論の整理にも使ったりしてください。

これには、正解があるわけではありませんが、リーダーシップのような複雑な現象を、複雑なまま放置するのでなく、とことん凝縮して、本質に目を向ける形で言語化するならばどうなるかを体感するうえで、また、持論の原理・原則の数が増えてきたときに、そのひとつひとつの意味合いを一定の不動でロバストな軸に沿って頭のなかで整理するうえで、有効なはずです。

この本を読み上げた後、リーダーシップの理論書をあれこれ手にして読むたびに、（1）の作業をしてみるようにお願いします。

ますます変革や創造・革新ということになっていくとしたら、それに耐えるだけの信頼を築くための方法が、論者ごとに異なる観点から記述されてきたわけだ。

しかし、根っこにある共通の言葉は、リーダーにフォロワーから帰属される信頼性だ。サーバント・リーダーシップは、上に立つひとこそ、威張っている場合ではなく、部下に奉仕することが大切だと逆説的に述べたわけだ。実は、信頼性という観点からはフォロワーたちは、自分たちのためを思って動いてくれる（つまり、その意味ではサーバントのような）リーダーなら信頼できるはずだ。ただ媚びるようなサーバントだと困るが、そのひとが、フォロワーも心酔できるようなミッションをもっていると、ますます信頼できる。グリーンリーフの著書を読めば、いかに「大きな夢（big dream）」や「ビジョナリーな概念」が大切な役割を果しているかわかる。

以上のように古典的な基本の二軸が古くさくなることはけっしてなく、どのような最新の理論もまず、このロバストな二次元に照らしてみる癖をつけよう。そのためにエクササイズ12を掲げた。

(10) 経営学の発展の歴史そのものに垣間見る基本の二軸

この二つの軸を、経営学全体の発展の歴史のなかで見ると、課題の軸がF・W・テイラー

図表5—11 経営学発展の歴史と基本の二軸

経営学の歴史＼二軸	課題の軸	人間の軸
F.W.テイラー	科学的管理法	
E.メイヨー、F.J.レスリスバーガー		人間関係論
H.A.サイモン	意思決定論	
A.マズロー、D.マクレガー		人間主義経営学（新人間関係論）
BCG、M.ポーター	（分析的）戦略	
T.ピーターズ=R.ウォーターマン、E.H.シャイン		組織文化論
M.ハマー＝J.チャンピー	ビジネス・プロセス・リエンジニアリング（BPR）	
P.ブロック、R.M.カンター		エンパワーメント
R.S.キャプラン＝D.P.ノートン	バランスト・スコアカード	
D.ゴールマン、P.サロベー		EQ

（Frederick W. Taylor）の科学的管理法、人間の軸がE・メイヨー（Elton Mayo）とF・J・レスリスバーガー（Fritz J. Roethlisberger）の人間関係論に対応している。このふたつは、それぞれ二十世紀の初頭、および一九三〇〜四〇年代に実施された経営学の古典だ。

テイラーは課題面で一流のやり方をできるひとの作業法を標準化し、科学的管理法という運動を起こした。そこでのキーワードのひとつは、タスク・マネジメント（課業管理）だった。メイヨーとレスリスバーガーは、職場におけるインフォーマルなグループと人間関係、監督者の作業者に対する注目の大切さを発見した。仕事の世界なのでなんといってもまずタスクが大事に決まっているが、人間はロボットではないので職場に期待、希望、楽しみや不安などの感情をもちこむ。だから人間関係に対し、マネジメントは目を向ける必要があると主張した。リーダー行動の基本の二軸は、より大きな文脈で見ると、このように経営学の黎明期より注目された二側面にも対応している。経営組織が課題をもたない烏合の衆ではなく、同時に、課題をこなすだけのマシーンでもなく、そこにひとが介在する限り、いつもこの両面が注目されてきたといってもよい。E・H・シャイン（Edgar H. Schein）は二〇〇〇年の来日時の講演で、経営学発展の歴史そのものが課題軸と人間軸の間を振り子のように揺れ動いてきたと述べた。

リーダーシップの基本の二軸は、このように考えると、経営学全体の縮図にもなっている。主要の経営学説とコンサルタントや経営学のブームを振り返るとこの対比は前ページの図表5―11のようにまとめられる。リーダーシップで両方の次元の相互作用効果が強調されるとおり、本来両方の軸が統合的に論じられるべきであるが、少なくともそれぞれの説がどちらか一方により深いルートをもっている（もっとも、H・A・サイモンなどによるカーネギー学派の意思決定論のように、課題面、制約されてはいるが合理的な面に軸足を置きながらも、人間面も探究してきた統合的試みがしばしばあった）。

(11) 変革の二十一世紀に古典的な二軸では古くさいというひとへ

変革型リーダーシップは、章を改めて論じるが、ここでは、それもまた、基本の二次元の延長で捉えられることを、確認しておきたい。

比較的新しいリーダーシップ論でよく聞く言葉は、ビジョンとネットワークだ。図表5―8（246ページ）にも要約したように、代表的論者ごとに使う用語は異なるが、この部門や会社全体をどこにもっていきたいかの姿を描き、その方向に人びとの努力を結集していくことだ。

J・P・コッターは、当初にはすぐれた市長の行動特性、後には事業部長レベルのGM（ゼネラル・マネジャー）の行動特性から、つぎの三つの特徴を見いだした〔Kotter, John P.（1982）. *the General Managers*. New York: Free Press. 金井壽宏・加護野忠男・谷光太郎・宇田川富秋訳『ザ・ゼネラル・マネジャー――実力経営者の発想と行動』ダイヤモンド社、一九八四年〕。

(1) アジェンダ設定（agenda setting）
(2) ネットワーク構築（network building）
(3) 実行――ネットワーク内のひとたちにアジェンダを実施してもらうこと（executing: getting networks to implement agendas）

第一に、アジェンダとは、事業部の扱う製品、財務、マーケティング、ひとの問題に関して、公式の経営計画や全社的な戦略プランと両立はするけれども、事業部長独自の考えや希望を反映した見取り図で、文書化されることなく、事業部長の頭のなかに描かれている。

アジェンダは、一方では事業経営責任者としての「大きな絵」にあたるもので、他方では日々の多忙さのなかで偶然もうまく生かすためのより詳細な活動項目も含む。つまり、それは、一方で公式の計画よりもより遠く、より長期を見据えているのだが、他方で「今度、○○さんに会ったら、財務については、□□を頼む必要がある」というような、より具体的かつ短期的な活動項目から成り立っている。

アジェンダの辞書的な意味合いは、「会議のときの議題」だが、ちょうど司会者が議題をもっているから、会議がめざすことが整理されているのと同じように、事業部長が活動の指針としてすっきり頭に収めていることがらで、随時、ネットワーク内の人物に語るし、また、ネットワークに入っているひととのやりとりから、アジェンダ（たとえとしては、事業部長が事業経営について論じるときの議題）は編み上げられていく。いつもよくアジェンダの具体的内容がわかりにくいと言われるので、コッターのあげる図表5−12を参考に掲げた。

第二のネットワーク構築とは、事業部長クラスになると、組織図など既存の仕組みや命令指揮系統ももちろん活用するが、それらとは別個に、人びとを巻き込む人的なつながりを社内外に自分なりにつくり出し、それを活用することが必要になる度合いが増すが、そのことを指す。ちょうどアジェンダが公式計画と両立はするがそれとは別個のものであるのと同様に、このネ

図表5−12　ゼネラル・マネジャーの典型的なアジェンダの内容

		中核的項目		
		財　務	事業（製品・市場）	組織（人々）
時間軸	長期（5〜20年）	通常は、10〜20年の収益、投資利益率に関する漠然とした考え方を含む	通常、ゼネラル・マネジャーが開発を望んでいる事業（製品・市場）の種類についての漠然とした考えを含む	通常あいまい。ゼネラル・マネジャーが望む会社の「タイプ」や必要とされる経営能力に関する考えを含む
	中期（1〜5年）	典型的には、向う5年間の売上高、収益、投資利益率についての一連の目標をかなり明確にしたものを含む	典型的には事業を成長させるなんらかの目標や計画を含む。たとえば、 ・3つの新製品が1981年までに導入されるようにする ・どの領域に買収の可能性があるかを探索する	通常、下記のような項目の短いリストを含む ・1982年までに組織機構の大きな再編成が必要 ・1981年までに、コーリーの配置転換が必要
	短期（0〜12カ月）	四半期または年間におけるすべての財務項目（売上高、支出、収入、投資利益率など）についての目標のかなり詳細なリストを含む	通常、下記のような一連の一般的目的や計画を含む ・多様な製品の市場占有率 ・多様なラインの在庫水準	典型的には、下記のような項目を含む ・すぐにスミスの配置転換先を探すこと ・ジョーンズを、もっと積極的な5年目標に邁進させること

（出所）Kotter, John P. (1982), *The General Manager,* New York： Free Press, p. 62（金井壽宏・加護野忠男・谷光太郎・宇田川富秋訳『ザ・ゼネラル・マネジャー——実力経営者の発想と行動』ダイヤモンド社、90ページ）

ットワークも、公式の組織機構と両立はするが、事業部長がアジェンダの設定と実行のために自らの手で編み上げたものだ。そこには、直属の部下だけでなく、部下の部下、上司、他部門の同輩、サプライヤー、マスコミ、金融関係のひとなども含み、通常は数百人から数千人にも及ぶ人びととの関係が内包されている。

課題軸と人間軸が相乗効果をもつのと同様に、このアジェンダ設定とネットワーク構築のふたつは、ばらばらでなく、相互に関連し合っていることに注意されたい。アジェンダは真空のなかから描けるのではない。事業部長が執務室でひとり悶々と考えながら、アジェンダが突然描けるのではない。アジェンダの実現に際して意見のありそうなひと、その中身についてアイデアのあるひと、関連する情報や資源をもっているひと、賛成してくれそうなひとだけでなく反対しそうなひとまで、積極的に会っていくなかで、このアジェンダは徐々に形成されていくのだ。

逆に、ネットワーク構築というのは、「よく知っているひとが大勢います」といわんばかりに名刺を束ねるひとがいるが、そういうたぐいのものではけっしてない。つながりが戦略的に、つまりアジェンダを実施するうえで重要になってくる人びととの間に創出されていることがネットワーク構築に際しては重要なのだ。

だから、新しく事業部長になったひとは、後に名事業部長として鳴らすひとでも、就任早々いろんなアクションを一気にとるのでなく、最初の数カ月は、まずアジェンダの設定とネットワークの構築に時間をかける。この両方がようやく相互にうまく関連する形でできあがってくると、あとは、第三ステップとなる。それが、ネットワークを通じてアジェンダが実現していくドロドロした実務の世界だ。だから、実行段階は非常に大切だが、ついついリーダーシップ論のなかではやや軽視されてきた。たいていの場合、アジェンダ設定とネットワーク構築という先立つ二段階だけがコッターのリーダーシップ論というときに紹介されてきた。もっとも最後までとことんやりぬくところでふがいない経営者がいるので、実行力そのものが肝心だということでそれを強調する論者も最近は出てきた（たとえば、Bossidy, L. and R. Charan (2002). *Execution: The Discipline of Getting Things Done*. New York: Random House. 高遠裕子訳『経営は「実行」——明日から結果を出すための鉄則』日本経済新聞社、二〇〇三年）。

しかし、コッターの主張は、アジェンダ設定とネットワーク構築が手に手をとる形でできあがっている度合いを重視している。アジェンダ設定に役立つネットワークが創出され、そのネットワーク内の人物からのインプットでアジェンダがより実現可能性が高く、人びとのコミットメントを得やすいものになっている度合いに応じて、実行段階は、事業部長自らイニシアティブをとってすることというよりも、ネットワーク内のキーパーソンがアジェンダの各項目を実施していくなかからなされていく。

管理職になり、やがてゼネラル・マネジャー（事業部長レベル）になるころには、リーダーシップを取るひとのスケジューリングは、十分刻み（社長になると分刻み）の忙しさになるだろうが、それは、アジェンダを編みだし実現するのに大切なネットワーク内の人物とひっきりなしに会うからだ。彼らは、口頭のコミュニケーションを好み、フレッシュな情報や意見を大事にする。だから、活動が断片化する。

しかし、大事なことは、忙しいから大きな絵が描けないのでなく、大きな絵がないから、やたら忙しく感じてしまうのである。大きな絵が描けているなら、多忙ななかでも、戦略的におおらかに動けるのだ。アジェンダがあるおかげで、優先順位が生まれ、偶然会った機会にも、活動項目で、「○○さんに次回会ったときには、□□を依頼」と頭に整理されているので、会議の席、エレベータのなかでさえ、てきぱきと指示を出し、情報収集ができるというわけだ。いつ会っても、「○○さん、あなたに会ったら頼みたいことがあったんだけど」とすぐに言ってくるひとは、上司としてはたくさん働かせてくれるのでつき合うのがたいへんだが、アジェンダ設定とネットワーク構築がうまくできているひとの好例といってよい。

ここでは、コッターの研究だけを詳しく紹介したが、このような行動特性は、トップ・レベルで事業経営責任者（GM）としてリーダーシップを発揮するひとたちだけでなく、ミドル・マネジャー・レベルでも見られることが、R・M・カンター（Rosabeth M. Kanter）の研究で明らかにされてきた〔Kanter, Rosabeth M.（1983）. *The Change Master: Innovation for Productivity in the American Corporation.* New York: Simon and Schuster.〕。

変革に立ち向かうミドルは、賛否両論があってでも、自分なりに問題や課題を見つけ出し、社内外のキーパーソンとうまくつながり、そこにある情報、資源、応援を総動員して、変革を推進していた。このような人物を彼女は、ミドル・レベルの変革の達人たち（change masters）と呼んだ。個人の行動特性として変革型のリーダーシップに個人差があるだけでなく、会社によってこのようなひとたちが多い会社と、少ない会社がある。通常は、変革の達人は、不足しがちの会社のほうが多いので、このようなひとたちとその予備軍に対するエンパワーメント（資源や情報の裏付けを伴いつつ、大きく任せること）が必要だと彼女は主張した。

カンターがつぎにあげる三ステップは、コッターのアジェンダ設定、ネットワーク構築、実行とよく符合している。だから、変革のために必要な次元もまた、かなりロバストであるといえそうだ。

(1) 問題設定（problem definition）
(2) 連合体形成（coalition building）
(3) 動員（mobilization）

実行や動員も、重要なステップではあるが、敢えて基本二軸に即して、ふたつに絞り込めば、

図表5—13 変革型リーダーシップとロバストな二軸

二軸 テーマ（研究者）	課題（仕事）関連行動	人間（対人関係）関連行動
変革型リーダーシップ#1（J.P.コッター）	アジェンダ設定（agenda setting）	ネットワーク構築（network building） 実行（executing）
変革型リーダーシップ#2（R.M.カンター）	問題設定（problem definition）	連合体形成（coalition building） 動員（mobilization）
変革型リーダーシップ#3（金井）	戦略的課題の提示、方針伝達、緊張醸成、達成圧力	配慮、信頼蓄積、連動性創出、連動性活用
日常語で変革型リーダーシップを表す二軸	大きな絵（ビジョン）を描く	大勢の人びとを巻き込む
読者の皆さん自身が（上記の基本2軸について）日常で使われる言葉で言い換えるなら	**（記入してみてください）**	**（記入してみてください）**

コッターとカンターの共通項として、アジェンダ設定もしくは問題設定が課題軸の行動で、ネットワーク構築もしくは連合体形成が人間軸の行動ということになる。これらは少し言葉が堅いので、また、アジェンダというのは外来語としてもまだそれほど使用されることがないわかりにくい言葉なので、全般的に変革型リーダーシップというと「ビジョンを描き、ネットワークを編み出すこと」を指す。その二軸を基底に、変革が生まれる過程が描写されることが多い。カタカナはそれでも遠慮したいという方には、「大きな絵を描き、大勢の人びとを巻き込むこと」と言い換えればいい。わたしには、これがいちばんしっくりくる大和言葉の日常語だが、図表5—13の空欄を

設けたところに、皆さん方自身ならどういう言葉で表すのがいちばん適切か、記入してみてほしい。ここでは先に示した図表5—8から変革型リーダーシップにかかわるところのみ抜き出して示している。

リーダーシップの研究を一生懸命、最先端でやっているひとたちのなかには、「今さら、古典的な二次元ではないでしょう」「これからは、ビジョンとネットワークですよ」と言われる方がけっこう多い。わたし自身も、コッターの著書を二十年以上前に邦訳したときは、これが新しい変革型リーダーシップ論の夜明けだと思ったものだ。ひとは新しいものに興奮するし、感動したものは新しい初めてのものと思いたいものだから。

しかし、より深く考えると、今は変革の時代なので、数ある課題関連の行動のなかで、単に方針を伝達したり、圧力をかけたりするのでなく、この部門、会社全体をどこに連れていってくれるのか、つまりビジョンを示すことが最も強く求められるようになった。また、大きな絵の実現が、自分の部門内だけに閉じこもったままで進行していくとはとても思われない。

だから、ミドルでもトップ・レベルでも、自分の管轄下にある部下たちへの配慮だけでなく、管轄ユニットの外部、さらには社外のひとたちを含めて、より広範なネットワークが形成されなければ、変革のための大きな絵は、絵に描いた餅のままになってしまう。そのように考えると、課題にかかわる軸、人びとにかかわる軸のふたつが古くさくなったわけでないことがわかる。表現は変わったが、軸そのものは不動だということに注意を促したい。トップに近づくほど、課題軸における大きな絵、ビジョン、アジェンダと呼び方はなんであるにせよ、その内容は、経営戦略に近づいていく（次期経営幹部をめざすひとたちが、リーダーシップとあわせて、必ず経営戦略にまつわる思考法を学ばないといけないわけはここにある）。

『変革型ミドルの探求』（白桃書房、一九九一年）のなかで、わたし自身が膨大なデータから確認したのは、同じく課題関連の行動といっても、戦略発想で革新指向のミドルの場合には、単なる方針の垂れ流しでは不足があり、戦略的課題の提示（部門レベルのビジョンに近いもの）が要請されることであった。また、同じく人間関連の行動といっても、部下に対する配慮、とりわけ信頼を築くことは重要ではあるが、創造と革新をめざすならば、それだけでは足りず、部下以外にも大勢の人びととの連動性をつくり出し、それを課題の実現のために活用することも要請されることが判明した。構造づくりや配慮は、いつになっても基本行動だが、変革型リーダーシップを取るミドルには、それに加えて、自分なりのビジョンとより広範なネットワークが望まれるのである。

⑿経営理念の浸透と基本の二軸

集団、組織、社会の成り立ちの根っこに、外的適応という課題、内的統合とコンフリクト処理という人びとの関係にかかわる課題があり、それが集団、組織、社会におけるリーダーシップのありようにかかわっている。

このように人間観や社会観にまで関連する古典的な二軸であるから、それらがまた、会社などの組織の成り立ちの基本価値を標榜する経営理念や社是・社訓とかかわっていたとしても、驚くにあたらない。

業績の卓越という課題面と、人びとを大切にするという人間面の両方を高らかに謳う理念はけっこう多い。読者の皆さんも自分が所属する組織の理念や基本価値を再度チェックしていただきたい。たとえば、ＩＢＭは、(顧客への) サービス、卓越性 (エクセレンス)、個の尊重 (respect for individual) を、トーマス・ワトソン・シニアのときから、ずっと大切にしてきた。

現在のソリューションに焦点をおく経営の時代に至るまで、顧客へのサービスで卓越した業績を課題面であげることと、その際に、この会社に働くひとりひとりの個人の尊厳を守ってこようとした。最近では、「VISIONe」という言葉で、大歳卓麻社長のもとに、エクセレンスだけでなく、e—ビジネス、地球の豊かさ (earth)、環境への配慮 (ecology) という社会的な配慮がeという言葉によって前面に出されてきている。

さきにⅣ章であげたＧＥウェイをこの二軸の観点から見直してもらうのもよいアイデアだ

し、松下電器産業のホームページを訪ねて理念や行動基準、綱領、信条、七精神を、課題面、人間面から検討してもらうのもお勧めだ。松下の場合には、業績をあげる（したがって利益をあげる）ことにも社会の公器としての企業の社会性が織り込まれている。また、創業者が「モノをつくるまえに、ヒトをつくっている」と語ったとおり、課題と人間の軸のうち、（ともに大事なのだが）後者を紙一重でもより重要視していたことが示唆される。

産業界でリーダーシップを取るひとばかりでなく、政治の世界でリーダーシップを取るひとが強く要請されるという意識から創設されたのが、松下政経塾であった。

コープこうべは、生活協同組合として、営利企業とはひと味違った理念をもっている。「愛と共同」「ひとりは万人のため、万人はひとりのため」「組合員のために」などの言葉で表されてきた。また、生協運動が全世界レベルで標榜する価値観のなかのひとつに、「他の人びとへの配慮（caring for others、世話と訳すこともできる）という項目がある（一九九五年九月にイギリスのマンチェスターで開かれた「ＩＣＡ（国際協同組合同盟）一〇〇周年記念大会」で採択された報告書の中で「協同組合の組合員は、誠実、公開、社会的責任、そして他の人びとへの配慮という倫理的価値を信条とする」と謳われている）。

そんなコープこうべのことであるから、理事、管理職、店長にとって、組合員と職員に対する配慮の意味合いが他組織より濃厚なものとなる。香川大学の松岡久美氏による詳細なフィー

エクササイズ13　理念のもとにある二軸の行動を探る

勤務先の会社などの組織だけでなく、出身大学や高校、趣味の会合、通うことのある病院、支持政党等々、自分になじみのほかの集団や組織について、その理念、綱領、基本価値を調べてみて、文書化され箇条書きになっている場合には、持論をチェックしたときと同様に、それぞれが課題の軸、人間の軸にどのような意味合いをもっているか、考察してみてください。その考察結果をめぐって、同じ会社にお勤めのひと、出身校が同じひとと話し合ってみてください。どのような行動をとることが、それらの理念、綱領、基本価値をゆかりのひとに広めるのに有益か、少し考えてみてください。

理念の浸透のリーダーシップは、なかなか研究はむつかしいのですが、ひとつの重要な実践的トピックとなりつつあります。わたしが通学していた高校には、校是として「精力善用、自他共栄」という言葉が掲げてありましたが、今となって思い起こせば、それぞれに課題面（どこにエネルギーを注ぐか）、人間とのかかわりの面（自分だけのことを考えるのでなく皆にプラスになるにはどうすればいいか）を照射しています。なかなか、若すぎてそういう行動はとれませんでしたし、また理事長や校長、先生方の行動を見ていてどれがその実例にあたるのかいまひとつ当時はよくわかりませんでしたが、けっこう心深く覚えているものです。

理念は、ただの標語になりがちですが、それに行動面で彩りを与えるとしたら、どのようなことが肝心か、それぞれの軸について考察し話し合ってみてください。

ルド調査によれば、コープこうべでは、理念の浸透に際して、構造づくりで測定される課題軸のリーダー行動よりも、配慮で測定される人間軸の行動のほうがより大きな効果をもつことが判明した。理念のありようと、その組織のなかで望ましいとされる行動の間に、なんらかのフィットネスが存在するという証左でもある。

もちろん、このように厳しい時代には、業績のほうが強調される。だから、社会性の自覚の高い組織だけに、基本目標がしばしば振り子の揺れのように、社会性（人間軸）と経済性（課題軸）の間で揺れ動く。コープこうべでは、企業経営のなかでバランスト・スコアカードが普及するはるか前に、この二つの軸を含む独自の評価体系を開発してきた。

「愛と共同」という理念とは逆に、「数字とあくなき競争」という理念の会社が仮にあれば（そういうので思い浮かぶ会社が実際いくつかあるが）、そこでは理念の浸透に役立つのは、人間軸でなく課題軸のリーダー行動かもしれない。会社全体をどのように発展させていきたいのかを基本価値として述べるのが理念だとすれば、会社ごとに理念に応じて、二軸のうちの一方がより強力にフィーチャーされているということがあるだろう。

しかし、ここまで繰り返し述べてきたとおり、「愛と共同」という理念をもつ運動組織体も業績をあげてサバイバルしないと、組合員と職員のケアを全うできないし、（仮に）「数字とあくなき競争」という名の下に、業績至上主義のノルマ経営をおこなう会社もまた、ひとに配慮しひととひととの関係を大切にすることがまったくなければ、人材そのものが疲弊してしまうであろう。組織体の理念やその浸透に役立つリーダーシップ行動を考えるうえでも、両方の軸に相乗効果があることを軽視してはいけないという理由がここにある。

(13) リーダーシップ論の状況アプローチと基本の二軸

ロバストな二軸を使用してきた諸研究の結論、行動アプローチのひとつの到達点は、両方の軸で高度の行動をとっているリーダー（H・i—H・i型のリーダー）が最も有効なリーダーシップを発揮していること、その効果は、ふたつの行動の間に相互作用、相乗効果からも生じることであった。

このH・i—H・iパラダイムは、ワン・ベスト・ウェイ・アプローチの代表格である。つまり、これは、リーダーシップを学ぼうとするものに、唯一最善のリーダーシップ・スタイルが存在するという立場をとる。だから、PM理論ならば、ラージP—ラージM型、オハイオ州立大学ならば、構造づくりも配慮もともに高度な型、マネジリアル・グリッドでは、9・9型（業績に対する関心、人びとに対する関心の二軸にそれぞれ九段階の目盛りを付けたときに、どちらも九ポイントをとるような型）がお手本だと考える。

しかし、われわれがつぎに知りたいことが、H・i—H・i型が最高なのだと認めたとしても、どのような場面では課題関連の行動がクローズアップされ、また、どのような別の場面ではまず人間関連の行動がより重要性をもつのか、という点だ。R・F・ベールズの研究では、餅は餅屋で、課題スペシャリストと社会―情緒面のスペシャリストは、ひとりの人物が担うのでなく、異なるメンバーの間で分けもたれていた。どのようなタイプのひとが場を仕切る課題リー

理論

<table>
<tr><th>課題軸への意味合い</th><th>人間軸への意味合い</th><th>備　考</th></tr>
<tr><td>LPC尺度が低得点であることは、いっしょに仕事をしたくないひとをネガティブに捉える課題達成中心の発想をするひとで、このようなひとは、状況好意性がとくに高い状況か、特に低い状況にマッチしている。</td><td>LPC尺度が高得点であることは、いっしょに仕事をしたくないひとでもポジティブに捉えることができる人間関係の指向の高いひとで、このようなひとは、状況好意性が中程度の状況にマッチしている。</td><td>LPC尺度の解釈をめぐって、また、リーダーの行動そのものが状況の性質を変えていく側面を見ていない点など批判も多いが、最大の貢献は、はじめてリーダーシップの条件適応理論を提唱し、また、実践的にも研修用のリーダー・マッチ理論の枠組みを作成したことだ。</td></tr>
<tr><td colspan="2">リーダー行動については、課題への関心、関係への関心の基本二軸が使用されている。部下が非常に未成熟（能力も意欲も低い）か、非常に成熟している（能力も意欲も高い）ときには、関係への関心が低くてもいいが、前者では、課題への関心が高度でリーダーからの指示・命令口調型（telling）が、後者なら、課題への関心も低くてもよく、部下に全面的に委譲型（delegating）で接するのがいい。中間レベルのふたつのケース、ひとつは、意欲はあるが能力のない部下には、説得型（selling、Hi-Hi型）、逆に、能力はあるが意欲のない部下には、参加型（participating, 課題への関心は低く、関係への関心が高度のリーダー行動）が適合している。</td><td>一分間マネジャーは、この理論を広めるために使われた言葉だが、ほかの呼び名としては部下の成熟度に合わせた状況リーダーシップということになる。</td></tr>
<tr><td>職務自律性が低く、職務範囲も狭く、タスクがルーチンになっている（タスク不確実性が低い）場合、構造づくりは余計な（押しつけがましい）行動となり、効果が減じられる。</td><td>職務自律性が高く、職務範囲が広ければ、やっている仕事そのものからの満足感が得られる（タスク内在満足が高い）ので、配慮の効果はその分、減じられる。</td><td>SBDQやLBDQといったオハイオ州立大学の尺度を使った研究で、矛盾する発見事実が多数あり、一方で尺度の版の違いも注目されたが、ハウスは、職務やタスクの性質がたとえば、工場と研究所では同じリーダー行動の効果が違うことに注目した。</td></tr>
</table>

図表5－14 状況アプローチの

理論	提唱者（発表年）	概要（一言でいえば）
条件適合（コンティンジェンシー）理論もしくはリーダー・マッチ理論	F. E. フィードラー（Fred E.Fiedler）（1967）	LPC（Least Preferred Co-worker）という尺度で測定されたリーダーシップが、業績に与える効果が、リーダーが直面する状況が好意的かどうか（課題が明確で、人間関係がよく、職位のパワーが十分にあれば最も好意的）によって異なっていくことを発見した。
一分間マネジャー（状況リーダーシップ）	P. ハーシー＝K. H. ブランチャード（P. Hersey and K. H. Blachaud）（1977）	有効なリーダーシップ・スタイルは、部下の成熟度の変化に依存して推移していく。
経路─目標理論	R. J. ハウス（Robert. J. House）（1971）	オハイオ州立研究の2次元で測定されたリーダー行動それぞれの効果は、職務特性、タスク特性によって左右される。

課題軸への意味合い	人間軸への意味合い	備　　考
たとえば、適切な標準業務手順や部下の仕事での熟達があれば、構造づくりの必要度は減る。この場合、組織構造やタスク（職務）特性がリーダーシップの代替物。	たとえば、やっている仕事そのものが楽しければ、配慮が少なくてもやっていける。この場合、仕事特性がリーダーシップの代替物。	このリーダーシップの代替物をつくること自体が、リーダーの構造づくりでもある。
意思決定の質が問われ、リーダーの手持ちの情報では足りず、部下の追加的情報が意思決定の質を高めそうな場合には、部下の参加度合いを高めるのがいい。	リーダーによってなされた意思決定の結果が部下たちに納得のいくものとして受容されることが不可欠で、リーダーが勝手に決めると受容される可能性が低いとき、部下が信頼できて、部下の間で対立などが少ないときも、部下の参加度合いを高めるのがいい。	どのような場面でどの程度、部下を参加させたらいいのかを、規範的に教えてくれるので、このような名称がついているが、しっかりとした実証的な研究に基づいており、リーダーシップの状況アプローチの代表格のひとつとして必ず引用される。

ダーとして頭角を現し、どのようなタイプのひとが場をなごませる社会的リーダーとなるのか。背後には、パーソナリティとのマッチングがあるはずだ。

このように、唯一最善のスタイルのようなものが存在すると認めたとしても、状況からの要請やリーダー本人のひととなりによって、望ましいリーダーシップ・スタイルは変化しうるはずだ。状況次第で、有効なリーダーシップ・スタイルが異なると主張するアプローチを、一般的に状況アプローチ（situational approach）もしくは条件適合アプローチ（contingency approach）と呼ぶ。

ここではいくつかの状況アプローチの理論を概要のみ簡単に紹介して、ここま

図表5―14　つづき

理論	提唱者（発表年）	概要（一言でいえば）
リーダーシップの代替物アプローチ	S. カー（Steven Kerr）（1977）	リーダーシップを左右するのは、リーダーの行動の代わりになるものとそれを阻害するものが、組織の内外に多数存在する。
規範的モデル	V. H. ブルーム＝P. W. イェットン（Victor H. Vroom and Philip W. Yetton）（1973）	リーダーが部下をどの程度、意思決定に参加させるのが適切かは、リーダーが直面する意思決定問題の特性に依存する。

でずっと議論してきた基本の二軸に対する理解を深める観点から検討していくことにしたい（図表5―14）。

F・E・フィードラー（Fred E. Fiedler）の名前は、研究蓄積から意味を見つけ出そうとする粘り強さと、リーダーシップ論の領域でコンティンジェンシー理論（条件適合理論）を打ち出した点において、どの書物にも紹介され、リーダーシップ研究の歴史のなかにずっとその名は残ることだろう。

そこで中心になるのは、LPC（Least Preferred Co-worker）尺度と状況好意性（situational favorableness）の概念だ。LPC尺度は、289ページに示すとおりの十八項目の両極で対となる形容詞の

エクササイズ14　自分のＬＰＣ尺度を測定してみよう

これまでいっしょに働いたことのあるひとのなかで、最も仕事がやりにくかったひとをひとり具体的に思い浮かべてください。必ずしも嫌いなタイプのひとというのでなく、仕事でいっしょになるのはごめんだというひとを取り上げてください。そのひとを念頭に、次ページの各項目に正反対の形容詞を両極に８点からなるスケールがありますので、適当と思われるところに○印を記入してください。

合計してみて、64点以上なら高LPC、57点以下なら低LPCということになります。それぞれ関係動機型（人間軸中心のタイプ）、課題動機型（課題軸中心のタイプ）という名称がついています。もし、何名かグループでこの尺度を試してみたときには、スコアの高いひとと低いひとの、集団場面でリーダーシップを取っているときの発想や考え方、行動、態度に見る特徴を比較してみてください。ひとりで試してみたひとは、課題動機型、関係動機型について、以下の記述がどの程度、自分にあてはまるかチェックしてみてください。

リストから成り立っている。ＬＰＣというイニシャルの略語のもとの意味は、このひととだけはいっしょに仕事をしたくないひとというニュアンスだ。回答者は、そのような具体的人物をひとり取り上げるように促され、その具体的なひとを思い浮かべながら、八件法（1から8までの物差し）で回答することになっている。いっしょに仕事をやり遂げるのにいちばん手こずったひと、最も共同するのが苦手なタイプと思えるひとで、必ずしも嫌いな人物というのではないという説明も受ける。

ＬＰＣ尺度の得点が高い（高ＬＰＣ）回答者は、いっしょに仕事はしたくないひとでも、「楽しい」「友好的」「受容的」だと感じるひとなので、つまり、「あのひととは仕事で協

図表５－15　LPC（Least Preferred Co-worker）尺度

										得点
楽しい	8	7	6	5	4	3	2	1	楽しくない	
友好的である	8	7	6	5	4	3	2	1	友好的でない	
拒絶的である	1	2	3	4	5	6	7	8	受容的である	
緊張度が高い	1	2	3	4	5	6	7	8	ゆとりがある	
遠い(疎遠)	1	2	3	4	5	6	7	8	近い(親近)	
冷い	1	2	3	4	5	6	7	8	暖かい	
支持的である	8	7	6	5	4	3	2	1	敵対的である	
退屈である	1	2	3	4	5	6	7	8	興味深い	
口論好きである	1	2	3	4	5	6	7	8	協調的である	
陰気である	1	2	3	4	5	6	7	8	朗らかである	
開放的である	8	7	6	5	4	3	2	1	警戒的である	
陰口をきく	1	2	3	4	5	6	7	8	忠実である	
信頼できない	1	2	3	4	5	6	7	8	信頼できる	
思いやりがある	8	7	6	5	4	3	2	1	思いやりがない	
卑劣である(きたない)	1	2	3	4	5	6	7	8	立派である(きれい)	
愛想がよい	8	7	6	5	4	3	2	1	気むずかしい	
不誠実である	1	2	3	4	5	6	7	8	誠実である	
親切である	8	7	6	5	4	3	2	1	不親切である	
									合　計	

(出所) フィードラー, F. E. ＝M. M. チェマーズ＝L. ハマー『リーダー・マッチ理論によるリーダーシップ教科書』プレジデント社、８ページより。

働したいとは思わないが、それ以外ではつき合ってもいい」と思えるタイプの回答者と判断され、フィードラーは、「関係動機型」と呼んだ（得点64点以上が高LPCなので、自分のスコアを計算して比べてみよう）。

対照的に低LPCの回答者（57点以下の場合）は、仕事をいっしょにできないひとには情緒的にもマイナスのイメージを抱き、協働者としてやりにくいひとと親しくしたり、そのようなひとを受け入れたりできない回答者で、「課題動機型」と呼ばれる。

関係動機型のひとなら、仕事ではいっしょにやりづらくても、そのひととの関係そのものは大事にできるのに対して、課題動機型のひとは、仕事をともにするのが苦手なひととは、ほかの場面ではつき合いたくないと感じるタイプで、課題や仕事中心の考えをするのが特徴となっている。

本人評定で認知や態度を測るLPC尺度は、PM理論やオハイオ州立大学がリーダーのとる観察可能な行動そのものから部下評定でリーダーシップの測定をおこなったのと異なる測定法だ。しかし、興味深いことに、LPC得点の意味合いは課題と関係（ひと）という軸で解釈している（ただし、二軸としてではなく、初期のミシガン研究と同様、ひとつの軸の両極として捉えている）。

LPC尺度やそれと類似の尺度を用いて、実に多様な場面でリーダーシップの調査研究がおこなわれてきた。フィードラーを悩ませたのは、LPC得点と集団の業績との相関が首尾一貫した結果を示さなかったことだ。ある調査対象では高い正の相関、別の調査対象では高い負の相関、さらには、正にせよ負にせよ、あまり相関がみられないこともあった。

フィードラーが実に研究者として根気と熱意のあるひとだと思うのは、一見すると首尾一貫しないこの結果を説明するために、六十研究にも及ぶそれまでの調査結果の蓄積を状況好意性によってプロットしなおしてみて、あるパターンを見いだしたことである。

状況好意性とは、リーダーとして部下に働きかけることがやりやすい度合いを示す。①リーダーと部下との関係が良好で、②やるべき課題の構造が明確になっていて、③リーダーが占める職位に付随するパワーが十分に存在するときが—それに当たる。逆に、①部下との関係がわるく、②なにをどのようになすべきか不明で、③権限やパワーも自分になければ、リーダーとしてはリーダーシップをきわめて取りにくい状況になる。

ここではこれ以上、ひとつひとつの尺度は詳しくは引用できないが、リーダー・マッチ理論では、①リーダーとメンバーの関係（leader-member relations）、②課題の構造（task structure）、③リーダーの職位がもつパワー（leader position power）についても、八項目、十二項目、五項目の診断（測定）尺度が用意されている。①②③それぞれの次元で高い、低いという条件を組み合わせれば、合計二の三乗で八とおりの場面が分類できる（図表5—15のとおり）。

このそれぞれの場面をオクタント（八とおりの場面の意味）と呼ぶ。

これまでの六十個の研究結果のプロット（図表5―16のなかの●の散布状態）を見ると、オクタントⅠとⅡでは大きな負の相関（中位数でr＝－.52、－.58）、オクタントⅢでもかなりの負の相関（r＝－.33）が見られたのに対して、オクタントⅣとⅤでは、かなり大きな正の相関（r＝.47、.42）、さらにオクタントⅧでは、かなり大きな負の相関（r＝－.43）が見られた。オクタントⅥには該当する調査がなく、オクタントⅦでは、LPCと業績との相関はなかった。

ここからフィードラーが引き出した発見事実と解釈は、ふたつに整理される。第一に、状況好意性が良好（Ⅰ、Ⅱ、Ⅲ）か、逆にきわめて悪い（Ⅷ）状況では、LPCと業績とは負の相関を示していた。このような状況では、LPCが高いほど業績が低い（LPCが低いほど業績が高い）、つまり低LPC（課題関連型）のほうが業績貢献という点で状況に適合したリーダーシップの型となる。第二に、状況好意性が中程度（ⅣとⅤ）のときには、LPCと業績とは正の相関をしていた。このような状況では、LPCが高いほど業績も高い、つまり高LPC（関係動機型）のほうが業績へのインパクトという点で適合したリーダーシップの型となる。

フィードラーの研究に対しては、いくつかの批判がある。たとえば、LPC尺度がなにを測っているのかの理解が困難で、妥当性の低い尺度であること。また、状況に働きかけて状況好意性を改善できるのがほかならぬリーダーであるのに、状況の特徴を所与であるとみている。

図表5－16　各オクタントごとに示したリーダーのLPCスコアとグループの業績との間の相関

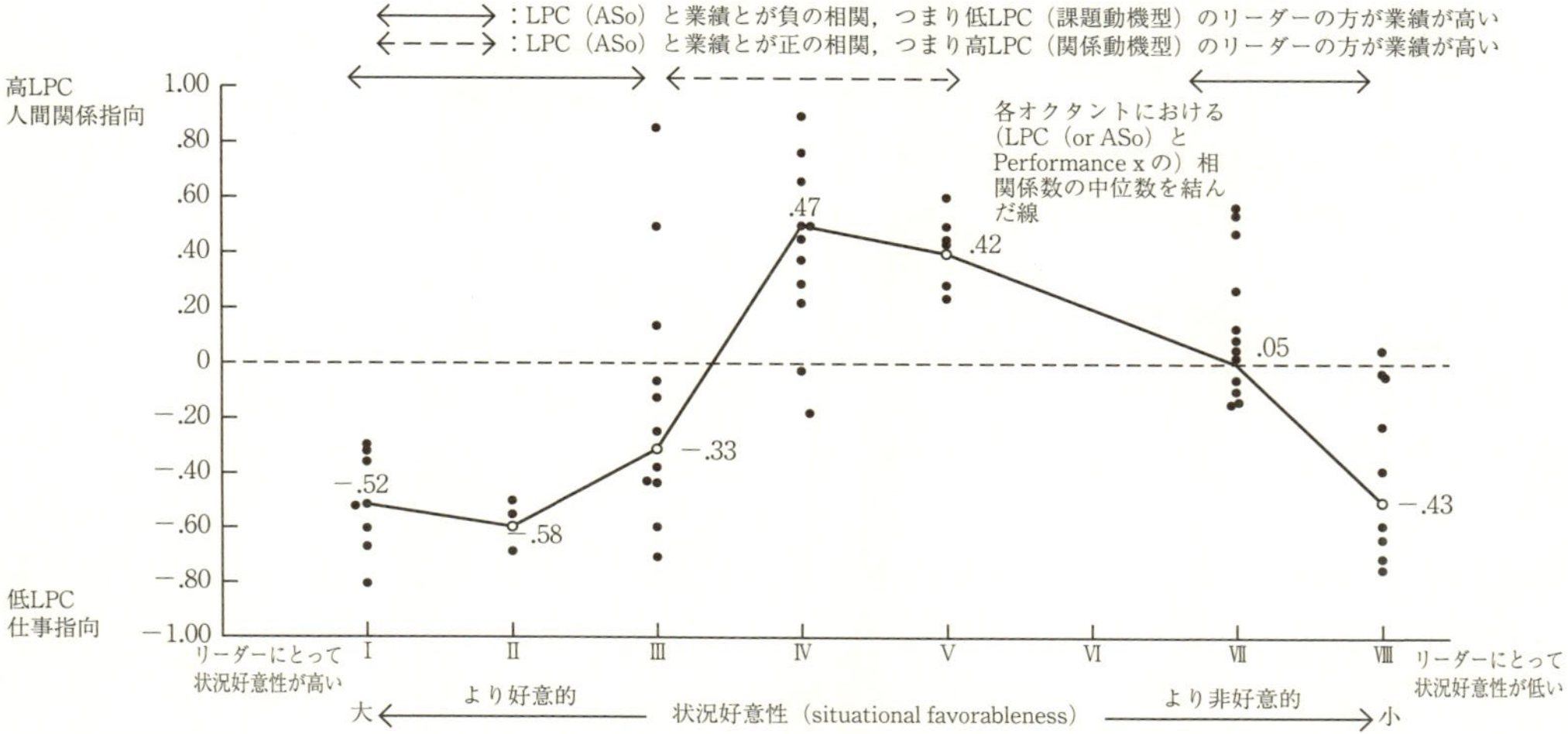

	Ⅰ	Ⅱ	Ⅲ	Ⅳ	Ⅴ	Ⅵ	Ⅶ	Ⅷ
リーダーと成員の関係	良い	良い	良い	良い	適度に悪い	適度に悪い	適度に悪い	適度に悪い
タスクの構造化の程度	定型的	定型的	非定型的	非定型的	定型的	定型的	非定型的	非定型的
リーダーの職位に基づくパワー	強い	弱い	強い	弱い	強い	弱い	強い	弱い

（出所）Fiedler, Ered E.（1967）*A Theory of Leadership Effectiveness.* New York：Mc Graw–Hill.　p.146

実際には、人間軸の行動、たとえば部下への配慮がリーダーとメンバーの人間関係を好転させたり、課題軸の行動、たとえば構造づくりによって、課題の構造化の度合いが向上していったりするはずだ。そこを考慮に入れていない。さらに、成果指標として業績しかみていないが、メンバーの職務満足などもみると、パターンが変わってくるはずだ。

これらの批判があるにもかかわらず、この一九六七年のフィードラーの研究が古典としてずっと残っているのは、有効なリーダーシップの型が状況に依存していることを初めて解明したからである。

フィードラー以外では、この表のなかでは、おそらくK・ブランチャード（Kenneth H.Blanchard）たちの状況アプローチが、『1分間マネジャー』というベストセラーゆえに、いちばんよく知られているのではないだろうか。P・ハーシー（Paul Hersey）とK・H・ブランチャードは、部下の成熟性に注目した。成熟性は、能力（ability）と意欲（willingness）で記述される。リーダー行動は、マネジリアル・グリッドと同様に、リーダーの課題への関心（concern with task）と関係への関心（concern with relationship）という基本二軸に忠実に沿った組み合わせでリーダー行動の型を四タイプで記述する。

課題への関心も関係への関心もともに低い、Lo-Lo型が委譲型（delegating）、課題への関心が低く関係への関心が高いのは参加型（participating）、両方への関心が高いH・i―H・i型は説得型（selling）、課題への関心は高いが関係への関心が低いのは指示・命令口調型（telling）と呼ばれている。

ハーシーとブランチャードは、リーダーの型と部下の成熟性の間に、つぎのような適合的な関係を見いだした。まず最も未成熟な部下、つまり能力にも意欲にも欠ける部下には、指示・命令口調型で臨むしかない。能力には欠けたままでもまず意欲が高まってきたら、説得型（Hi―H・i型）で接して、指示もするし、関係も大事にするのがいい。逆に、能力は高いのに意欲の乏しい部下には、参加型で接するのがいい。高い能力も高い意欲も共に備えた成熟した部下に恵まれているときには、部下に完全に委譲して任せても大丈夫なので、委譲型（delegating）で接するのが適合している。

ブランチャードは、この状況的リーダーシップ（situational leadership）論の考えを啓蒙するために『1分間マネジャー』（小林薫訳、ダイヤモンド社、一九八三年、原著、Blanchard, Kenneth, and Spencer Johnson (1981). *The One Minute Manager*, New York* William Morrow）を著したので、彼らの状況アプローチを、その名前で記憶しているひとも多いことだろう。

いくつかの状況アプローチの研究が生まれたが、リーダーシップの有効性を条件づける要因として、リーダーの置かれた状況の好意性（フィードラーの研究）、部下の成熟度（ハーシー＝ブランチャードの研究）以外にも、職務特性もしくはタスク特性（ハウスの経路－目標理論）、リーダー行動の決定要因として、意思決定問題の属性（ブルーム＝イエットンの規範モデル）などが提唱されてきた。また、リーダーシップの代替物アプローチ（S・カー）のように、様々な状況要因が課題軸、人間軸のリーダー行動をいかに代替するか（その分、その行動をリーダーが取らなくても済む度合い）を体系的に議論してきた。

ここでは個々の理論に立ち入った説明を避けて、図表5－14に要約しているだけだが、最も重要なことは、状況によって有効なリーダー行動が違ってくるという認識だ。

状況アプローチに基づく諸研究は、唯一最善のリーダーシップがあると言ってきたH・i－H・iパラダイムでは状況への注目が足りなかったことに反省を迫る。しかし、表のなかの説明に記したように、課題軸と人間軸という不動の軸そのものは、それぞれの状況アプローチの理論のなかにも、どこかでかかわりをもっている。LPCのようにひとつの軸の両極だったり、意思決定の質と意思決定の受容という異なった側面を照射していたりするが、リーダーシップが問題になるときに、課題という側面と、人間関係という側面があること自体は、時代を貫き不朽であるようだ。

(14) 状況アプローチと原理・原則の状況依存

状況アプローチが本書においてわれわれのめざすリーダーシップ実践への入門に対してもつ意味合いはどのような点にあるのだろうか。

ひとつは、望ましいリーダー行動について原理・原則があっても、それらは、状況によっても違ってくるし、そしてほかならぬリーダー本人のひととなりとの間に、ある種の相性というか、マッチングというようなものが想定されてしかるべきだということだ。これは、学者のつくった公式理論についてだけでなく、さきにⅣ章で検討した実践家の持論についても同じだ。ある原則と別の原則が矛盾していれば、リーダーシップを発揮したいひとは、その場に合った行動、自分に合った行動を選ばざるをえない。

プレゼンテーションのところで例にあげたが、「話す間動き回れ、アクションをいれなさい」というアドバイスと、「ちょろちょろ動かずに堂々と話せ」というアドバイスをもらったら、状況と自分を見つめ直す必要がある。つまり、会場ないし会議の場が、動き回れる物理的レイアウトになっていなかったら、動き回るというオプションはとれない。また、役員やお客さんの面前で、動き回るのが失礼と思われる場面もあるだろう。また、自分の持ち味、スタイルを考えたときに、動き回るのは自分のテイストに合わないということもありえよう。また、その日熱があって病気でぐったりしていて動けないということさえありうる。

このように理論や持論から実践的に学習をおこなうということは、どのような理論や持論も本来は状況に埋め込まれたところから徐々に純化、抽象化されてきたものなので、もう一度実践の場（つまり状況）に戻すときには、状況判断力や自己診断力がいるということだ。状況判断力をいっさい伴うことなく、原理・原則に硬直的にこだわるひとがいたら、困ったものだ。

そもそも、置かれた状況を読みとる力そのものが、リーダーの課題関連の行動の一部に、また、状況のなかには、部下、上司、上司の上司（トップ）や取引先、お客さんなどいっぱい人間が含まれているはずなので、その意味で状況を読むことは、人間関係の行動の一部に織り込まれているはずなのだ。原理・原則は、どのようにユニバーサルなものをめざしても、それを発揮する場は、常に具体的な状況である。ローカルな理論やわたしだけの持論がしばしばユニバーサルな理論に勝ることがあるのは、それがより具体的になっているせいばかりでなく、それが状況への適合性を埋め込んでいる理論や持論だからとも言える。だから、すごいリーダーをめざす読者の皆さんは、ぜひとも状況判断力を鍛えてほしい。そのときの注目点のヒントを状況アプローチは教えてくれる。

また、多くのリーダーの持論にも、また、ＣＣＬ（センター・フォー・クリエーティブ・リーダーシップ）の一皮むけた経験の調査でも、さらに、古くはよりよく生きるために哲学者が語ってきたなかにも、「自分を知る」というテーマがある。だから、状況判断力を磨くときに、同時に、自己判断力をも向上させることをあわせてめざすようにしてほしい。

第二に、研究者の理論のなかには、多数の次元をあげるものもあるし、実践家の持論の場合には四〜十個以上の項目があげられることが多いが、ここまで繰り返し確認したとおり、根っこには不動の基本的二次元がずっと基底和音のように流れている。だから、このふたつを参考にそこから原理・原則を自分なりに精緻化していって、課題関連では四個、人間関連では六個、合計十個の軸をつくったりできるし、逆に、小倉昌男氏のようにすばらしいリーダーシップの実践家が経営リーダーの条件を十個あげていたら、それを、課題関連、人間関連のふたつの領域に上位次元として分類することもできる。

状況アプローチの意味合いを実践に生かすのにいちばん適切なポイントは、持論を構成する原理・原則の数が、松下幸之助氏のように一〇〇を超すことがなくても、十いくつ、あるいは何十のレベルに達したら、一方で、課題と人間の軸で再度、整理するだけでなく、それぞれの原理・原則がどのような場面から生まれてきたか、また、どのような場面でより有効に作用しそうかを考えてみることだ。

そのときにはきっと、状況アプローチという考え方そのものが、持論のなかに組み込まれていることだろう。たとえば、部下がベテランのときには第四条が、部下が新人かまだ若くて元気だけれど未熟なときは第五条が、状況が平時で安定しているときにはやはり第二条が、状況が変化に富み不確実なときには第七条がより大事になってくるというような具合に、原理・原則にも、それが最もふさわしい場というものがある。

そんな具合に、自分の置かれた状況を判断することは、おそらくすぐれた持論をもつ実践家なら絶えずやっていることではないだろうか。このように考えると、へんな言い方になるが、状況アプローチとは、フィードラーの八つのオクタントにみるように、状況をきめ細かく診断して、それぞれの状況に適合したローカルに通用する原理・原則を示すことがねらいだが、そのように原理・原則をより適切にローカルな事情に合わせてきめ細かに運用すること自体が原理・原則を実践に活かすうえで、ユニバーサルな方法なのである。

第三の意味合いは、リーダーシップという点から自分の持ち味を自己診断するときに、必ずあわせて、自分の上司のリーダーシップ、自分の右腕として育っている若手のリーダーシップの特徴も診断することの大切さを状況アプローチが教えてくれることである。

たとえば、上司というのは、ある意味では自分がリーダーシップを発揮するうえでの状況要因だ。上司が、他部門との折衝をやってくれていたら、自分の部門をリードするときに、課題関連でも、人間関連でも、対内的な行動に特化することができる。

また、リーダーシップの入門書で基本二軸を学びながら、自分の持ち味は、やっぱり課題関連で、仕事の鬼という感じだと深いレベルで気づいたひとが、愛嬌をもつための練習をへんにしたりして、感受性訓練を受けたりして、ムリの多い自己変容ばかり図るよりもよい方法がある。それは右腕として育ってくれつつある部下が人気者で、雰囲気をよくするのに貢献していたら、自分は課題軸に特化し、その若手にサブリーダーとして人間軸のリーダー行動をよりきめ細かくやってもらうという手だ。

学ぶということは自分が変わることなので、リーダーシップを身につけるということは自己変容を当然のこととして伴う。しかし、どうしても守りたい自分の芯の部分まで変えてしまうよりは、そこは餅は餅屋で、一部を上にやってもらい、一部を右腕にこなしてもらうという発想が当然あってしかるべきだ。

このような考え方は、リーダーシップ共有（*leadership sharing; shared leadership* という書名の本まである）とも、また、共同リーダー（coleaders、これも同名の名著がある）とも呼ばれる。ひとりだけでもそうとうレベルの高い創業レベルのリーダーたちでさえ、たとえば、ソニーに井深大氏と盛田昭夫氏、松下電器産業の松下幸之助氏と高橋荒太郎氏、また、ホンダの本田宗一郎氏と藤沢武夫氏、外国でも、ＨＰ社のウィリアム・ヒューレットとデイブ・パッカード、マクドナルドのレイ・クロックとハリー・ソンネボーンなどに見るように、共有されたリーダーシップのパワーで創業期、あるいは大きな発展期を乗り切っていった例にはこと欠かない。

達人でさえそうなら、われわれが入門レベルでリーダーシップを発揮するのに、上層と若手の層に意味のあるリーダーシップの連鎖・共有を生み出し活用しようとするのは、非常に健全なことであると思う。

経営のパートナー、職場の上司や部下を見て、われわれは、環境とか状況とかいうような言葉はあまり使わない。われわれがリーダーシップを発揮する際の状況要因は、しばしばモノや無機物でなく、生きている人間なのである。そのなかで、目立つ存在が、リーダーシップを共有したいと思うパートナーだ。

パートナーを状況要因と言ってしまうのは言葉のあやだが、そういう側面があるはずだ。リーダーシップの代替物アプローチが、明示的に、部下がリーダー行動を部分的に代替してくれると主張した。状況アプローチの実践面での応用は、状況の分析と自分の持ち味の分析をすることだが、持ち味の分析は、上司や右腕にもおこなって、彼らと自分を結びつけながら最も実りある形でのリーダーシップ共有をめざすようにしたいものだ。

最後に、フィードラー理論への批判のところでふれたが、われわれが状況アプローチから教訓を引き出すときに、状況そのものに働きかけそれを変えることができるという能動的な哲学をもつようにしたいものだ。状況は所与で、固定的で動かし難く、その意味で運命だというわけではない。状況はリーダー行動で変わる。状況を変えること自体、リーダーシップの過程をダイナミックに捉えると、リーダーシップ行動の効果の主要な側面として視界に入ってくるはずだ。

大勢の経営者が運のよさを経営の成功の条件にあげるが（そして、それは第五レベルのリーダーシップとしては謙虚なことでいいのだが）、運への間口を思い切り広げる努力をしていたり、運のついているひとと組むようにしたりして、「運も実力のうち」ということを地でいっているすばらしいリーダーたちもこの世にはいる。だから、状況アプローチを学んだから、よけいに状況依存を受け身的に捉えるのでなく、状況と自分とのかかわりや状況そのものも変えうるという能動的状況アプローチでいこう。

状況判断力の大切さ、臨床感覚の大切さをまず説いてきたが、状況は診断するだけでなく、状況そのものも変えることができる。そして、K・レヴィンの名言のとおり、社会にせよ、会社にせよ、集団にせよ、ひとから成り立つシステムを理解する最良の方法はそれを変えてみようとすることだ。リーダーシップの行動アプローチの始祖がそう言うなら、それを信条にして、臨床感覚とあわせて、能動的哲学をもとう。

終章　リーダーシップを身に付けるために

(1) 実践につなげる視点

本書は、リーダーシップ論を鑑賞するためでなく、自分で考え自分の言葉でリーダーシップ持論を構築しそれを実践するためのガイドブックである。そのために多数のエクササイズを挿入してきた。エクササイズのつぎは、現実世界での実践だ。そこにつなげる視点をいくつかこの章で補強して結びの章としたい。読み終わるのが実践の始まりとなり、実践のなかで、また本書を手にしてほしい。書をもってフィールドに。セオリーをもってフィールドに出て、フィールドで自分のセオリーを磨こう。

この結びの章では、読者の皆さんが、リーダーシップを身に付けるために、あるいは、だれかにリーダーシップを身につけてほしいと思うときに参考になるまとめを、ここでしておきたいと思う。リーダーシップは、だれも経験する問題だが、いったん入門すると奥は深く、学び終えることはない。だから、この章から、学び続けるためのヒントを得てほしい。

理論のための理論は、むなしい。実践につながってこそ役に立つ理論だ。理論には、研究者が構築する公式の理論と、実践家ならだれもが抱く素朴理論（naive theory）やＴＰＯＶ（その気になれば語れるコツ、Teachable Point of View）と達人が自分なりに体系化した持論（theory-in-use）とがある。

研究者は、実践家からデータを集め理論をつくる。実践家の持論も、研究者がインタビューから発見することもあれば、対話のなかから精緻化されることもある。実践家が自分の頭で考え、自分の行動に反映させるつもりで読めば、公式の理論にも、経験の場でパワーが与えられる。内省的な実践家なら、自ら経験から教訓を引き出し、持論を自分で整理していることもあるだろう。

持論は頭にしまわれているだけのこともあるだろうが、意識的に語られていることもあるだろう。持論のなかの各項目をなす原理・原則が、そのひとの経験とともに物語られているなら、語ることが本人にも聞き手にも、実践的気づきの契機となる。そのような契機として、研修の場が素朴理論やＴＰＯＶと持論を自覚する場として活用されることもある。

Ｋ・レヴィンが願ったとおりに、よい理論ほど実践的なものはないというスローガンの下に、リーダーシップ入門を実践的な立場から解説し、持論探しの方法を提示することが、本書のねらいであった。Ｋ・レヴィンの教えを、わたしなりに六カ条に嚙み砕いて記すとつぎのようになる。

・役に立つセオリーというものがあるし、そういうセオリーこそよい理論だ。
・ほんとうに理解するというのは変わることだ。
・ひとから成り立つシステムを理解する最良の方法はそれを変えてみようとすることだ。
・そのプロセスで、実践家も研究者も変化、成長を経験する。
・その代表的な分野がリーダーシップ、態度・行動変容、アクション・リサーチによる組織変革だ
・学ぶことを目的に学ぶよりも、実践を目的に、実践をしながら（実務家の皆さんなら、実際に仕事をしながら、そして場面によってはリーダーシップを取りながら）学ぶのがいちばんいい。

まず、理論や持論を大切にすることから始めよう。これまで既に、社会科学の理論は役立たないと思ってしまっているひとには、つぎのように考え直してみてほしい。世の中には、自分の頭で考え、自分の実践に役立てるつもりで読めば、役立つ理論がある。あるいはそのままでは役立たなくても、自分の持論にアレンジする素材として有益な理論がある。

もしも、理論や持論の大切さに気づかないまま、経験だけを強調するなら、これまでＯＪＴと言いつつ、ほったらかしだった現状を追認するだけに終わる。内省を通じて、あるいは質問

と議論を通じて、持論は経験から形成されていく。持論をもつから、内省も質問も議論も研ぎ澄まされたものになる。すごいリーダーに出会ったと思ったときの観察眼も確かなものとなる。ときには、持論と知っているはずのことの言語化だから、持論の「形成」というより持論の「発見」「発掘」といったほうがいい場合もある。

(2) 持論づくりのロードマップ

持論づくりは、まずはTPOVと呼ばれる、たわいもないコツの言語化から始めよう。ひとはひとともに生きているので、ひとに動いてもらう方法について、素人なりの素朴理論を持っているものだ。この場合には、およそ言語化できるものなら、なんでも書き記すのがいい。グループでおこなうなら、文字通りブレーンストーミングが適切だが、ひとりでおこなうときにも、「こんなコツを言葉にするなんてばからしい」と思わず、うまくリーダーシップをとるコツだと思ったものをなんでもメモしていこう（これを、「ひとりブレーンストーミング」と呼ぼう）。

TPOVは、すでに述べたとおり、N・M・ティシーが重視する考え方で、Teachable Point of View のイニシャルだ。「リーダーシップは曰く言い難い」と暗黙知のまま放置するのでなく、リーダーシップについてその気になれば語れること、語ろうと思えば語れることだ。

レイモンド・カーバーの小説になぞらえていえば、What we talk about, when we talk about leadershipというのがＴＰＯＶの中身だ。「われわれがリーダーシップについて語ることになったら、そのときに語ること」、これがＴＰＯＶだ。カーバーの元の小説では、「リーダーシップ」のところに「愛」が入る――愛はリーダーシップを伴うとは限らないが、リーダーシップは、マキャベリのキツネでない限り、通常は愛を伴う）。ＴＰＯＶのＴ、つまり教えられる(teachable）という部分については、英語圏のひとなら、tips and tacticsというもの、われわれなら日常語で、教えられる「コツ」というものがそれだ。

コツを探し求めることは、スポーツでも音楽でもその他の趣味（釣りでも将棋でも）、自分が好きな領域で上達したいと思ったら必ずやっていることだ。ゴルフを好きなひとがゴルフについて語りだしたら、語りだす言葉が、一見どんなにささやかなコツであっても、ナイスショットにまつわるＴＰＯＶなのだ。仕事の世界でも、担当者として仕事を覚えるときには、コツを探していることがあるだろう。早く予算の数字を達成したいと思ったら、がむしゃらにがんばることも大事だが、コツがあるはずだと思うはずだ。

そういうときには、自明なことを言っている、そのままだとわかりにくい、ひとに笑われそうだと思わずに、たくさんあげることが大事だ。営業のコツなら、「信頼が肝心」「訪問頻度だよ」「タイミングだ」とか、ひとつひとつ文句をつけずに、まず並べてみる。グループでのブレーンストーミングでも、ひとりブレーンストーミングでも、検閲官はおかないことだ。「信頼だと抽象的すぎる」とか、「訪問頻度が多すぎて嫌われたこともある」とか「タイミングだけでは、わからない」と言わずに。

「信頼」という言葉がきっかけになって、どうやったら信頼が高まるのかという議論につながれば生産的だ。議論だけでなく、訪問頻度ということを意識して自らも行動したり、達人の行動を注意深く観察したりするようになったらしめたものだ。ここで押すべきところでそれができなかったり、逆に早すぎて押し付けのように思われたりするので、同伴してもらって具体的なタイミングについて、コメントをもらうようにしてフィードバックを得るのも大切だ。このようにどのような表現でも展開方向がある限り、有用だ。

リーダーシップがだれもの問題であるなら、だれもがリーダーシップについてその気になれば、なにか語れることがあるはずだ。少し上達してきて、後輩に、「先輩、リーダーシップのコツはなんですか」と聞かれたら、一言や二言は言える原理・原則があるだろう。教えようと思ったら教えられることがあるはずだ、TPOVはそこから生まれる。

これが達人のレベルになると、コツといっても原理・原則のリストが膨らんでいたり、ただ数が多いだけでなく、体系立っていたり、それぞれの原理・原則にまつわる具体的な経験を語ったり、その場で実演できたりするようになる。ひとによっては、「リーダーシップのコツとしていまに意識していますか」と質問したときに、「わたしは、七つのことを志しているが、○○の状況ではとくに、二番目と五番目が大事だ」というように即座に答えられるひとなら、明確な持論をすでにもっていることになる。達人のなかには、往年の長嶋選手・監督のように言語化はしていないが豊かな経験知をもっていることもある。初心者が達人からうまくそれを引き出せば、経験が深いだけに、達人の持論が対話を通じて発掘されることもある。

このように、持論づくりは、素朴理論やＴＰＯＶからさりげなく始めて、それから、より体系だった自分なりの持論の構築に向かっていけばよい。

スポーツや楽器演奏やその他の趣味の世界では、仕事の世界でも担当者レベルで一人前になるまでは、このようなコツを探し、それを体系化している教則本を読む。内省し、仲間と語り、先輩から技を盗み、先輩・達人に質問したり実演してもらったりしながら学ぶ。やがて実践の場でそのコツを試していくうちに、自分も達人になるころには自分の持論をもつようになっているひとも出てくる。そうなると、今度は能書き、講釈、蘊蓄《うんちく》を語りたくなる。持論は経験と結びつかないとただのリスト、ただの訓戒のように思えるので、具体的な経験とつながってこそ、原理・原則に命が通う。

(3) TPOVの四分野

TPOVの提唱者、N・M・ティシーは、最近では、リーダーシップの本質は教育にあり、教師としてのリーダーにとってTPOVが不可欠であることをいっそう強調するようになっている。かねてからティシーは、TPOVには内容的には四分野（教育の場の言葉で言い換えれば四つのカリキュラム）があると指摘している。

それらは、アイデア、価値観、感情的エネルギーとエッジだ。アイデアは、知っていると役立つ知識や考えにかかわるTPOV、価値観は、個人として抱く価値観と会社の価値観との関係を照らし出すTPOV、感情的エネルギーは、自分や周りの人びとを元気づけることに直結したTPOV、エッジは、タフで勇気のいる決定を事業やひとに対しておこなえることに貢献するTPOVだ。

読者の皆さんは、このうちのふたつ、エネルギーとエッジがウェルチの持論から導かれていること、その意味では、ウェルチの4Es（Ⅳ章の図表4－5を参照）のうちのふたつが、この一般的なカリキュラムのなかに入っていることにすぐに気づいたことだろう。

ティシー自身が勧めるリーダーシップのコツ探しのエクササイズのときには、TPOVについてはこの四つのカリキュラムに基づく整理が望ましいと提唱してきた。しかし、最初から、この四カテゴリーを意識しすぎると気楽にしゃべられなくなる。TPOVを探すには、仲間で集まって愛について話すときのように、順序としては、まずカテゴリーを意識せず気ままにまずリーダーシップにまつわることを思うまま語ったほうがいい。コツを示すような言葉がたくさんあがってきたら、とりわけグループで議論しながらリストづくりができたあとは、この四分類を通じてＴＰＯＶからカリキュラムごとの持論づくりに進んでもいい。

日本での研究やＭＢＡのクラスからの感想としては、ブレーンストーミングの段階では、まだこの四つのカテゴリーを意識せずに、思いつくまま、リーダーシップについて語れるキーワードを挙げるのがよいと思われるし、本書のなかのエクササイズ５（クーゼスらの形容詞のリスト）をはじめ、持論づくりの素材を生み出すのに役立つ工夫があり、研修などで用いることもできる。

カテゴリーに分けるのは、コツの体系化のスタートだ。素人理論やＴＰＯＶが徐々に体系化されれば、自分にテーラーメードの理論、自分が置かれた場にテーラーメードの理論として、実践に役立つ持論が形成されていくことになる。

(4) 持論を磨く旅の心得

本書を読み終えるときに、手元のメモに、あるいは頭の片隅にいつも入れておいて、読者ひとりひとりの方にめざしてほしいことは、つぎのとおりだ。

・今もっていないひとは、今から数年後に、より若いひとたちやフォロワーたちに語れる自分のリーダーシップ持論をもっていることをめざそう。
・今すでに自分なりのリーダーシップ持論にあたるものをもっているひとは、数年後にそれがもっと（いい意味で）洗練され、より若いひとたちやフォロワーたちにもっとわかりやすく、そして、自分にしっくりくるものになっていることをめざそう。
・持論が自分なりのリーダーシップの発揮の仕方についての原理・原則を示してくれるので、なによりも、自分自身がぶれなくなるという効果が現れることを期待し、確認しよう。
・行動で見本を示すだけでなく、持論も語るので、読者の身の周りで、それを参考にリーダーシップを取れるひとが育つことをめざそう。
・持論を磨くために、この書籍を読み終えて以降、リーダーシップにまつわる著書、映画、テレビ番組を見る度に、登場人物のリーダーシップ発揮のなかにみる発想や行動の特徴を見て、同時に、書籍などの場合には記述のなかに、映画などのなかには台詞のなかに、持論の見本を探すこと。理論書については、学者やコンサルタントの理論は役立たないと固定観念を持ってみるのでなく、自分の観察や経験に引き寄せ、自分の頭で考えながら読めば、それらもまた、自分の持論を探し、磨くうえで役立つはずだという姿勢で接してほしい。そのようにあらゆる素材を持論づくりとその実践につなげることをめざそう。

・持論、理論と併せて、経験と観察を大事にすることをめざそう。自分がリーダーシップを発揮する経験をくぐる度に、どんなに忙しくても、くぐった後は少し内省の時間をとって、自分の持論と経験とのつながりを振り返るようにしたいものだ。
・自分の経験のなかで、直接観察できるひとが、そのなかですごいリーダーシップを発揮していたと思ったら、やはりその経験が一段落ついたときに、内省のひととき、場合によってはそのひとと対話のひとときをもって、どうしてそのひとのことをすごいリーダーと思ったのか、そのひとのもつ持論はどのようなものか、振り返って忘れない間にメモしておこう。節目をくぐることに学習モードに戻って、持論をさらに磨くことをめざそう。

本田宗一郎氏は実践のひとだったが、経営理念のなかに、「理論とアイデアと時間を尊重すること」と語ったものだ。実践とつながる理論、持論を大切にしよう。

さて、擱筆する前に、述べたいお願いや希望、期待がある。自らのリーダーシップを磨きたいと思う読者が、人間力をも高めていくことを心から希望したい。この国にリーダーシップを取ることができるひとがもっと増えることを望む。研究面では、再びリーダーシップの創造的かつ実践的な研究の嵐が起こることを願う。

わたし自身は、リーダーシップの研究者としては、研究面では、リーダーの一皮むけた経験、持論の収集、フォロワーの語りを収集するのとあわせて、ここ十年ほどの間に生まれた多数の最新理論の整理、はじめて部下をもつ管理職になるときの適応課題、中年期の発達課題としての世代継承性（generativity）とリーダーシップの関係を調査研究していきたい。

より長期的には、大きなふたつの相互に関連した研究テーマがある。ひとつは、世代継承的社会（generative society）をもたらすリーダーシップの問題。もうひとつは、集合的創造性（collective creativity）とリーダーシップの関係という問題だ。

次の世代のケアをしっかり考えた世界をつくっていかないと、われわれの代で人類はピークを越してしまったということになりかねない。地球のことひとつを考えても、世代継承的な社会をうまく生み出すリーダーシップがグローバルにも必要な時代に入っている。また、創造性といっても、天才が個人的になにかを成し遂げる（たとえば、数学者が難問の証明をする）ときの創造性でなく、他の人びとを巻き込み、育てながら、つぎの世代に継承するに値するようなものを創造する過程を、集合的創造性と言うなら、それとリーダーシップ発揮とのかかわりをより深く、しかも実践的に究明することを、今後、研究仲間にも期待したいし、わたくしもリーダーシップ研究の土俵をその淵まで深めていきたいと思っている。

実践面で大きなプロジェクトになるので、研究者だけでは実現しないが、ぜひわたしも関与できるならそうしたいと思っていることがいくつかある。そのなかで、ふたつだけあげておきたい。

ひとつには、わが国に、経営の世界に限らず、政治、芸術、スポーツ、福祉や医療の世界ですごいリーダーと目されている方々の一皮むけた経験やその方々のリーダーシップ持論が、各界ごとにデータベースとして整備されることである。そうなれば、実践と経験と持論の束がもつパワーから、また研究面でも新たなリーダーシップが生まれるものとおおいに期待する。もうひとつには、人間力を機軸に哲学や古典を素材にトップ同士の啓発をおこなうアスペンのような組織（米アスペン研究所は、ゲーテ生誕二百年祭の翌年に米国コロラド州アスペンに設立され、古典のテキストを読み対話を重視したエグゼクティブ用のプログラムを開発してきた。一九七五年から日本とも交流が始まり、八三年には日本アスペン研究所が設立されている）を元に、これからはリーダーシップの世代間連鎖のためにアスペン・ミドル、アスペン・ヤングのようなプログラムが生まれることを望む。

最後に、リーダーシップをうまく取れるようになることは成人になっても発達を続け、最終的には人間力にいたる旅にほかならないと感じるひとが本書を通じてひとりでもふたりでも徐々に増えていくことを祈って、（新書としては長いほうだが）このコンパクトな書物の結びとしたい。

あとがきと文献案内

ようやく五十歳になって、この年ぐらいにならないと書けない本もあるのかなという気がする。リーダーシップとグループ・ダイナミクスへの関心は、学部の学生のとき（一九七七年）に、当時九州大学教育学部の教授だった三隅二不二先生の社会心理学特論（集中三十時間の講義）を聞いたときにまでさかのぼる。初めてのフィールド・リサーチは、三菱電機の中央研究所（当時）での研究開発リーダーの調査だった。深い関心をもち始めたのは、そのとき（一九八〇年）だった。

わたしの処女作は日本のミドル・マネジャーのリーダーシップ論（『変革型ミドルの探求――戦略・革新指向の管理者行動』白桃書房、一九九一年）だった。ベンチャー起業者のネットワーキングの研究は、変革型リーダーのネットワークづくり（大きな絵の実現のための、人びとの巻き込み）とかかわり、キャリアの研究は、主としてミドルになってリーダーシップを取るころの発達課題にいちばん深い焦点を合わせてきた。

ライフワークとしては、創造や革新と両立する運動体のような組織の研究をしたい。これから十年ほどは、世代継承性（generativity）と集合的創造性（collective creativity）の研究を続けていきたいと思っている。そんななかで、わたしにとっても、このタイミングで、一度リーダーシップについて入門書をわかりやすく書いてみるというのは、たいへん大切なことのように感じられた。それをせずには先に進めないような予感もあった。その際に、よいセオリーほど実践的なものはないというK・レヴィンの教えに忠実な入門書にしたいと思った。

リーダーシップに深い興味をもち始めた三菱電機での調査から数えると二十五年になる。ちょうど四半世紀になる。最初にリーダーシップの著書を出版してからでも十四年になる。だから、書きたいことがいっぱいに膨らんでしまっていたばかりでなく、自分にとってとことんこだわって深く掘り下げてみたい論点がたくさんあった。そのため、一気に書き上げるつもりが、じっくりと力を注ぐ結果となった。いつまでたっても完成しない著者を励まし続けてくださった日本経済新聞社出版局編集部の堀口祐介さんに心より感謝している。堀口さんがいなかったら、完成がもっと遅れたか、あるいは五〇〇ページの本になってしまっていたことだろう。

また、戦略的発想で変革のできるリーダーを育てるのに熱心に取り組む、特定非営利活動法人インスティテュート・オブ・ストラテジック・リーダーシップ（略称ＩＳＬ）代表の野田智義さん、リーダーシップ論とは違う観点から事業経営責任者の育成に研究と研修の両面から活躍される神戸大学の同僚の三品和広さん、グループ・ダイナミクスの諸問題をこのひとほど深く考えているひとはほかに思いつかない京都大学の杉万俊夫さん、フォロワーの語りを大切にして新しいリーダーシップ論をめざす滋賀大学の若手研究者の小野善生さん、一皮むけた経験を共同させていただきわたしのリーダーシップへの関心に再度火を点けてくださったリクルート・ワークス研究所の古野庸一さんのお名前も、あわせて記させていただき、日頃のインプットにお礼を申し上げたい。

戦略発想で創造・革新を起こせるリーダーシップの研修のあり方をめぐっていつも議論させていただいてきたヤマハ、小林製薬、ハウス食品、EPSON、エーザイの人事部のスタッフ、並びにこれらの会社での研修や調査の機会に議論させていただいた経営幹部候補の方々、ここ数年ずっと人材マネジメントを中心に連続の研究会をもたせていただいている神鋼ヒューマン・クリエイト、日本経営協会関西本部のスタッフと研究会のメンバー、これらの方々に深い感謝の気持ちを表したい。実務界の方々との深いコンタクトがなければ、大学にいるわたくしには実践的な思考があまりできなかったはずだ。実践という観点からリーダーシップ入門書を書くことができたのは、これらの方々のおかげだ。

仕上げの段階では、書き方に自信のない部分については、各分野の方々に問い合わせをした。ひとりひとりのお名前はここではあげられないが、いつも電話ひとつで、またメールひとつで、いろいろお教えいただけるネットワークがあることに感謝している。また、仕上げの段階の校正で、最終ゲラに注意深く目を通していただいた神戸大学大学院経営学研究科の院生の麓仁美さん、兵庫県立大学看護学部助教授の勝原裕美子さん、神戸大学大学院経営学研究科社会人博士後期課程の片岡登さんに対してお名前を記して謝意を示させていただきたい。にもかかわらず残っている間違いはすべて著者であるわたしの責任であり、読者の皆さんからのご指摘に従って正していきたい。

自分としてもいちばん長らく一生懸命研究しているテーマであり、また、研究仲間と各社の人事部の方々および自らリーダーシップを発揮している大勢の方々といつも議論を重ねているテーマだからといって、たやすく書けるのかというと、けっしてそうではなかった。先に正直に述べたとおり実際にはその逆で、言いたいことが多すぎて、また、言いたいことがなかなかうまく書けなくて完成まで苦労した。重要な研究は、本文内でも紹介しているが、このコンパクトな本をきっかけにもっとリーダーシップについて深く学びたいと思う読者のための文献解題を、このあとがきに添えることにしたい。

●理論的視点を深め豊かにする

まず、理論的基礎を固めるためには、骨太の本になるが、三隅二不二著『リーダーシップ行動の科学』（有斐閣、一九七八年）がお勧めだ。古典的労作なので読むのに根気はいるが、それに値する。米国でもミシガン大学出版会からこの書籍の英訳が出ているが、それをペンシルバニア大学のボブ・H・ハウス教授が*Administrative Science Quarterly*という名門雑誌の書評で激賞した。ボブは「アメリカではこのように長期的に深くは研究できない」とわたくしに述べたことがある。福岡の集団力学研究所には、三隅先生が受賞されたK・レヴィン賞の賞状が飾られている。

最新成果をふまえた新しい本から読みたいひとには、渕上克義著『リーダーシップの社会心理学』（ナカニシヤ出版、二〇〇二年）が非常に丁寧で参考になる。教育の世界での実証研究が報告されているが、産業界にも応用可能な議論が豊富だ。また、本書で強調したフォロワーを大切にする視点を学ぶのにも適している。

古川久敬著『基軸づくり――創造と変革を生むリーダーシップ』（新版、日本能率協会マネジメントセンター、二〇〇三年。初版は一九九八年、富士通ブックス）からは、変革や革新の追求に劣らず、安定した業務の実現も大事なので、変革型だけでなく交流型と呼ばれるリーダーシップとの対比を学べる。リーダーシップの研究蓄積は膨大で、理論も百家争鳴の状態だが、そのなかであえて、統合的な枠組みを示した試みとして、M・M・チェマーズ著『リーダーシップの統合理論』（白樫三四郎訳編、北大路書房、一九九九年）をあげることができる。

これらの業績は、社会心理学を専門にする研究者による著作だが、事業経営責任者を念頭に、経営の世界でリーダーシップを取ることを念頭にリーダーシップの問題を考えたいひとには、いつもJ・P・コッター著『リーダーシップ論――いま何をすべきか』（黒田由貴子監訳、ダイヤモンド社、一九九九年）を勧めている。いかにもハーバード・ビジネス・スクールの教授らしく、現実の経営というものをよく知っていて、経営者の育成と経営学そのものに深く愛着があるひとがリーダーシップ論を書くと、このようになるのかと感心させられる。経営学の世界におけるコッターの実質的処女作（先に市長のリーダーシップの研究書もあるが）『ザ・ゼネラル・マネジャー――実力経営者の発想と行動』（金井壽宏・加護野忠男・谷光太郎・宇田川富秋訳、ダイヤモンド社、一九八四年）もあわせて読むと理解が深まる。これは、事業部長レベルのゼネラル・マネジャー一五名の詳細なフィールド調査に基づき、コッターの以後の業績の基盤となっている。事業部長から、さらにCEO（最高経営責任者）に目を転じて、彼らの日常行動を知りたいひとは、H・ミンツバーグ著『マネジャーの仕事』（奥村哲史・須貝栄訳、白桃書房、一九九三年）へと読み進まれたい。

より視野の広いところから、一国の歴史的変革期のリーダーシップを捉えるには、政治の世界では戦前に自己形成し、戦後、占領期に新しい日本を創り上げた五名の首相（東久邇宮、幣原喜重郎、吉田茂、片山哲、芦田均）を取り上げた五百旗頭眞著『占領期――首相たちの新日本』（読売新聞社、一九九七年）から、学べることは多くかつ深い。本書でもフォロワーの能動性の基準で大きくフィーチャーしたが、R・A・ハイフェッツ著『リーダーシップとは何か！』（幸田シャーミン訳、産能大学出版部、一九九六年）は、わが国のリーダーシップ育成でリーダーシップを発揮する野田智義さんの一推しで、スケールの大きいすばらしい文献だ。ハイフェッツはハーバード大学ケネディ政治行政大学院の教授で、素材は政治と行政の世界に求められているが、瀬戸際で踏ん張れる力を付けたいひとはぜひ読み通してほしい。

最後に、変革の担い手である個人のコンピテンシーと変革が起こる会社の側の特性を「個人化された企業（individualized corporation）」という観点から描いたS・ゴシャール＝C・A・バートレット著『個を活かす企業――自己変革を続ける組織の条件』（グロービス・マネジメント・インスティテュート訳、ダイヤモンド社、一九九九年）は、変革型リーダーの世代間連鎖と彼らの活躍の舞台である組織について考察を深めるのに役立つ。

前記のいくつかの著作（たとえば、コッター）は、リーダーシップの基礎であると同時に、本質を、変革に捉えているが、ほかにもつぎのような文献が変革型を探るのに有益だ。つぎの二冊が筆頭だろう。N・M・ティシー＝M・A・ディバナ著『現状変革型リーダー――変化・イノベーション・企業家精神への挑戦』（小林薫訳、ダイヤモンド社、一九八八年）、N・M・ティシー＝E・コーエン著『リーダーシップ・エンジン――持続する企業成長の秘密』（一條和生訳、東洋経済新報社、一九九九年）。ウェルチ時代のGEの研修所長を務めた実績からもわかるとおり、ティシーにとって変革が鍵概念で実践的だ。コッターと並び称される古典として、R・M・カンター著『ザ・チェンジマスターズ――21世紀への企業変革者たち』（長谷川慶太郎監訳、二見書房、一九八四年）も手にとってほしい本なので、ここにあげておく。

●育成のための経験に注目する

リーダーシップは鑑賞するためにあるのでなく、身に付けて実践するためのものだという観点から、ぜひ読んでほしい文献で、日本語で読めるものがいくつかあるので、これも紹介しておきたい。まず、一皮むける仕事上の経験と、経験からの教訓に注目するＣＣＬ（センター・フォー・クリエーティブ・リーダーシップ）の考えにふれるには、Ｍ・マッコール著『ハイ・フライヤー――次世代リーダーの育成法』（金井壽宏監訳、リクルート・ワークス研究所訳、プレジデント社、二〇〇二年）に目を通されたい。さらに、わが国の役員や社長が経営幹部としてのリーダーシップを発揮できるようになるまで、具体的にどのような経験で一皮むけたかを知るには、金井壽宏著『仕事で「一皮むける」――関経連「一皮むけた経験」に学ぶ』（光文社新書、二〇〇二年）を、また、古野庸一著『リーダーになる極意』（ＰＨＰ研究所、二〇〇五年）も参考に、自分の経験、周りのひとの経験をチェックしてみてほしい。

試練（crucibles）を通じて、異なる二世代のリーダーがそれぞれの時代を反映して、どのようにリーダーシップを身につけていったかを探るには、Ｗ・ベニス＝Ｒ・トーマス著『こうしてリーダーはつくられる』（斎藤彰悟監訳・平野和子訳、ダイヤモンド社、二〇〇三年）が参考になる。原著のタイトルをそのまま訳すと『奇人（Geeks）と変人（Geezers）――時代、価値観および決定的瞬間はいかにリーダーを形作っていったか』となる。

この新著とあわせ、米国の経営者の多くが最も影響を受けた本としてあげることの多い同じベニスの手になる『リーダーになる（*On Becoming A Leader*）』（芝山幹郎訳、新潮文庫、一九九二年）も珠玉の言葉に満ちている。後者は、リーダーシップが発揮できるようになることは、成人になってからのひとの発達の問題だと明示的に論じた名著だ。

すごいリーダーとおぼしきひとの生涯にわたる発達については、H・ガードナー著『「リーダー」の肖像——20世紀の光と影　混迷の時代、彼らはなぜ人と国を動かせたのか』（山崎康臣・山田仁子訳、青春出版社、二〇〇〇年）で、マーガレット・ミード（学者）、マーティン・ルーサー・キング（牧師）、マハトマ・ガンジー（政治家）、アルフレッド・スローン（経営者）など十一名の生涯をリーダーシップ発達という観点から読んでみてほしい。

また、ガードナーの奥深い学問的立場を知ったうえで、これらの人びとの生涯について読む姿勢を深めるためには、『MI——個性を動かす多重知能の理論』（松村暢隆訳、新曜社、二〇〇一年）にも目を通すのがいい。この本はEQにつながる源流にもなっている。

世代継承性（generativity）と世代継承的リーダー（generative leader）という観点からは、アイデンティティの心理学と生涯発達の心理学の両面で名高いE・H・エリクソン著『ガンディーの心理——戦闘的非暴力の起原1、2』（星野美賀子訳、みすず書房、一九七三年、七四年）が、深い洞察を与えてくれる。

　リーダーシップの真価が問われるような決定的瞬間を扱った著書としては、M・ユシーム著『9つの決断――いま求められている「リーダーシップ」とは』（倉田主税訳、光文社、一九九九年）と、J・L・バダラッコ著『「決定的瞬間」の思考法――キャリアとリーダーシップを磨くために』（金井壽宏監訳・福嶋俊造訳、東洋経済新報社、二〇〇四年）の二冊がよく知られている。前者の原著タイトルは、『リーダーシップの瞬間（The Leadership Moment）』で、フォロワーがリーダーの言動を固唾《かたず》を飲んで見守るような瞬間を九つのケースにまとめ解説している。

　『9つの決断』で取り上げた山火事のケース（第2章　己を語る――モンタナの森林火災から生還したワグナー・ドッジ）については、まるごと一冊の本があり、ミシガン大学のK・E・ワイクにも深い影響を与えたことで知られている。それは、ノーマン・マクリーン著『マクリーンの渓谷――若いスモークジャンパーたちの悲劇』（水上峰雄訳、集英社、一九九七年）で実に名著だ。また、南北戦争のケース（第5章　いま着手する――ゲティスバーグの戦いを指揮したジョシュア・L・チェンバレン）を深めるには、ぜひ、G・ウィルズ著『リンカーンの3分間――ゲティスバーグの演説の謎』（北沢栄訳、共同通信社、一九九五年）をあわせて読まれたい。これまた名著でピュリツァー賞受賞作だ。

リーダーシップの育成のための研修そのものの研究は、J・A・コンガーのものが白眉だが、残念ながら邦訳がないので、彼と同様にリーダーシップ・パイプラインの概念を記述しているという点で、つぎのものが貴重だ。R・チャラン＝S・ドロッター＝J・ノエル著『リーダーを育てる会社、つぶす会社——人材育成の方程式』（グロービス・マネジメント・インスティテュート訳、英治出版、二〇〇四年）。原著のタイトルは、"*The Leadership Pipleline: How to Build Leadership-Powered Company*"なので、『リーダーシップ・パイプライン——リーダーシップの漲った会社を築くために』というような書名をイメージしてもらうのがいい。

リーダーシップを身につける瞬間、経験、生涯にわたるストーリーとあわせて、実践家のリーダーシップの持論を知る必要があるが、これには枚挙にいとまがないので、Ⅳ章で取り上げたものにまず目を通してほしい。あとは、自分が好きな経営者、ビジネスの世界以外では、スポーツ、芸術、政治の世界でリーダーシップを発揮した人物で自分が興味をもつひとの伝記や自叙伝を、そのひとのリーダーシップ持論を引き出すつもりで、リーダーシップにまつわる経験に注目しながら読んでいこう。

生涯というスパンからリーダーシップを見るときにさけられない論点は、引き際だ。サクセッション（後継者へのバトンタッチ）については、J・ソネンフェルド著『トップ・リーダーの引退』（吉野壯兒訳、新潮社、一九九二年）、J・M・ポスト＝R・S・ロビンズ著『指導者が倒れたとき』（佐藤佐智子訳、法政大学出版局、一九九六年）が必読文献であろう。

内省的実践家という概念を元の著作にさかのぼって確認したいと思うひとは、原著の一部分の訳でしかなくやや断片的だが、つぎのものなら日本語で読める。D・ショーン著『専門家の知恵——反省的実践家は行為しながら考える』（佐藤学・秋田喜代美訳、ゆみる出版、二〇〇一年）。また、なにごとかが身に付いたかどうかの試金石は、それについて教えられるかどうかだという観点から、本書で述べたTPOVの理解を深め、「教えることを通じてリードする」善循環、学習と教育のサイクル、また知識創造としてリーダーシップ・プロセスを捉えるには、N・M・ティシー＝N・カードウェル著『リーダーシップ・サイクル——教育する組織をつくるリーダー』（一條和生訳、東洋経済新報社、二〇〇四年）を一読することを勧める。

●リーダーシップの研究を一望するハンドブックがほしいなら

これは、英語が苦にならないひとだけのお勧めとなってしまうが、この一冊があればとても便利とだれもが重宝にしているテキストの代表格が、Yukl, Gary（2002）, *Leadership in Organizations*, 5th ed., Upper Saddle River, NJ: Prentice Hall.だ。教科書だが、ハンドブックのように使うことができる。知りたいことはまずほとんどみつかる。もう一冊、テキストをあげるなら、Daft, Richard J.（2002）. *The Leadership Experience*, Natorp Boulevard, OH: Thomson, South-Westernだろう。いずれも通読するよりも、目次と索引からおめあてのトピックを探したり、図表をフル活用して、読むより眺めることからスタートしよう。

人事部でリーダーシップ育成のプロとして活躍している方々には、ＭＢＡで英語が大丈夫なひとがスタッフにいたら、ぜひつぎの一冊を会社のライブラリーに加えたい。McCauley, Russ S. Moxley, and Ellen Van Velsor（1998）, *Handbook of Leadership Development*, San Francisco, CA.: Jossey-Bass.本書でも何度もふれたＣＣＬのスタッフの手になるリーダーシップの育成に焦点を合わせたハンドブックで、非常に有益だ。

最後に、リーダーシップの研究者ならだれもがもっている（これをもっていないとモグリということになるほど）最も信頼できるハンドブックは、Bass, Bernard M.（1990）. *Bass& Stogdill's Handbook of Leadership: Theory, Research, and Managerial Applications*, 3rd ed. New York: Free Press.だ。オハイオ州立研究の重鎮で、本書でも紹介したＬＢＤＱⅫの作成者でもあるＲ・Ｍ・スタッジル（Ralph M. Stogdill）が一九七四年に出版したハンドブックが彼の死後も、改訂され続け出版されている。第１版は、約六百ページ強で約三千の研究がレビューされたが、この第３版は、二段組約千二百ページ弱の大著で、約七千の研究がレビューされている。これもよほどの理由がない限り、通読するひとは稀だが、だれがいつどのような研究をしてきたかを突き止めるうえで、このうえなく有益で有り難いハンドブックだ。それは、リーダーシップを研究するものにとって最高の守護神のような存在だ。

〈A〉 経済・金融

1	経済指標の読み方（上）	日本経済新聞社
2	経済指標の読み方（下）	日本経済新聞社
3	貿易の知識	小峰・村田
5	外国為替の実務	三菱UFJリサーチ&コンサルティング
6	貿易為替用語辞典	東京リサーチインターナショナル
7	外国為替の知識	国際通貨研究所
22	債券取引の知識	武内浩二
24	株式公開の知識	加藤・松野
26	EUの知識	藤井良広
36	環境経済入門	三橋規宏
40	損害保険の知識	玉村勝彦
42	証券投資理論入門	大村・俊野
44	証券化の知識	大橋和彦
45	入門・貿易実務	椿弘次
49	通貨を読む	滝田洋一
52	石油を読む	藤和彦
56	デイトレード入門	廣重勝彦
58	中国を知る	遊川和郎
59	株に強くなる　投資指標の読み方	日経マネー
60	信託の仕組み	井上聡
61	電子マネーがわかる	岡田仁志
62	株式先物入門	廣重勝彦
64	FX取引入門	廣重・平田
65	資源を読む	柴田明夫・丸紅経済研究所
66	PPPの知識	町田裕彦
68	アメリカを知る	実哲也
69	食料を読む	鈴木・木下
70	ETF投資入門	カン・チュンド
71	レアメタル・レアアースがわかる	西脇文男
72	再生可能エネルギーがわかる	西脇文男
73	デリバティブがわかる	可児・雪上
74	金融リスクマネジメント入門	森平爽一郎
75	クレジットの基本	水上宏明
76	世界紛争地図	日本経済新聞社
77	やさしい株式投資	日本経済新聞社
78	金融入門	日本経済新聞社
79	金利を読む	滝田洋一
80	医療・介護問題を読み解く	池上直己
81	経済を見る3つの目	伊藤元重
82	国際金融の世界	佐久間浩司
83	はじめての海外個人投資	廣重勝彦
84	はじめての投資信託	吉井崇裕
85	フィンテック	柏木亮二
86	はじめての確定拠出年金	田村正之
87	銀行激変を読み解く	廉了
88	仮想通貨とブロックチェーン	木ノ内敏久
89	シェアリングエコノミーまるわかり	野口功一
91	テクニカル分析がわかる	古城鶴也
92	ESGはやわかり	小平龍四郎
93	シン・日本経済入門	藤井彰夫

〈B〉 経営

25	在庫管理の実際	平野裕之
28	リース取引の実際	森住祐治
33	人事管理入門	今野浩一郎
41	目標管理の手引	金津健治
42	OJTの実際	寺澤弘忠
53	ISO9000の知識	中條武志
63	クレーム対応の実際	中森・竹内
70	製品開発の知識	延岡健太郎
74	コンプライアンスの知識	髙巖
76	人材マネジメント入門	守島基博
77	チームマネジメント	古川久敬
80	パート・契約・派遣・請負の人材活用	佐藤博樹
83	成功するビジネスプラン	伊藤良二
85	はじめてのプロジェクトマネジメント	近藤哲生
86	人事考課の実際	金津健治
91	職務・役割主義の人事	長谷川直紀
93	経営用語辞典	武藤泰明
95	メンタルヘルス入門	島悟
96	会社合併の進め方	玉井裕子

〈C〉会計・税務

〈D〉法律・法務

57 人口経済学　加藤久和
58 企業の経済学　淺羽茂
59 日本の経営者　日本経済新聞社
60 日本の雇用と労働法　濱口桂一郎
61 行動経済学入門　多田洋介
62 仕事に役立つ経営学　日本経済新聞社
63 身近な疑問が解ける経済学　日本経済新聞社
64 競争戦略　加藤俊彦
65 マネジメントの名著を読む　日本経済新聞社
66 はじめての企業価値評価　砂川・笠原
67 リーダーシップの名著を読む　日本経済新聞社
68 戦略・マーケティングの名著を読む　日本経済新聞社
69 カリスマ経営者の名著を読む　高野研一
70 日本のマネジメントの名著を読む　日本経済新聞社
71 戦略的コーポレートファイナンス　中野誠
72 企業変革の名著を読む　日本経済新聞社
73 プロがすすめるベストセラー経営書　日本経済新聞社
74 ゼロからわかる日本経営史　橘川武郎
75 やさしいマクロ経済学　塩路悦朗
76 ゲーム理論とマッチング　栗野盛光

〈G〉 情報・コンピュータ

10 英文電子メールの書き方　ジェームス・ラロン

〈H〉 実用外国語

17 はじめてのビジネス英会話　セイン・森田
18 プレゼンテーションの英語表現　セイン／スプーン
19 ミーティングの英語表現　セイン／スプーン
20 英文契約書の書き方　山本孝夫
21 英文契約書の読み方　山本孝夫
22 ネゴシエーションの英語表現　セイン／スプーン
23 チームリーダーの英語表現　デイビッド・セイン
24 ビジネス英語ライティング・ルールズ　森田・ヘンドリックス

〈I〉 ビジネス・ノウハウ

3 報告書の書き方　安田賀計
5 ビジネス文書の書き方　安田賀計
8 ビジネスマナー入門　梅島・土舘
10 交渉力入門　佐久間賢
14 意思決定入門　中島一
22 問題解決手法の知識　高橋誠
24 ビジネス数学入門　芳沢光雄
26 調査・リサーチ活動の進め方　酒井隆
28 ロジカル・シンキング入門　茂木秀昭
29 ファシリテーション入門　堀公俊
31 メンタリング入門　渡辺・平田
32 コーチング入門　本間・松瀬
33 キャリアデザイン入門[I]　大久保幸夫
34 キャリアデザイン入門[II]　大久保幸夫
35 セルフ・コーチング入門　本間・松瀬
36 五感で磨くコミュニケーション　平本相武
37 EQ入門　髙山直
40 ファイリング&整理術　矢次信一郎
42 グループ・コーチング入門　本間正人
43 プレゼンに勝つ図解の技術　飯田英明
45 考えをまとめる・伝える図解の技術　奥村隆一
46 買ってもらえる広告・販促物のつくり方　平城圭司
47 プレゼンテーションの技術　山本御稔
48 ビジネス・ディベート　茂木秀昭
49 戦略思考トレーニング　鈴木貴博
50 戦略思考トレーニング2　鈴木貴博
51 ロジカル・ライティング　清水久三子
52 クイズで学ぶコーチング　本間正人
53 戦略的交渉入門　田村・隅田
54 戦略思考トレーニング3　鈴木貴博
55 仕事で使える心理学　榎本博明
56 言いづらいことの伝え方　本間正人

57 ビジネスマンのための 国語力トレーニング　出口　汪
58 数学思考トレーニング　鍵本　聡
59 発想法の使い方　加藤昌治
60 企画のつくり方　原尻淳一
61 仕事で恥をかかない 日本語の常識　日本経済新聞出版社
62 戦略思考トレーニング　経済クイズ王　鈴木貴博
63 モチベーションの新法則　榎本博明
64 仕事で恥をかかないビジネスマナー　岩下宣子
65 コンセンサス・ビルディング　小倉　広
66 キャリアアップのための戦略論　平井孝志
67 心を強くするストレスマネジメント　榎本博明
68 営業力　100本ノック　北澤孝太郎
69 ビジネス心理学　100本ノック　榎本博明
70 これからはじめるワークショップ　堀　公俊
71 EQトレーニング　高山　直
72 プロが教えるアイデア練習帳　岡田庄生
73 実践！　1on1ミーティング　本田賢広
74 コンサルタント的　省力説明術。　小早川鳳明

ベーシック版

不動産入門　日本不動産研究所
日本経済入門　岡部直明
貿易入門　久保広正
経営入門　高村寿一
流通のしくみ　井本省吾

ビジュアル版

マーケティングの基本　野口智雄
経営の基本　武藤泰明
流通の基本　小林隆一
経理の基本　片平公男
貿易・為替の基本　山田晃久
日本経済の基本　小峰隆夫
金融の基本　高月昭年
品質管理の基本　内田　治
IT活用の基本　内山　力
マネジャーが知っておきたい 経営の常識　内山　力
キャッシュフロー経営の基本　前川・野寺
IFRS［国際会計基準］の基本　飯塚・前川・有光
マーケティング戦略　野口智雄
経営分析の基本　佐藤裕一
仕事の常識&マナー　山崎　紅
はじめてのコーチング　市瀬博基
ロジカル・シンキング　平井・渡部
仕事がうまくいく 会話スキル　野口吉昭

使える！手帳術　舘神龍彦
ムダとり 時間術　渥美由喜
ビジネスに活かす統計入門　内田・兼子・矢野
ビジネス・フレームワーク　堀　公俊
アイデア発想フレームワーク　堀　公俊
図でわかる会社法　柴田和史
資料作成ハンドブック　清水久三子
マーケティング・フレームワーク　原尻淳一
図でわかる経済学　川越敏司
7つの基本で身につく エクセル時短術　一木伸夫
AI（人工知能）　城塚音也
ゲーム理論　渡辺隆裕
働き方改革　岡崎淳一
職場と仕事の法則図鑑　堀　公俊
いまさら聞けない人事マネジメントの最新常識　リクルートマネジメントソリューションズ
ビジネスモデルがわかる　井上達彦

金井　壽宏（かない・としひろ）
1954年　神戸生まれ。
1978年　京都大学教育学部卒業。
1980年　神戸大学大学院経営学研究科修士課程を修了。
1989年　MIT（マサチューセッツ工科大学）でPh. D.
　　　　（マネジメント）を取得。
1992年　神戸大学で博士（経営学）を取得。
　　　　神戸大学大学院経営学研究科教授などを経て、
現　在　立命館大学食マネジメント学部教授、神戸大学名誉教授。
主　著　『変革型ミドルの探求』（白桃書房，1991）
　　　　『ウルトラマン研究序説』（中経出版，共著，1991）
　　　　『ニューウェーブ・マネジメント』（創元社，1993）
　　　　『企業者ネットワーキングの世界』（白桃書房，1994）
　　　　『日本企業の適応力』（日本経済新聞社，共著，1995）
　　　　『経営組織』（日経文庫，1999）
　　　　『働くひとのためのキャリア・デザイン』（PHP新書，2001）
　　　　『仕事で「一皮むける」』（光文社新書，2002）
　　　　『キャリア・デザイン・ガイド』（白桃書房，2003）
　　　　『会社と個人を元気にするキャリアカウンセリング』
　　　　（日本経済新聞社，編著，2003）ほか多数

日経文庫1053
リーダーシップ入門

2005年3月18日　1版1刷
2024年9月27日　25刷

著　者　金井壽宏
発行者　中川ヒロミ
発　行　株式会社日経BP
　　　　日本経済新聞出版
発　売　株式会社日経BPマーケティング
〒105-8308　東京都港区虎ノ門4-3-12

印刷　広研印刷・製本　大進堂

ISBN978-4-532-11053-6 Printed in Japan